图 1-6 车联网系统

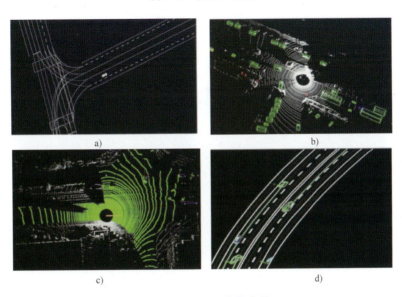

图 3-20 激光雷达的应用

a）高精度电子地图和定位 b）障碍物识别 c）可通行空间检测 d）障碍物轨迹预测

原始图像采集

图像灰度化

图像滤波

图像二值化(边缘增强+边缘检测)

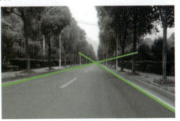
车道线提取

图 3-30 利用视觉传感器进行道路识别的流程

图 5-10　V2X 示例图

图 7-2　5G 智能网联路侧基础设施

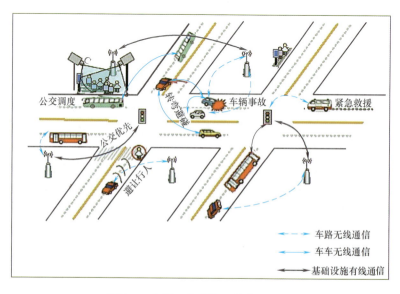

图 8-8　交叉口车路协同技术示意图

图 8-12 AR 透明显示屏

图 8-13 行人检测

图 8-14 车辆检测

图 9-3 车辆避撞系统工作示意图

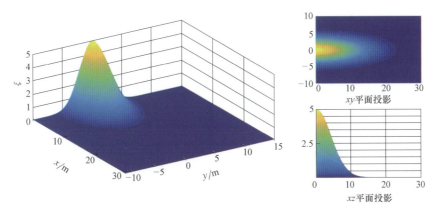

图 9-22 动态风险系数图像

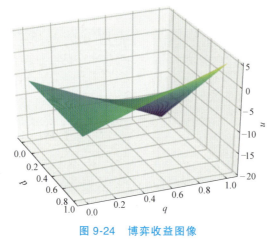

图 9-24　博弈收益图像

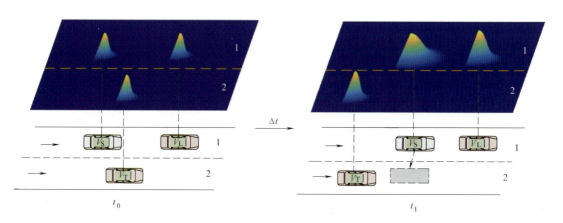

图 9-25　动态换道风险示意图

新工科·普通高等教育汽车类系列教材

智能网联汽车与交通

曲大义　贾彦峰　刘尊民　王　韬　编著
李　斌　主审

机械工业出版社

本书主要介绍了智能网联汽车与交通领域的新技术成果和应用案例，主要内容有：绪论、车载网络技术、环境感知技术、车云网技术、自动驾驶技术、智能网联汽车测评技术、智慧道路系统、智能车路协同系统、车联网技术应用。本书立足于网联交通技术，在编写过程中注重内容的系统性、实用性，以及介绍当前最新工程技术案例。

本书既可作为高等院校交通运输类专业的教材，也可作为高等院校车辆工程等专业教材，还可作为交通管理类人员的参考读物。

本书配有PPT课件，免费赠送给采用本书作为教材的教师，可登录www.cmpedu.com注册下载。

图书在版编目（CIP）数据

智能网联汽车与交通/曲大义等编著. —北京：机械工业出版社，2022.3

新工科·普通高等教育汽车类系列教材

ISBN 978-7-111-70219-1

Ⅰ.①智… Ⅱ.①曲… Ⅲ.①汽车-智能通信网-高等学校-教材 Ⅳ.①U463.67

中国版本图书馆 CIP 数据核字（2022）第 031588 号

机械工业出版社（北京市百万庄大街22号　邮政编码100037）
策划编辑：宋学敏　　　责任编辑：宋学敏　侯　颖
责任校对：樊钟英　王明欣　封面设计：张　静
责任印制：郜　敏
三河市国英印务有限公司印刷
2022年4月第1版第1次印刷
184mm×260mm·11.25印张·2插页·253千字
标准书号：ISBN 978-7-111-70219-1
定价：39.00元

电话服务　　　　　　　　　　网络服务
客服电话：010-88361066　　　机　工　官　网：www.cmpbook.com
　　　　　010-88379833　　　机　工　官　博：weibo.com/cmp1952
　　　　　010-68326294　　　金　书　网：www.golden-book.com
封底无防伪标均为盗版　　机工教育服务网：www.cmpedu.com

前　言

　　智能网联汽车（Intelligent Connected Vehicle，ICV）是指车联网与智能汽车的有机结合，是搭载先进的车载传感器、控制器、执行器等装置，并融合现代通信与网络技术，实现车与人、车、路、后台等进行信息交换与共享，实现安全、舒适、节能、高效行驶，并最终可替代人来操作的新一代汽车。智能网联汽车集中运用了汽车工程、人工智能、计算机、微电子、自动控制、通信等技术，是一个集环境感知、规划决策、控制执行、信息交互等于一体的高新技术综合体。2020年2月，国家发展改革委联合科技部、工业和信息化部、财政部、交通运输部、商务部等共11部委印发了《智能汽车创新发展战略》，旨在加快推进智能网联汽车的创新发展。智能网联汽车已经进入发展的快车道。智能网联汽车涉及的知识和技术与传统汽车有较大差别，相关的专业和课程体系必须重新构建，以满足智能网联汽车快速发展对人才的需求。

　　智能网联交通系统作为智能交通系统的终极发展形式，是物联网技术在交通运输领域的重要应用。其通过雷达、视频等先进的车、路感知设备对道路交通环境进行实时高精度感知，按照约定的通信协议和数据交互标准，实现车与车、车与路、车与人以及车与道路交通设施间的通信、信息交换以及控制指令执行，最终形成智能化交通管理控制、智能化动态信息服务以及网联车辆自动驾驶的一体化智能网络系统。

　　通过学习本书，学生既能掌握智能网联汽车所涉及的新知识和新技术，又能熟悉智能网联交通的新技术，为从事智能网联汽车和交通的相关工作奠定基础。

　　本书的教学参考学时为32~40学时，教师可根据实际情况灵活安排。

　　本书由曲大义、贾彦峰、刘尊民、王韬编著，李斌主审。其中，第1、2、9章由曲大义编著，第3、4章由贾彦峰编著，第5、6章由刘尊民编著，第7、8章由曲大义和王韬编著。郭海兵在修订过程中进行了资料搜集和整理工作，在此表示感谢。

　　由于编著者学识有限，书中不当之处在所难免，恳盼读者给予指正。

编著者

目 录

前言
第1章 绪论 ... 1
1.1 智能网联交通系统概述 ... 1
1.1.1 智能交通系统 ... 1
1.1.2 智能网联交通系统 ... 2
1.1.3 智能网联交通系统的三维发展架构 ... 2
1.1.4 智能网联交通系统的发展方向 ... 4
1.1.5 智能网联交通系统的技术分类 ... 5
1.1.6 智能网联交通系统的技术特点及影响 ... 7
1.1.7 智能网联交通系统的关键技术 ... 9
1.2 车联网 ... 12
1.2.1 车联网的概念 ... 12
1.2.2 车联网的要素及其间的通信 ... 12
1.2.3 车联网的体系结构 ... 13
1.2.4 车联网的发展历程和瓶颈 ... 14
1.2.5 车联网的关键技术 ... 16

第2章 车载网络技术 ... 19
2.1 车载网络技术概述 ... 19
2.1.1 车载网络的发展历程 ... 19
2.1.2 车载总线的分类 ... 21
2.2 CAN总线协议标准及性能特点 ... 25
2.2.1 网络参考模型 ... 25
2.2.2 CAN网络模型物理层 ... 28
2.2.3 数据链路层的帧结构 ... 31
2.2.4 数据链路层的总线仲裁 ... 34
2.2.5 数据链路层的位填充机制 ... 35
2.2.6 CAN总线性能特点 ... 36
2.2.7 典型应用 ... 36
2.3 汽车无线通信技术 ... 38
2.3.1 RFID ... 38
2.3.2 WiFi ... 38
2.3.3 ZigBee ... 39
2.3.4 蓝牙 ... 39
2.3.5 以太网技术 ... 39
2.3.6 5G ... 40
2.4 车际网 ... 40
2.4.1 车际网的概念 ... 40
2.4.2 车际网的研究现状 ... 41
2.4.3 车际网的基本架构 ... 41
2.4.4 车载自组织网络的体系结构 ... 42
2.4.5 车际网的功能组成 ... 44
2.4.6 车际网的关键技术 ... 44
2.4.7 车际网的关键特征 ... 45
2.4.8 车际网存在的问题 ... 45
2.4.9 车际网的关键应用 ... 48

第3章 环境感知技术 ... 50
3.1 环境感知技术概述 ... 50
3.1.1 环境感知的定义 ... 50
3.1.2 环境感知的方法 ... 50
3.1.3 环境感知系统的组成 ... 51
3.1.4 环境感知传感器的比较 ... 52
3.1.5 环境感知传感器的配置 ... 52
3.2 超声波传感器 ... 53
3.2.1 超声波传感器的定义 ... 53
3.2.2 超声波传感器的特点 ... 53
3.2.3 超声波传感器的测距原理 ... 54
3.2.4 超声波传感器的类型 ... 54
3.2.5 超声波传感器的主要参数 ... 55
3.2.6 超声波传感器的应用 ... 55
3.3 毫米波雷达 ... 56
3.3.1 毫米波雷达的定义 ... 56
3.3.2 毫米波雷达的特点 ... 56
3.3.3 毫米波雷达的类型 ... 57

目录

     3.3.4 毫米波雷达的测量原理 …… 57
     3.3.5 毫米波雷达的目标识别流程 …… 58
     3.3.6 毫米波雷达的应用 …… 59
     3.3.7 毫米波雷达的布置 …… 59
   3.4 激光雷达 …… 61
     3.4.1 激光雷达的定义 …… 61
     3.4.2 激光雷达的特点 …… 61
     3.4.3 激光雷达系统的组成 …… 61
     3.4.4 激光雷达的测距原理 …… 62
     3.4.5 激光雷达的类型 …… 63
     3.4.6 激光雷达的应用 …… 64
   3.5 视觉传感器 …… 66
     3.5.1 视觉传感器的定义 …… 66
     3.5.2 视觉传感器的特点 …… 66
     3.5.3 视觉传感器的类型 …… 67
     3.5.4 视觉传感器的功能 …… 68
     3.5.5 视觉传感器的环境感知流程 …… 69
     3.5.6 视觉传感器的应用 …… 70

第 4 章 车云网技术 …… 71

   4.1 车云网概述 …… 71
     4.1.1 车云网的概念 …… 71
     4.1.2 车云网的研究进展 …… 71
   4.2 车云网的体系架构和划分依据 …… 72
     4.2.1 车联网云计算（VCC）的架构 …… 73
     4.2.2 车载云网络（VCN）的基本架构 …… 75
   4.3 车云网的关键技术 …… 76
     4.3.1 大数据处理技术 …… 76
     4.3.2 多元数据预处理 …… 77
     4.3.3 云计算 …… 77
     4.3.4 边缘云的信息调度 …… 78
   4.4 车云网的具体应用 …… 80
   4.5 车云网的优缺点和难点 …… 81
   4.6 车云网的安全需求和风险 …… 83
     4.6.1 车云网的安全需求 …… 83
     4.6.2 车云网的安全风险 …… 84
     4.6.3 车云网的防护对策 …… 85

第 5 章 自动驾驶技术 …… 87

   5.1 自动驾驶技术概述 …… 87
   5.2 自动驾驶技术的发展 …… 89

     5.2.1 国内外发展情况 …… 89
     5.2.2 自动驾驶技术存在的问题 …… 91
     5.2.3 自动驾驶技术的发展趋势 …… 92
   5.3 自动驾驶技术的构成 …… 93
     5.3.1 自动驾驶技术三大系统 …… 93
     5.3.2 自动驾驶工作原理 …… 98
     5.3.3 自动驾驶关键技术 …… 99

第 6 章 智能网联汽车测评技术 …… 101

   6.1 测试评价流程 …… 101
   6.2 测试场景的构建 …… 102
     6.2.1 测试场景的设计方法及要求 …… 102
     6.2.2 场景库的构建流程及要求 …… 103
   6.3 测试技术分类 …… 104
     6.3.1 虚拟仿真测试 …… 106
     6.3.2 封闭场地测试 …… 107

第 7 章 智慧道路系统 …… 110

   7.1 智慧道路分级 …… 110
     7.1.1 按照交通基础设施系统分类 …… 110
     7.1.2 按照感知—决策—控制进行分类 …… 112
   7.2 5G 时代的路侧设备 …… 113
     7.2.1 通信基础设施 …… 113
     7.2.2 C-V2X 专用通信基础设施 …… 114
     7.2.3 路侧智能设施 …… 115
     7.2.4 MEC 设备 …… 115
     7.2.5 路侧气象设备 …… 117
     7.2.6 路侧道路环境监测设备 …… 117
   7.3 提升设备覆盖率方法论 …… 117
     7.3.1 投资和运营模式 …… 117
     7.3.2 场景化应用模式 …… 119
     7.3.3 部署节奏 …… 119
   7.4 智慧高速合流区 …… 120
     7.4.1 合流区车辆控制设计框架 …… 121
     7.4.2 自主车辆意图协调过程 …… 121

第 8 章 智能车路协同系统 …… 124

   8.1 车路协同系统简介 …… 124
   8.2 车路协同系统的功能和架构 …… 126
     8.2.1 车路协同系统的功能 …… 126
     8.2.2 车路协同系统的系统架构 …… 127
   8.3 车路协同关键技术分析 …… 130
     8.3.1 智能感知技术 …… 131

  8.3.2 车路协同通信技术 ……………… 132
  8.3.3 智能信息处理技术 ……………… 134
  8.3.4 智能车载系统技术 ……………… 134
  8.3.5 智能路侧系统技术 ……………… 135
 8.4 车路协同技术应用 ……………………… 136
  8.4.1 交叉口车路协同技术应用 ……… 136
  8.4.2 危险路段车路协同技术应用 …… 139
  8.4.3 车路协同技术的应用分析和
     展望 ……………………………… 140
第 9 章　车联网技术应用 …………………… 142

 9.1 车载 ITS 技术应用 ……………………… 142
 9.2 先进驾驶辅助系统 ……………………… 150
  9.2.1 改善视野类 ADAS ……………… 150
  9.2.2 预警类 ADAS …………………… 152
  9.2.3 自主控制类 ADAS ……………… 154
  9.2.4 车辆博弈换道类 ADAS ………… 155
  9.2.5 其他类型 ADAS ………………… 161
 9.3 车载互联技术 …………………………… 162
参考文献 ………………………………………… 168

第1章

绪　论

1.1　智能网联交通系统概述

1.1.1　智能交通系统

我国各级政府部门积极加快部署智能网联汽车产业发展，有效形成跨部门协同机制。2017年2月，国务院印发了《"十三五"现代综合交通运输体系发展规划》，提出推动信息化、智能化技术与交通运输深度融合，推动智能交通等新兴前沿领域创新发展，提升交通运输管理智能化水平。2017年4月，工业和信息化部、国家发展和改革委员会、科学技术部联合印发了《汽车产业中长期发展规划》，提出智能网联汽车推进工程。2018年12月，工业和信息化部印发了《车联网（智能网联汽车）产业发展行动计划》，提出以融合发展为主线，充分发挥我国的产业优势，优化政策环境，加强行业合作，突破关键技术，夯实跨产业基础，推动形成深度融合、创新活跃、安全可信、竞争力强的车联网产业新生态。2019年9月，中共中央、国务院印发了《交通强国建设纲要》，明确提出要加强新型载运工具研发，加强智能网联汽车（智能汽车、自动驾驶、车路协同）研发，形成自主可控完整的产业链。2020年2月，国家发展和改革委员会联合科技部等共11个部委印发了《智能汽车创新发展战略》，从技术、产业、应用和发展几个层面综合分析，说明智能汽车已成为汽车产业发展的战略方向。此外，为加强跨部门协同，工业和信息化部召集国家发展和改革委员会、科学技术部、公安部、财政部、交通运输部等20个部门和单位，于2017年9月在国家制造强国建设领导小组下成立了"车联网产业发展专项委员会"，先后在北京、雄安新区和江苏无锡召开了三次全体会议，提出做好国家层面的顶层设计和统筹规划，务实推动产业发展。在产业层面，全国百余个城市已经启动5G网络建设，上海、北京、无锡、重庆等20余座城市积极开展车联网基础设施部署和先导性应用示范；上汽、一汽等13家汽车厂商发布了车联网商用时间计划，推动具备辅助驾驶功能汽车产业化，并积极开展高级自动驾驶汽车研发；百度高等级自动驾驶城市道路测试里程突破200万km；阿里巴巴、腾讯、滴滴等互联网企业相继布局基于车路协同的智慧出行服务，不断创新服务模式。我国车联网产业整体呈现良好发展态势。2021年7月5日，国家发改委、交通运输部联合组织召开了《"十四五"现代综合交通运输体系发展规划》（以下简称《规则》）专家论证会，《规划》立足新发展阶段、贯彻新发展理念、构建新发展格局，落实高质量发展要求，以加快建设交通强国为总目标，突出一体融合衔接和绿色智能发展，提出优化交通网络布局、增强创新发展动力、变革绿色发展模式、促进系统协同发展的发展导向。

智能交通系统是缓解交通拥堵、提高交通安全、改善交通污染的重要技术手段。随着人工智能、移动互联、大数据等新一代信息技术的迅速发展，以自动驾驶为主要特征的新一代智能交通系统逐渐成为解决交通问题新的突破口。

智能交通系统的发展包含三个阶段：

(1) **第一阶段** 第一阶段为动态感知，即实现覆盖全网道路的交通信息实时获取，并建立动态感知的大数据平台。

(2) **第二阶段** 第二阶段为主动管理，即提供主动规划、主动交通管控、主动指挥调度、主动公众服务等动态管理服务。

(3) **第三阶段** 第三阶段为智能网联，即实现车联网、车路协同、自动驾驶等。

1.1.2 智能网联交通系统

智能网联交通系统作为智能交通系统的终极发展形式，是物联网技术在交通运输领域的重要应用。其通过雷达、视频等先进的车、路感知设备对道路交通环境进行实时高精度感知，按照约定的通信协议和数据交互标准，实现车与车、车与路、车与人以及车与道路交通设施间的通信、信息交换以及控制指令执行，最终形成智能化交通管理控制、智能化动态信息服务以及网联车辆自动驾驶的一体化智能网络系统。与传统智能交通系统相比，智能网联交通系统的感知能力、传输能力、决策能力和服务能力都有极大提升。广义上，智能网联交通系统涵盖了智能网联汽车系统与智能网联道路系统，即智能网联车、车联网、主动道路管理系统、自动公路系统等均包含于智能网联交通系统。

1.1.3 智能网联交通系统的三维发展架构

智能网联交通系统集中应用了人工智能、传感技术、网络技术、计算技术及自动控制技术等，是一个集车辆自动化、网络互联化和系统集成化三维于一体的高新技术发展架构。其三维体系发展架构如图1-1所示。

1. 车辆自动化

车辆的自动化发展从低到高可以分为驾驶资源辅助、部分自动化、有条件自动化、高度自动化和完全自动化五个阶段。

(1) **驾驶资源辅助阶段** 在适用的设计范围下，自动驾驶系统可持续执行横向或纵向的车辆运动控制某一子任务（不可同时执行），由驾驶人执行其他的动态任务。

(2) **部分自动化阶段** 在适用的设计范围下，自动驾驶系统可持续执行横向或纵向的车辆运动控制任务，驾驶人负责执行目标和事件探测与响应（Object and Event Detection and Response，OEDR）任务并监督自动驾驶系统。

(3) **有条件自动化阶段** 在适用的设计范围下，自动驾驶系统可以持续执行完整的动态驾驶任务，驾驶人需要在系统失效时接受系统的干预请求，及时做出响应。

(4) **高度自动化阶段** 在适用的设计范围下，自动驾驶系统可以执行完整的动态驾驶任务和动态驾驶任务支援，驾驶人无须对系统请求做出回应。

(5) **完全自动化阶段** 自动驾驶系统能在所有道路环境执行完整的动态驾驶任务

第1章 绪论

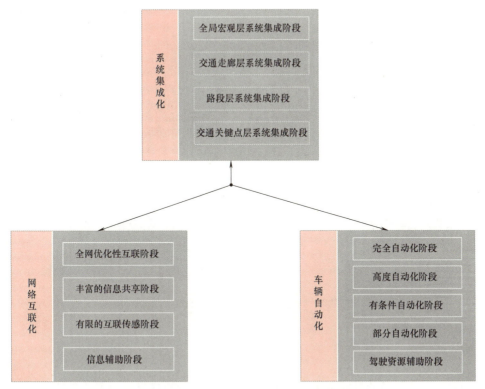

图1-1 智能网联交通系统的三维体系发展架构

和动态驾驶任务支援，驾驶人无须介入。

2. 网络互联化

网络互联化发展主要包含信息辅助、有限的互联传感、丰富的信息共享和全网优化性互联四个阶段。

(1) **信息辅助阶段** 驾驶人通过路侧设备获取路况信息，从而辅助驾驶和决策。

(2) **有限的互联传感阶段** 驾驶人和车辆通过车内设备以及路侧设备，获取相关信息，从而进一步辅助驾驶及进行决策。

(3) **丰富的信息共享阶段** 驾驶人和车辆之间通过车内设备、路侧设备、全网信息中心以及车辆间信息共享设备获得更多层面的信息。不同车辆之间，通过各自认可的驾驶方式进行驾驶和决策，其中驾驶方式包括驾驶人驾驶、车辆自行驾驶、车辆服从全网信息中心指令驾驶。

(4) **全网优化性互联阶段** 全交通网络的信息不再过载和重复，驾驶人和车辆获得优化后的信息，迅速地进行安全驾驶和最优的行驶决策。

3. 系统集成化

系统集成化的发展需要经历交通关键点层系统集成（S1）、路段层系统集成（S2）、交通走廊层系统集成（S3）和全局宏观层系统集成（S4）四个阶段，如图1-2所示。

(1) **交通关键点层系统集成阶段** 网联车辆在交通关键点与路侧设备进行信息交互，获得指令和必要信息，在各个交通关键点处解决具体事件，保障各微观节点的交通

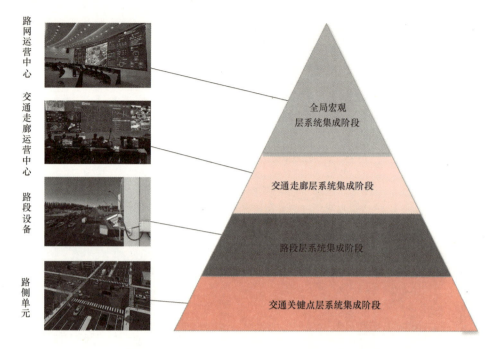

图 1-2 智能网联交通系统集成化发展阶段示意图

畅通和安全。该阶段的目标是实现交通关键点以及周边小区域的交通优化控制。

（2）**路段层系统集成阶段** 网联车辆与微观交通控制中心联结，获取指令与信息，通过指令在路段层面解决微观问题。这一阶段的目标是以单个路段为单位对交通进行管理和控制。

（3）**交通走廊层系统集成阶段** 网联车辆与中观控制中心联结获取出行路径规划。中观控制中心合理控制走廊层面的交通流量，提前预测拥堵事件，合理建议全局系统进行全局规划。本阶段针对路网交通运行具有重要影响的交通走廊，由上一阶段的路段控制整合形成，从而支持更高级的控制算法，实现走廊层面的交通优化管理与控制。

（4）**全局宏观层系统集成阶段** 从最高层级优化交通分配，提高出行效率，降低人员出行成本和社会物流成本，实现全路网范围的全局优化管控。

1.1.4 智能网联交通系统的发展方向

就技术发展路径而言，目前智能网联交通系统分为两个发展方向，即智能网联汽车和智能网联道路系统，如图 1-3 所示。IT 企业、车企和运营企业主要开展以车为主的智能网联汽车技术研究；道路交通行业以路为主进行智能网联道路系统的研究。智能网联交通系统融合了智能网联汽车与智能网联道路的技术优势，协调发展，最终实现自动驾驶。

智能网联交通系统包括感知模块、融合预测模块、规划模块和控制模块四个关键部分。在系统集成化不同阶段，关键模块的参与程度不同，见表 1-1。

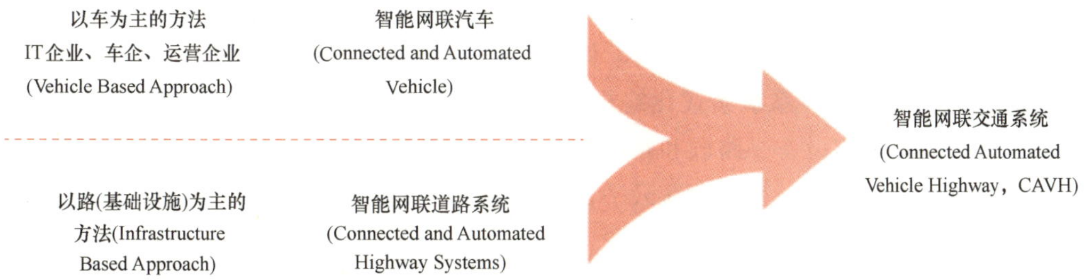

第1章 绪论

图 1-3 智能网联交通系统发展路径

表 1-1 关键模块在不同系统集成化阶段的参与度

集成化阶段	感知模块	融合预测模块	规划模块	控制模块
S1	宏观信息、全息感知	弱度人工智能	不参与	不参与
S2	微观信息、部分感知	中度人工智能	辅助	系统辅助
S3	微观信息、全息感知	强度人工智能	常规决策	常规控制
S4	微观信息、全息感知	高度人工智能	全决策	全控制

（1）**感知模块** 实现道路线形估计及环境感知、静态交通状态及动静态障碍物检测与识别、车辆状态估计及运动补偿、高精地图或无地图定位等功能，为融合预测模块提供必要的数据支撑，并为规划模块提供真实的交通模型。

（2）**融合预测模块** 实现路侧感知信息与车辆感知信息融合、多传感器前向信息融合、多传感器多方向信息融合、多车信息融合、车辆轨迹预测、路段交通状态预测、路网交通状态预测等功能。路侧设备与车辆感知设备的信息融合能够提升感知精度，路段多车辆信息融合实现路段状态的精准识别。

（3）**规划模块** 路网层规划以路网效率、安全和能源消耗为目标，实现最优化；路段层规划根据路网层规划结果，对车辆队列、跟车间距等参数进行规划；路侧单元规划以车辆轨迹预测算法为核心，完成车辆行为及运动的规划、推理和决策等。

（4）**控制模块** 路网层控制实现路网交叉口协调控制；路段层控制实现车队队列控制；路侧单元发送控制指令到车载单元，实现对汽车转向盘、加速、制动等执行机构的控制。紧急状态下，如通信中断时，控制权移交至车载单元，车载单元以安全为目标控制车辆。

1.1.5 智能网联交通系统的技术分类

智能网联交通系统融合了智能网联汽车与智能网联道路的技术优势，涉及汽车、道路交通、计算机、通信等诸多领域，其包括六大关键技术及两大保障体系。

1. 六大关键技术

（1）**全时空智慧感知技术** 以路侧感知设备为主实现全路网全息信息状态感知，主要包括道路环境状态感知、路侧单元360°图像采集、车辆状态感知、高精度定位、基础设施状态感知、车路协同感知、动/静态交通状态感知等技术。

（2）**大数据技术** 智能网联交通系统需完成大批量数据处理，实时挖掘有效交通信息，实现融合预测和路网优化控制等功能，其中涉及的大数据技术主要包括人工智能、深度学习、智能预测、数据融合、图像识别、自适应控制优化等技术。

（3）云平台技术　系统集成化终极阶段时，需要大量的存储和计算资源，可利用云平台技术实现路侧设备、路段和路网信息共享和交互等功能。云平台技术主要包括智能网联交通可视化技术、智能网联云平台大数据中心、基于智能网联云服务的大数据框架等。

（4）动态交互处理技术　路网层、路段层与路侧设备实时进行数据交互，实现区域路网最优是智能网联交通系统的主要特点之一，动态交互处理技术十分关键，它主要包括实时数据交互、全方位数据处理、动态数据发布、深度数据挖掘等技术。

（5）I2X（Infrastructure to Everything）通信技术　智能网联交通系统中不仅需要车与车（Vehicle to Vehicle，V2V）通信，交通设施与车（Infrastructure to Vehicle，I2V）通信和交通设施间（Infrastructure to Infrastructure，I2I）通信也很重要。I2X通信技术主要包括专用短程通信技术（Dedicated Short Range Communication，DSRC）、第4代移动通信技术-LTE网络制式（The 4th Generation Mobile Communication Technology-Long Term Evolution，4G LTE）、第5代移动通信技术（The 5th Generation Mobile Communication Technology，5G）、车联网感知层（Radio Frequency Identification，RFID）等。

（6）智能控制技术　主要包括车队控制、车辆纵向控制、车辆横向控制、区域路网信号控制等技术。

图1-4　智能网联交通系统技术架构

2. 两大保障体系

（1）**智能网联交通系统相关测试评价标准与法规体系** 加强车路一体化智能网联交通系统相关法律、伦理和社会问题研究，建立保障车路一体化智能网联交通系统健康发展的法律法规和伦理道德框架。

（2）**智能网联交通系统信息安全保障技术体系** 形成智能网联交通系统信息安全管理要求，制定相关信息安全技术标准，完善信息安全测试规范，建立智能网联交通系统信息安全应急响应体系。

1.1.6 智能网联交通系统的技术特点及影响

1. 技术特点

目前，世界上主要的自动驾驶技术路线大多是以车为智能主体的解决方案。其主要应用毫米波雷达、激光雷达、视频摄像机等先进的车载感知设备，将汽车打造成极为"聪明的"移动智能体。而智能网联交通系统与以车为主的自动驾驶技术路线有所不同，其提出从"普通的车、聪明的路"，或者说是"聪明的系统"起步，逐步发展到"聪明的车、聪明的路"的高级阶段。其主要技术特点如下：

1）智能网联交通系统具有车路协同感知能力，其将部分原本仅安装在智能车辆上的感知设备布设到道路基础设施上（路侧单元），这样路侧固定的感知设备可为所有通行的车辆提供感知支持，通过车路协同感知使智能车辆的感知能力更强，而普通车辆无须安装昂贵的感知设备也能够获得较为全面的感知能力。

2）智能网联交通系统具有协同规划、全局决策的能力。通过整合路段或路网的车辆运动信息（位置、速度、加速度）、相对运动信息（相对位置和速度）以及环境和道路基础设施信息，计算全局系统最优的自动驾驶方案，最终形成智能化交通管理、智能化动态信息服务和网联车辆自动驾驶的一体化智能网络系统。

3）智能网联交通系统下的车辆控制由安装在道路基础设施上的路侧控制系统和车载的控制系统共同完成。这样，更有利于多辆智能车间的协同换道、协同避险等协同控制。同时，由于感知信息可以通过路侧系统进行多车间的共享，根据共享的感知信息，车辆可以以更小的跟驰安全车距进行编队行驶，更有效地提高道路通行能力。

4）智能网联交通系统是车路一体化的自动驾驶系统，其感知系统、控制系统、通信系统、信息安全系统等可实现车路多重备份配置，使系统的安全性和稳定性更高，保证自动驾驶车辆的安全运行。

2. 对道路交通系统的影响

（1）**智能网联交通系统有助于提高道路通行效率** 研究表明，车辆自动化可以大幅提升道路通行能力。Chen等人分析在10%、50%和90%的市场占有率的情况下，仅部署协作式自适应巡航控制（Cooperative Adaptive Cruise Control，CACC）的车辆便能够分别增加1%、21%和80%的道路通行能力。车辆的网联化可使自动驾驶车辆通过车车通信获取周围车辆的运行信息，并考虑周围车辆对目标车辆跟驰和换道行为的影响，把握预测驾驶人的未来驾驶行为，相应准确量化目标车辆加速度产生变化，从而有效进行平滑速度控制和改善交通流的稳定性。González研究发现，智能网联汽车和自动驾驶汽车都能提高交通流的稳定性和道路通行能力，具有网联化和自动化功能的车辆相比单一功能的车辆在交通流的稳定性和道路通行能力方面有明显提升，并且智能网联汽车相比自动驾驶汽车具有更好的控制效果。Likhachev 等人提出了两种跟驰控制系统（自动化和网联化），分别在 5%、10%、50%、100% 的智能网联汽车占比的情况下进行试验，结果表明网联化控制系统比自动化控制系统能够增加系统的交通流量。Chai 和 Guanetti 研究表明，自动驾驶技术配合专用道可大幅减少驾驶反应时间、降低行车间距，进而提升道路通行能力。Ma 等人研究表明，通过汽车与交通设施（V2I）通信，优化控制主线及匝道车辆速度，可以有效减少系统旅行时间。水宜水基于车路通信技术构建了一种网联化可变限速控制系统，提出了消解运动波的动态车辆速度控制策略，结果表明该控制系统能够有效提高道路通行能力。宋威龙开发了一个集中式纵向合流汇入控制器，在决策周期范围内（10s）实现全部自动驾驶车辆的速度最大化，通过上游四个区域的设置使车辆以恒定速度通过合流区，研究结果表明，在车辆延误、平均速度和通过流量方面均优于无控制情况。杨敏等人基于车路通信技术提出高速公路车辆纵向协同合流汇入算法，通过路侧检测设备实现车辆实时通信，研究结果表明，在非拥堵条件下，该车路控制方法能够减少旅行时间（汽车通过实验路段的时间跨度），提高平均行程速度和交通流量。

（2）智能网联交通系统有助于改善道路交通安全　　美国高速公路交通安全管理局（National Highway Traffic Safety Administration，NHTSA）在 2016 年 11 月对自动驾驶和智能网联交通技术的应用进行了评估，结果为：随着自动驾驶车辆比例的提升，将可以有效减少因道路交通事故导致的死亡人数；到 2050 年，道路交通事故死亡人数预计比 2016 年减少 50%，每年减少约 1.7 万人；因道路交通事故产生的经济损失每年预计减少约 1900 亿美元。

Li 等人研究表明在 10%～100% 的车辆市场占有率的情况下，仅部署自适应巡航控制（Adaptive Cruise Control，ACC）的车辆能够在一定条件下减少 39.7%～67.8% 的高速公路交通碰撞风险，而部署自动化车辆和道路可变限速（Variable Speed Limit，VSL）的协同控制策略，能够减少 48.1%～77.4% 的交通碰撞风险。对于不同的协作式自适应巡航车辆的市场占有率（10%～100%），可发现部署该车辆能够在指定交通情况下减少 19.3%～97.5% 的交通碰撞风险，而同时部署协作式自动化车辆和道路 VSL 策略对交通系统进行协同控制，能够减少 36.5%～98.5% 的高速公路碰撞风险。研究结果说明，随着自动驾驶车辆比例的提升，能够有效减少交通碰撞风险的发生，进而有助于降低交通事故发生的概率，并且基于车路协同角度进行控制，能够降低车辆速度变化幅度，平滑交通流量，进一步改善交通安全。

（3）智能网联交通系统有助于节约能源消耗　　智能网联交通系统的各模块功能主要由路侧设备实现，从而减轻车辆设备冗余，提升车辆的轻便化和灵活度，减少车辆的能源消耗和尾气排放。

在能耗方面也有很多相关研究，包括车辆自动化在 L4 阶段（关于自动驾驶技术分级详见第 5.1 节）时，所需安装的设备需要额外消耗 3%～20% 的能源，而智能网联交通系统实现的节能驾驶、车队行驶和交叉口互联等功能能够节省大约 9% 的能源消耗，因此能够大大减少能源消耗。Yang 等人提出了一种基于横向最优控制的高级驾驶辅助系统（Advanced Driving Assistant System，ADAS），研究表明，在低密度（20辆/km）的情况下，可以减少19.5%的二氧化碳排放量；在高密度（40辆/km）的情况下，可以减少9%的二氧化碳排放量。Kesting 等人基于车路协同集中式控制器提出了一种改善安全且减少能耗的合流汇入控制算法，以合流区瓶颈路段所有车辆加速度的平方和最小化作为目标函数，以车辆间"有效期望最小间隙"为约束条件，确保每次仅有一个车辆占用合流汇入区域，结果表明，该方法相比无控制情况，能够将车辆能耗降低49.8%。Ntousakis 基于车路通信技术实时预测车辆的运动轨迹，以车辆群体总旅行时间最少、总事故风险最小和总燃料排放最少为目标约束条件，开展高速公路主线车辆群体可变限速控制研究，相关结果表明，该控制能够有效减少车辆的能源消耗。

1.1.7 智能网联交通系统的关键技术

1. 环境感知技术

环境感知系统的任务是利用摄像头、毫米波雷达、激光雷达等传感器以及交通基础设施（I2X）和车辆基础设施（V2X）通信系统感知周围环境，通过提取路况信息、检测障碍物，为智能网联汽车提供决策依据。自动驾驶在感知技术方面主要有三大技术流派：谷歌和百度等公司选用激光雷达为主的感知技术方案；苹果、优步（Uber）、Roadstar.ai 等公司选用多传感器融合进行环境感知；特斯拉、驭势科技、Auto X 等公司选用摄像头为主的技术方案。

在视觉感知领域，由于近年深度学习在视觉感知领域取得较大的进展，因此，相对于传统的计算机视觉技术，深度学习在视觉感知精度方面具有较大的优势。深度学习被认为是一种有效的解决方案，能够满足复杂路况下视觉感知的高精度需求，特别是对传统算法识别较为困难的目标物的识别。

在传感器领域，激光雷达凭借其分辨率高的优势，成为越来越多自动驾驶车辆的标配传感器，针对不同传感器感知能力和成本的差异，目前也涌现了不同车载传感器融合的感知方案，用以获取丰富的周边环境信息。

高精度地图与定位也作为自动驾驶中重要的环境信息来源，可针对视线盲区和不良视线等情况进行环境信息采集，用以弥补视觉和雷达识别的劣势。目前，自动驾驶通过比对车载全球定位系统（Global Positioning System，GPS）、惯性测量单元（Inertial Measurement Unit，IMU）、激光探测与测量（Light Detection and Ranging，LiDAR）或摄像头的数据精确进行定位，从而实现高精度的三维定位表征。国内外几大图商都在积极推进建设面向自动驾驶的高精度地图，为自动驾驶车辆提供高精度定位方案。

2. 智能决策技术

基于车辆周边环境和路侧感知信息，结合自动驾驶车辆的行驶意图及其当前位置，考虑安全、舒适、节能、高效的行驶目标，智能网联交通系统会对车辆做出最合理的智能决策。目前自动驾驶主要有两大主流的智能决策方案：基于规则（Rule Based）的方案和终端到终端（End-to-end）的方案。其中，Rule Based 方案需要人工搭建一个非常复杂的架构，需要人工设计上千个模块，可解释性较高；End-to-end 解决方案更接近于人类的驾驶习惯，即观察到人类观察的场景，通过神经网络处理后，产生类似于人类的驾驶行为。新兴的自动驾驶 End-to-end 方案将概率过程（Probabilistic Process）、博弈过程（Game-theoretic Process）、马尔可夫决策过程（Markov Decision Process）逐渐应用到车辆行为规划的决策算法中，能够考虑其他驾驶意图并整合到相关决策算法中，从而实现车辆之间无通信的情况下的协同决策。车载决策系统和路侧决策系统的分工协作是需要研发的关键技术之一。

3. 控制执行技术

控制系统的任务是将行为决策的宏观指令解释为带有时间信息的轨迹曲线，从而控制车辆的速度与行驶方向，使其跟踪规划的速度曲线与路径。具体而言，控制执行技术是解决在一定的约束条件下优化某个范围内的时空路径问题，包括：

1）车辆在一定时间段的行驶轨迹（位置信息）。

2）整条轨迹的时间信息和车辆姿态（到达每个位置的时间、速度、加速度、曲率等）。现有自动驾驶车辆多数采用传统的控制方法，如比例-积分-微分（Proportional-Integral-Differential，PID）控制、滑模控制、模糊控制、模型预测控制、自适应控制、鲁棒控制等。

虽然我国目前对制动和控制关键技术已有一定的研发基础，但是博世、德尔福等国外大型企业可根据实际交通情况调整控制器参数，并应用在主动安全系统，与其相比，我国在控制稳定性和市场规模方面仍有较大差距。车载控制系统和路侧控制系统的协同控制是需要研发的关键技术之一。

4. I2X 和 V2X 通信技术

交通基础设施（I2X）和车辆基础设施（V2X）指道路和车辆与系统内对其有影响的其他事物进行信息交互，是多种路侧和车载通信技术的统称，具体包括交通设施与车（I2V）、车与交通设施（V2I）、车与车（V2V）等。I2X 和 V2X 可以通过无线通信获得实时交通状况、道路信息、行人信息等一系列交通信息和驾驶控制信息，通过应用这些信息进而提高驾驶的安全性，减少交通拥堵，提升通行效率并提供车载娱乐服务。在 I2X 和 V2X 通信标准的应用上，主要采用 DSRC、4G LTE-V 和 5G 方案。

5. 网络安全技术

随着智能网联技术的不断发展，针对交通系统安全的攻击日益增多。当智能车辆的车载设备通过各种无线方式与其他相关设备或互联网相连时，网络安全问题随之产生。互联网原有的安全问题可能会派生到车载系统中，由于车辆自身是一个高速移动的信息系统，危害性会随之扩大。此外，智能网联交通系统根据采集的大数据，利用计算机来进行机械化控制，这可能会使得安全风险进一步加大。

针对自动驾驶网联安全，美国于 2013 年制定了全世界首部汽车智能网联信息安全标准 SAE J3061。该标准从信息安全的全生命周期角度提出了一些相关的物理模型架构和开发流程。欧洲则是在汽车、开放式汽车信息安全平台、通信环境这三个层级上构架智能网联信息安全的防护体系。日本信息处理推进机构于 2013 年公布了汽车信息安全模型 Approaches，为推进汽车信息安全防护提供了重要的参考。

在我国，汽车信息安全和智能网联信息安全逐渐受到关注并已成为一个新的热点。

在交通运输部 IDS 标委会的推动下,《智能网联驾驶信息安全标准体系框架》等研究从体系架构、相关的测试方法和安全标准上给出了明确的标准和规范,多层面、多部委协调推动智能网联信息安全的标准建设。

6. 车路协同技术

车路协同技术基于无线通信技术和传感检测技术等获取车辆和路侧设备的信息,并通过 V2V、V2I 通信系统进行信息的交互和共享,从而优化利用系统资源,提高道路交通安全,缓解交通拥堵等。

美国的车路协同(Vehicle Infrastructure Integration,VII)项目由美国州公路及运输协会、美国交通运输部和汽车制造商等多个机构联合开展,利用车辆间和车路间的通信构建多个系统以增强交通安全、交通运行效率和道路维护,同时满足车辆制造商和其他的私营企业的应用需求。

Smartway 是日本的车路协同项目,是日本建设智能交通系统的基础工作,用于促进土地、基础设施、运输和旅游及先进安全汽车的发展。该项目利用由 DSRC、ITS 车载单元、数字地图和路侧传感器等多个元素构成的平台,向车辆、驾驶人和道路管理者提供了多种应用服务。Smartway 系统平台涉及的服务具体包括电子不停车收费(Electronic Toll Collection,ETC)等核心服务、与车辆巡航系统相关的道路交通信息通信系统(Vehicle Information Communication System,VICS)服务等。

欧盟开展的 Esafety 项目用以构建基于车路协同的智能交通安全系统,从避免碰撞、减少伤亡和事故紧急处理等角度提升道路交通安全,具体包含智能速度调节系统、安全带提示、酒精锁车系统以及事件和行程数据记录仪等,大大提升了道路交通安全。

我国的车路协同技术研究从 2011 年 9 月科技部印发"关于 863 计划现代交通技术领域智能车路协同关键技术研究主题项目立项"通知开始,华为先后研发了 LTE-V2X 车载终端、RSU(Road Side Unit)路侧产品;金溢科技研发出 V2X 产品路侧终端(WB-R30B)、车载终端(WB-L20B)及通信模块(WB-LM20B);百度正式开源 Apollo 车路协同方案,向业界开放百度 Apollo 在车路协同领域的技术和服务;阿里巴巴与交通运输部公路科学研究院合作成立车路协同联合实验室。我国目前部分国产化终端设备支持 DSRC 和 LTE-V 两种感知通信技术,在车路协同全球市场建立起自己的优势。

7. 交通系统集成优化技术

交通系统集成优化技术主要利用 V2V 及 V2I 通信技术,实时感知获取智能网联汽车及其周边车辆的交通状态信息,通过交通系统优化技术形成优化控制方案或指令,再通过路侧控制单元发布交通状况信息及控制或诱导指令,使得智能网联汽车能够与其他车辆及路侧设备进行协同运作,从而大大提高交通系统的运行安全和效率。

目前,车路协同技术在交通系统运营方面的研究和应用主要针对高速公路汇入区域和城市道路信号交叉口处的交通流运行。高速公路汇入辅助技术可以为入口匝道及重型交织区域的车辆驾驶人提供相应的咨询服务,当通信技术、传输技术和自动控制技术满足一定的精度要求时,高速公路协同汇入控制技术还可以监控和优化车辆的汇入轨迹。弗吉尼亚大学基于 VISSIM 软件开展的仿真研究验证了汇入辅助技术对于提升安全性和运行效率方面的效果。

同样是基于微观仿真环境，车辆的位置、速度和车头时距等信息常被用于解决道路信号交叉口处的交通拥堵问题，现有的研究大多以减少车辆延误和增加信号交叉口通行量为目标，主要形成三类算法。

1）第一类算法：对超饱和的交叉口，实时检测排队状况并调整交叉口处的信号相位，更高效地为车流分配绿灯信号。

2）第二类车辆分组算法：通过实时监控主干路上的车队状况改善信号分配。

3）第三类预测微观仿真算法：采用滚动时域的交通控制方案，利用实时的车辆速度和位置数据预测信号相位作用的目标时间间隔内的车辆延误，并由此确定下一个间隔采用的信号相位。

1.2 车联网

1.2.1 车联网的概念

车联网的概念源于物联网，即车辆物联网，是以行驶中的车辆为信息感知对象，借助新一代信息通信技术，实现车与X（即车、人、路、服务平台）之间的网络连接，提升车辆整体的智能驾驶水平，为用户提供安全、舒适、智能、高效的驾驶感受与交通服务，同时提高交通运行效率，提升社会交通服务的智能化水平。

车联网通过新一代信息通信技术，实现车与云平台、车与车、车与路、车与人、车内等全方位网络联结，主要实现了"三网融合"，即将车内网、车际网和车载移动互联网进行融合。车联网是利用传感技术感知车辆的状态信息，并借助无线通信网络与现代智能信息处理技术实现交通的智能化管理、交通信息服务的智能决策和车辆的智能化控制。

1.2.2 车联网的要素及其间的通信

1. 车联网的要素

车联网主要包括人、车、路、通信、服务平台五类要素。其中，"人"是道路环境的参与者和车联网服务的使用者；"车"是车联网的核心，主要涉及车辆联网和智能系统；"路"是车联网业务的重要外部环境之一，主要涉及交通信息化相关设施；"通信"是信息交互的载体，打通车内、车际、车路、车云信息流；"服务平台"是实现车联网服务能力的业务载体和数据载体。

2. 车联网各要素间的通信

1）车与云平台间的通信是指车辆通过卫星无线通信或移动蜂窝等无线通信技术实现与车联网服务平台的信息传输，接收平台下达的控制指令，实时共享车辆数据。

2）车与车间的通信是指车辆与车辆之间实现信息交流与信息共享，包括车辆位置、行驶速度等车辆状态信息，可用于判断道路车流状况。

3）车与路间的通信是指借助地面道路固定通信设施实现车辆与道路间的信息交互，用于监测道路路面状况，引导车辆选择最佳行驶路径。

4)车与人间的通信是指用户可以通过 WiFi、蓝牙、移动蜂窝等无线通信手段与车辆进行信息沟通,使用户能通过对应的移动终端设备监测并控制车辆。

5)车内设备间的通信是指车辆内部各设备间的信息数据传输,用于对设备状态的实时检测与运行控制,建立数字化的车内控制系统。

1.2.3 车联网的体系结构

1. 端—管—云系统

车联网可以分为三个层级:端系统、管系统和云系统,如图1-5所示。

(1)第一层(端系统) 端系统是汽车的智能传感器,负责采集与获取车辆的智能信息,感知行车状态与环境;是具有车内通信、车间通信、车网通信的泛在通信终端;同时,还是让汽车具备车联网寻址和网络可信标识等能力的设备。

(2)第二层(管系统) 解决车与车(V2V)、车与路侧单元(V2R)、车与交通设施(V2I)、车与人(V2P)等的互联互通,实现车辆自组织网及多种异构网络之间的通信与漫游,在功能和性能上保障实时性、可服务性与网络泛在性。同时,它是公网与专网的统一体。

(3)第三层(云系统) 车联网是一个云架构的车辆运行信息平台,它的生态链包

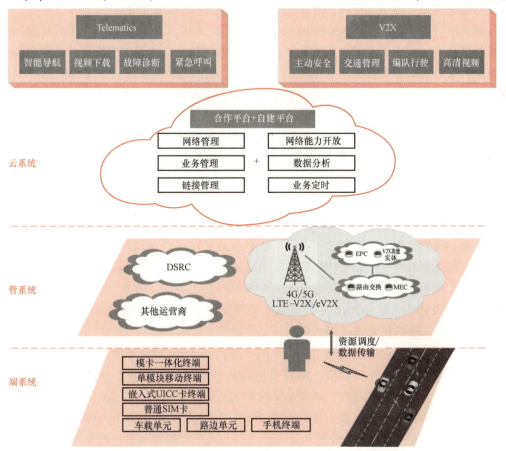

图1-5 车联网体系结构

含了 ITS、物流、客货运、危特车辆、汽修汽配、汽车租赁、企事业车辆管理、汽车制造商、4S 店、车管、保险、紧急救援、移动互联网等，是多源海量信息的汇聚，因此需要虚拟化、安全认证、实时交互、海量存储等云计算功能，其应用系统也是围绕车辆的数据汇聚、计算、调度、监控、管理与应用的复合体系。

2. 车内网、车际网和车云网

车联网是以车内网、车际网和车云网为基础，按照约定的通信协议和数据交互标准，在各要素之间进行无线通信和信息交换的网络。

车内网也称为车载局域网，是指分布在汽车上的电器和电子设备在物理上相互连接，并按照网络协议进行通信，以共享资源（软/硬件、信息等）为目的的电子控制系统。

车际网根据划分方式的不同可以分为 V2X 和 VANET 技术，车车/车路之间的通信一般叫作 V2X（Vehicle to Everything），是指车与外界信息的互换，即车用无线通信技术。V2X 技术可以实现车与车、车与基站（交通设施一部分）、基站与基站等的互通，能够大大提高行车的安全性；也可以提供影音等娱乐形式，增加出行乐趣；还可以减少拥堵，提高出行效率。车辆自组织网（VANET）是指道路上车辆间、车辆与固定接入点（路侧单元）之间相互通信组成的开放移动 Ad-Hoc 网络。它在道路上构建一个自组织的、部署方便、费用低廉、结构开放的车辆间通信网络。VANET 可以实现事故告警、辅助驾驶、道路交通信息查询、乘客间通信和 Internet 信息服务等应用。

车云网（Vehicular Cloud Networks，VCN）是近几年随着车联网和云计算的发展而兴起的新技术。在车云网中，车辆及其基础设施的存储、计算等资源将被整合到虚拟资源池中，云系统根据资源池中可用的云计算资源为用户的服务请求分配存储与计算资源，并根据服务请求的变化，动态调整资源分配，以最大化资源利用率，提高任务的处理速度。由于车辆具有移动性，车云网中各种池化资源总量出现复杂的高动态性变化，这是以前云系统架构中未出现的新问题，给现有云计算的资源分配带来严峻的挑战。

1.2.4 车联网的发展历程和瓶颈

1. 发展历程

车联网在国外起步较早。20 世纪 60 年代，日本就开始研究车间通信。2000 年左右，欧洲和美国也相继启动。多个车联网项目旨在推动车间网联系统的发展。2007 年，欧洲六家汽车制造商（包括 BMW 等）成立了 Car2Car 通信联盟，积极推动建立开放的欧洲通信系统标准，实现不同厂家生产的汽车之间的互通。2009 年，日本的 VICS 车机装载率已达到 90%。而在 2010 年，美国交通部发布了《智能交通战略研究计划》，其内容包括美国车辆网络技术发展的详细规划和部署。

与国外车联网产业的发展相比，我国的车联网技术在 2009 年才刚刚起步，最初只能实现基本的导航、救援等功能。随着通信技术的发展，2013 年，国内汽车网络技术已经能够实现简单的实时通信，如实时导航和实时监控。2014 年—2015 年，3G 和 LTE 技术开始应用于车载通信系统以进行远程控制。2016 年 9 月，华为、奥迪、宝马和戴姆勒等公司联合建立 5G 汽车联盟（5GAA），并与汽车经销商和科研机构共同开展了一系列汽车网络应用场景。此后至 2017 年底，国家颁布了多项方案，将发展车联网提到了国家创新战略层面。在这期间,人工智能和大数据分析等技术的发展使得车载互联网更加实用,如企业管理和智能物流。此外,ADAS(高级驾驶辅助系统)等技术可以实现与环境信息交互,使得 UBI(Usage-based Insurance,一种基于使用量定保费的保险)业务的发展有了强劲的助推力。2019 年,中共中央、国务院印发了《交通强国建设纲要》,明确从 2021 年到 21 世纪中叶,我国将分两个阶段推进交通强国建设,到 2035 年,基本建成交通强国,形成三张交通网、两个交通圈。未来,依托于人工智能、语音识别和大数据等技术的发展,车联网将与移动互联网结合,为用户提供更具个性化的定制服务。车联网系统如图 1-6 所示。

图 1-6 车联网系统(见彩图)

2. 发展瓶颈

(1) **行业壁垒难打破,政府跨部门合作不深入** 车联网产业是一个涉及多个行业的新兴产业,只有当参与者足够多的时候,才能最大化发挥其网络效应和价值。许多老牌车企拥有行业技术和经验优势,但缺乏互联网思维,对于与科技企业合作持相对保守的态度,既不愿意在车联网竞逐中被落下,也不愿将车联网这一机遇拱手让于科技企业。而新兴的互联网科技企业,急于踏入车联网领域,虽然掌握着人工智能、大数据分析等技术,但没有最核心的车辆载体和应有的技术积淀。总的来说,车企与互联网科技企业之间缺乏广泛的合作和有效的跨行业合作平台。此外,车联网的跨行业和跨领域属性意味着在政策、关键技术、应用模式和标准制定等方面需要多个部门通力合作,共同推进。虽然工信部发布了《智能网络化车辆技术路线图》等一系列指导文件,但是从文件到实施还有很长的路要走。

在巨大的市场诱惑面前,车联网的相关企业不愿坐等技术与管理破局。电信运营商、汽车电子和服务企业,甚至汽车贸易企业,开始以一种简化版的车联网运营模式向前推进——围绕车载智能平台进行集成,实现内容和应用的整合。凭借移动网络通道的优势,三大运营商在车联网上的推进方式,基本是将车载智能终端与无线通道相连,以提供实时交通路况、导航、救援定位、车况检测、4S 店预约等运营服务,多基于呼叫中心或移动互联网,并不涉及什么新的技术,只相当于在现有网络基础上的一个新的业务拓展。

(2) **尚未形成成熟的商业模式,企业盈利无法保障** 企业尚未找到成熟的业务运营模式,盈利能力和用户续约率低的问题突出。目前,国内的车联网企业利润来源主要是消费者,但又缺乏具有吸引力的产品和服务,用户的黏性普遍较低,这种相对单一的买卖方式和商业运营模式,也无法为用户持续带来附加价值,导致车联网即使受到企业的高度重视,在消费者中的推广仍阻力重重,大多数消费者对于智能网联汽车持观望态度,企业的盈利来源无法得到保障。此外,我国虽已开始制定相关规划,重视行业发展,但商业模式仍不清晰,主要呈现以汽车生产商为主导的商业模式。这种模式存在很大的弊端:由于我国汽车品牌众多,不同品牌汽车的目标客户群不同且相对固定,因此难以实现车辆信息系统的广泛应用;此外,每种汽车品牌安装独立 TSP(汽车远程服务提供商)平台,违背了车联网信息共享实时共通的要求。

(3)**基础设施建设滞后,信息安全制约行业发展** 车辆互联网是一项复杂的系统工程,若想实现车与路、车与环境的交互,还需要设置智能交通信号系统、路侧的信息采集单元等综合智能交通配套设施,然而,我国相应的基础设施建设与美国、日本和欧洲等相比明显滞后。此外,日趋严格的网络信息安全法律法规,促使企业在提供车辆网络服务时更加关注信息安全和跨境数据传输的合规,它对 SaaS(软件即服务)平台供应商和基础设施提供商构成了巨大挑战。

(4)**车联网主导缺失,管理主体"无人驾驶"** 车联网的出现为汽车制造、内容提供和移动通信等领域带来产业升级机遇。一方面促使汽车行业从单纯硬件销售,转为与服务、内容捆绑的新模式;另一方面,让运营商和服务商得以迅速定位高端客户群体,便于提供产品和服务。此外,国家对新能源汽车"必须具备远程监控能力"的要求,也让车联网横跨两大战略性新兴产业。然而,自诞生之日起,车联网便始终面临缺乏统一管理主体的"无人驾驶"局面。相比于移动运营商、汽车电子企业、内容提供商,服务提供商对参与车联网的兴趣更为积极。由于车联网产业链较长、参与行业众多,对车联网"盲人摸象"式的理解比比皆是,其中的利益博弈也在所难免。

(5)**传感器技术不自主,技术短板问题严峻** 车联网要解决各系统间的信息交互和共享问题,同时与驾驶人和乘客实现有效互动。此外,车联网通过车身网络链接,还可以获取车身中各类传感器数据,处理后用于报警或远程诊断。然而,绝大多数用于信息采集的高端传感器,其芯片核心技术并不为我国公司所掌握。

目前,国内在芯片设计和开发上已经具备一定水平,但自主可控可管的问题仍然严峻。我国的互联网域名系统、地址及物品条码用的都是国外的技术体系、编码地址,车联网在车辆标识上不能重蹈覆辙。

1.2.5 车联网的关键技术

1. 融合多传感器信息技术

车联网是车、路、人之间的网络,车联网中的技术应用主要是车的传感器网络和路的传感器网络。车的传感器网络又可分为车内传感器网络和车外传感器网络。车内传感器网络是向人提供关于车的状况信息的网络,车外传感器网络是用来感应车外环境状况的传感器网络。路的传感器网络指用于感知和传递路的信息的传感器,一般铺设在路上和路边。无论是车内、车外,还是路的传感器网络,都起到了环境感知的作用,其为车联网获得了独特的"内容"。整合这些"内容",即整合传感网络信息是车联网重要的技术发展内容之一,也是极具特色的技术发展内容之一。在一定准则下,对这些传感器及观测信息进行自动分析、综合以及合理支配和使用,将各种单个传感器获取的信息冗余或互补依据某种准则组合起来,形成基于知识推理的多传感器信息融合。

2. 开放智能车载终端系统平台技术

当前,很多车载导航娱乐终端并不适合车联网的发展,其核心原因是采用了非开放的、不够智能的终端系统平台。使用不开放、不够智能的终端系统平台是很难被打造成网络生态系统的。目前,车联网的用户终端包括 IOS 系统、Android 系统等,车联网的终端系统平台必须能搭载与平台相应的载体,如 iPhone、iPad、Android 手机、Android 导航仪、Android 平板电脑等,只有开放的系统平台才能更好地为用户服务。按照目前的形势来看,Android 也许将会成为车联网终端系统的主流操作系统,而那些封闭式的操作系统也许目前发展不错,但最终会因为开放性问题受到制约。

3. 自然语音识别技术

驾驶环境的特殊性决定了车联网时代人机交互不能用鼠标、键盘和触摸屏,而语音交互的安全便捷,就顺理成章地成为人机交互的最佳方式,它将是车联网发展的助推器。成熟的语音技术能够让驾驶人通过语音对车联网发号施令,能够用耳朵来接收车联网提供的服务,这是更适合在车这个快速移动空间中应用的。成熟的语音识别技术依赖于强大的语料库及计算能力,车载语音技术的发展本身就得依赖于网络。因为车载终端的存储能力和计算能力都无法很好地解决非固定命令的语音识别技术,而必须要采用基于服务端技术的"云识别"技术,将大量的语音识别数据进行收集和计算,依托网络计算技术,构建基于移动互联网环境下独特的车音网语音平台引擎,实现多种语言甚至方言的识别。

4. 云计算技术

云计算(Cloud Computing)是分布式计算的一种,又称为网格计算。云计算通过网络"云"将巨大的数据计算处理程序分解成无数个小程序,然后通过多部服务器组成的系统对这些小程序进行处理和分析,得到结果并返回给用户。云计算是继互联网后在信息时代又一种新的革新,可以将很多的计算机资源协调在一起,使用户通过网络就可以获取无限的资源,且获取的资源不受时间和空间的限制。

云计算在车联网中用于分析计算路况、大规模车辆路径规划建议、智能交通调度计算等。在车联网产品中引入云计算,一方面可以实现业务快速部署,在短期内,为行业用户提供系统的 Telematics(综合多种服务功能的车载计算机系统)服务;另一方面,平台有强大的运算能力、实时数据、广泛的服务支持,能够对于服务起到强大的支撑作用。例如,传统的导航均是基于本地数据,只是一条静态的道路,基于云计算的"云导航"则可以实现"实时智能导航"。云平台会按照用户的需求,考虑到实际的路况和突发事件等因素实时调整规划,保障用户始终掌握最符合实际、最便捷的路线。车联网和互联网、移动互联网一样都得采用服务整合来实现服务创新、提供增值服务。通过服务整合,可以使车载终端获得更合适、更有价值的服务,如呼叫中心服务与车险业务整合、远程诊断与现场服务预约整合、位置服务与商家服务整合等。

5. LBS

LBS(Location Based Service,基于位置的服务或移动定位服务)有传统服务和新型服务两大类。传统服务以整合服务产业链为主，提供的服务基本上以导航为主，也包括服务位置信息搜索（餐馆、娱乐、加油站等）、资讯推送、天气提醒、汽车服务信息等，以静态的或者单向的信息为主。新型服务则在应用的基础上结合海量用户的移动互联，通过车联网社区形成诸多更具互动性的应用，如位置信息的共享、自定义交通信息生成、用车经验交流、基于位置的优惠信息提供等。其按照用户的需求和技术的发展，不断向周边延伸，从而让固有的服务逐步具备自我革新的生命力，为用户的工作、生活、娱乐带来更多便利。

6. 通信及其应用技术

车联网主要依赖两方面的通信技术：短距离视频通信和远距离的移动通信技术。前者主要靠 RFID 传感设备及类似 WiFi 等 2.4G 通信技术实现，后者主要是通过 GPRS、3G、LTE、4G 和 5G 等移动通信技术实现。技术发展重点主要是这些通信技术的应用，包括高速公路及停车场自动缴费、无线设备互联等短距离无线通信应用及 VoIP 应用（车友在线、车队领航等）、监控调度数据包传输、视频监控等移动通信技术应用。5G 网络具有高速度、低时延、大联接的优点。5G 车联网与自动驾驶结合，可显著降低系统响应时间，进一步提升整车的性能，提高信息传输的精准性，且能降低对高精度传感器的依赖，从而降低成本。同时，5G 网络为无人驾驶和车联网技术提供了更广阔的平台，能够有效地提高无人车的智能化和探测的精准度，从而降低交通事故发生率。

7. 移动互联网技术

当智能手机上的各种应用铺天盖地而来的时候，用户也不再满足于车载系统只具有基础的导航功能，而是想要它如同智能手机一样支持移动互联网的产品。在车网互联的终端上，导航只是众多应用之一，还有很多针对基于用户位置的其他应用，如车友会、突发事件上报等；另外，还可以按照需求，自由安装微博、微信、米聊以及各种游戏等应用，满足用户与汽车生活相关的所有应用需求。当然，车联网与现有通用互联网、移动互联网相比，其有两个关键特性：一是与车和路相关，二是把位置信息作为关键元素。因此，需要围绕这两个关键特性发展车联网的特色互联网应用，给车联网带来更加广泛的用户及服务提供者。

未来的车联网也将重点展开上述技术和应用，今后实现车联网的汽车将能整合全球定位系统（GPS）导航技术、车对车交流技术、无线通信及远程感应技术，通过对实时交通信息的分析，自动选择路况最佳的行驶路线，从而大大缓解交通堵塞。通过使用车载传感器和摄像系统，感知周围环境，在遇到障碍物或者行驶条件发生变化时能够做出迅速调整。同时，通过车内简单的无线网络界面，乘客可和外部世界轻松沟通。相信融合了这些技术，车联网的发展会走得很快、很远。

8. 信息安全技术

车联网应用过程中伴随大量数据的传输，其中包含用户和车辆的个人信息，存在潜在的安全隐患。车联网的安全防护环节众多，包括终端设备和通信设备间的信息传递安全防护、数据和功能安全防护、云端管理和信息平台的管理安全防护，同时还能保护用户的个人隐私，防止网络攻击，确保数据传输的准确性和安全性。

第2章

车载网络技术

2.1 车载网络技术概述

2.1.1 车载网络的发展历程

传统汽车中各种电子设备、电器之间用导线、插接件连接。从发动机控制到传动系统控制,从行驶、制动、转向系统控制,到安全保障系统和仪表报警系统,从电源管理到舒适系统,每种功能的控制操作都集中在驾驶室进行,各个系统都必须用导线和插接件连接到驾驶室的操控台。随着汽车动力驱动系统、舒适系统和信息娱乐系统内各种电子控制单元(Electronic Control Unit,ECU)的不断增加,这些连接所需要的导线和插接件随之急剧增加,从而引发了汽车厂商和设计人员的思考。据统计,1996年,欧美典型车辆上的ECU数量为6个,到2009年,欧美高端车ECU的数量已经大于70个。同时,一辆采用传统布线方法的高档汽车中,其导线长度可达2000m、电气节点达1500个,而且该数字大约每10年增长1倍。

控制单元、导线和插接件的增加带来以下问题:

1)传统电子设备多为点到点通信,导致了庞大的线束。
2)占用车内空间大,汽车的整体布置空间缩小,影响整体布局的优化。
3)大量的连接器增大了汽车的故障率,降低了系统的可靠性,可维护性变差。
4)大量的铜材消耗增加了汽车的成本,且存在冗余的传感器。
5)大量的线束和接插件也会增加车身自重,影响汽车的燃油经济性。实验表明,车身自重每增加50kg,油耗会增加0.2L/100km。

随着汽车系统中ECU的大幅增加,为了简化线路,实现相关信息在各个控制系统中的数据共享,提高车辆数据信息传输的实时性和可靠性,降低汽车的故障率,汽车制造商和相应的研发部门开始设计具有一定组织结构的数据通信网络,开发新的工业总线系统,即车载网络,来进一步规范、替代原有的通信线束,如控制器局域网(Controller Area Network,CAN)、局部连接网络(Local Interconnect Network,LIN)和局域网(Local Aare Network,LAN)等。在车载网络中,各个ECU相互连接构成网络,相关信息通过数据总线进行传输,从而实现信息资源共享。

以3个控制单元、19个数据采集点为例,在不考虑传感器冗余的情况下,对两种布线方式进行对比。传统布线方式如图2-1所示,共需信号线3×19=57条。新的总线型布线方式如图 2-2 所示，共需信号线 19+2 = 21 条。线束大大简化，减小了车内所占空间，降低了线束成本，同时，系统的可靠性与可维护性也大大提高。

图 2-1　传统布线方式　　　　　　　　　图 2-2　新的总线型布线方式

基于数据通信的车载网络为提高汽车性能和减少线束数量提供了有效的解决途径。在各种数据通信方式中，最常见的是 UART（Universal Asynchronous Receiver/Transmitter，通用异步收发传输器）。最早的车载网络是在 UART 的基础上建立的，如通用汽车的 E&C、克莱斯勒的 CCD、福特的 ACP、丰田的 BENA 等。UART 在汽车中的成功应用，标志着汽车电子逐步迈向网络化。

由于汽车对电子部件在工作环境、可靠性、成本等方面的特殊要求，通用 MCU/MPU 集成的 UART 逐渐不能适应汽车发展的新要求。于是，在 20 世纪 80 年代初，各大汽车公司开始研制专门适用汽车内部信息交互的专用通信方式。

目前，汽车上普遍采用的汽车总线有局部连接网络（LIN）和控制器局域网（CAN），正在发展中的汽车总线技术还有高速容错网络协议 FlexRay、用于汽车多媒体和导航的 MOST 以及与计算机网络兼容的蓝牙、无线局域网等无线网络技术。下面以 CAN 总线为例，介绍车载总线技术的发展。

1）20 世纪 80 年代初，Bosch 的工程人员开始研究用于汽车的串行总线系统，因为当时还没有一个网络协议能完全满足汽车工程的要求。参加研究的还有 Mercedes-Benz 公司、Intel 公司，以及德国两所大学的教授。

2）1986 年，在底特律的汽车工程协会大会上，由 Bosch 公司研究的新总线系统被称为"汽车串行控制器局域网"，标志着汽车 CAN 总线的诞生。

3）1987 年，Intel 推出了第一片 CAN 控制芯片——82526，这是 CAN 首次通过硬件实现。随后 PHILIPS 推出了 82C200。这两种 CAN 控制器在验收滤波和报文控制方面有许多不同。一方面，由 Intel 主推的 FullCAN 比由 PHILIPS 主推的 BasicCAN 占用较少的 CPU 载荷；另一方面，FullCAN 器件所能接收的报文数目相对受到限制，BasicCAN 控制器仅需较少的硅晶体。

4）1992 年，Mercedes-Benz 开始在他们的高级客车中使用 CAN 技术。第一步使用电子控制器通过 CAN 对发动机进行管理，第二步使用控制器接收操作信号。这就使用了两个物理上独立的 CAN 总线系统，它们通过网关连接。其他的客车厂商也纷纷效仿，在他们的客车上也使用两套 CAN 总线系统。

5）1993 年，CAN 的国际标准 ISO 11898 公布（数据链路层协议），从此 CAN 协议被广泛应用于各类自动化控制领域。

6）1994年开始有了国际CAN学术年会（ICC）。

7）1994年，美国汽车工程师协会以CAN为基础制定了SAE J1939标准，用于货车和巴士控制及通信网络。J1939也是一个基于CAN的应用子协议，由SAE的Truck and Bus协会制定。J1939是一个非模块化的方案，简单易学，但灵活性很差。当然，生产CAN模块集成器件的15家半导体厂商主要聚焦于汽车工业。

随着智能网联汽车的发展，传统车载网络CAN、LIN普遍存在的问题是带宽低、不易扩展、无法互联互通、无法满足智能网联汽车要求；FlexRay和MOST成本高、应用复杂，仅适用于高端豪华品牌。目前研发的专门应用于汽车的车载以太网技术已取得重大突破，未来随着车载以太网的发展和成熟，车载网络将发展成为基于域控制器的混合车载网络架构，以太网将成为主干网络，传统CAN、LIN将继续在低容量通信场景下使用。

2.1.2 车载总线的分类

典型的网络拓扑结构有总线型拓扑、环形拓扑、星形拓扑、网状拓扑以及它们之间的各种组合形式。车载总线的应用可以大大简化线束的复杂程度，主要类型有CAN、LIN、FlexRay、MOST、车载以太网等。图2-3所示为奥迪A8L的车载网络拓扑结构。

1. CAN总线

CAN是Controller Area Network（控制器局域网）的缩写，是国际标准化组织（International Organization for Standardization，ISO）标准化的串行通信协议。CAN总线的出现很好地解决了众多功能模块控制单元之间数据交换的实时性和稳定性问题，是一种能有效支持分布式控制和实时控制的串行通信网络，是现代汽车网络化应用中的"基石"。CAN总线采用5V差分信号的双线传输，理论速率可达1Mbit/s，实际上一般为125～500kbit/s。

2011年，Bosch发布了第二代CAN通信技术——CAN FD（Flexible Data-rate），优化了通信带宽和有效数据长度，使得CAN FD的通信速率可达5Mbit/s，在大众第八代高尔夫上获得应用。2020年，第三代CAN通信技术CAN XL启动，可实现高达10+Mbit/s的通信速率，填补了CAN FD与100BASE-T1（以太网）之间的空白。

2. LIN总线

局部连接网络（LIN）是一种低成本的、面向"传感器/执行器控制"的低速串行通信网络协议。1998年，LIN由多个汽车生产商提出，作为低速CAN的低成本替代方案；2001年梅赛德斯奔驰SL第一次量产使用了LIN总线。LIN采用单主控制器/多从设备的模式，仅使用一根12V无屏蔽信号总线和一个无固定时间基准的节点同步时钟线。LIN总线其最高传输速率可达20kbit/s，主要应用于电动门窗、座椅调节、灯光照明等控制。典型的LIN网络的节点数可以达到12个。以门窗控制为例，在车门上有门锁、车窗玻璃开关、车窗升降电动机、操作按钮等，只需要一个LIN网络就可以把它们连为一体。而通过CAN网关，LIN网络还可以和汽车其他系统进行信息交换，实现更丰富的功能。LIN现已经成为国际标准，被大多数汽车制造商和零部件生产商所接受。

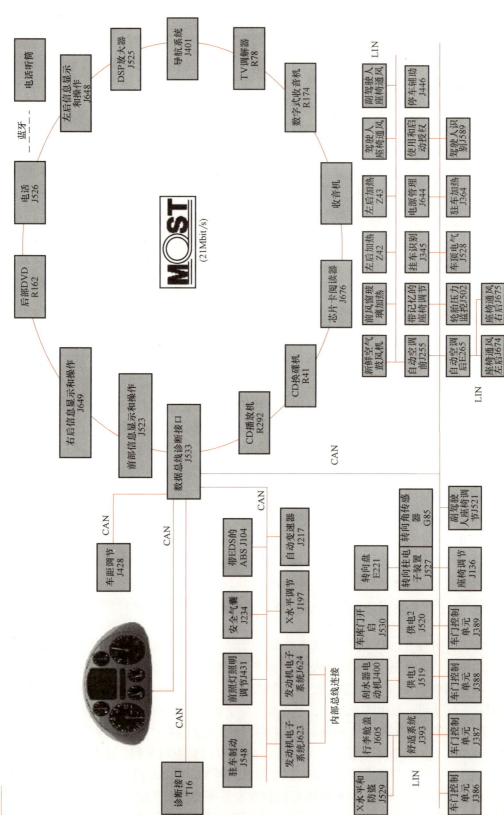

图 2-3 奥迪 A8L 的车载网络拓扑结构

第2章　车载网络技术

3. FlexRay 总线

FlexRay 总线是由宝马、飞利浦、飞思卡尔和博世等公司共同制定的一种新型通信标准。FlexRay 系统中使用双绞线，两个通道的每一条都由两根电缆组成，在实时性、可靠性和灵活性方面具有一定的优势。

宝马公司在 07 款 X5 系列车型的电子控制减震器系统中首次应用了 FlexRay 技术，此款车采用飞思卡尔的微控制器和恩智浦的收发器，可以监视有关车辆速度、纵向和横向加速度、转向盘角度、车身和轮胎加速度及行驶高度的数据，实现了更好的乘坐舒适性以及驾驶时的安全性和高速响应性，此外，还将施加给轮胎的负荷变动以及底盘的振动均减至最小。目前，FlexRay 主要应用于事关安全的线控系统和动力系统，在宝马的高端车上有应用。

FlexRay 的目标是提供一种具有高传输速率的系统，能以确定性的方式可容错地进行工作，并可实现灵活的应用和拓展，主要用于动力总成系统、主动安全系统以及线控系统。

4. MOST 总线

MOST 表示"多媒体传输系统"，是一种专门针对车内使用而开发的，服务于多媒体应用的数据总线技术。1998 年，宝马、戴姆勒-克莱斯勒等公司建立了 MOST 联盟，管理定义 MOST 总线的相关规范。自从宝马 7 系汽车首次采用 MOST 技术以来，该技术的普及速度突飞猛进，通过该技术可实现实时传输声音、视频，满足高端汽车娱乐装置的需求。MOST 总线系统中各控制单元之间通过一个环形数据总线连接，该总线只向一个方向传输数据；一个控制单元拥有两根光纤，一根用于发射器，另一根用于接收器。

5. 车载以太网

智能网联汽车的发展带来功能去中心化、消费级产品和服务的集成、流媒体通量增加以及 V2X 和自动驾驶高级应用的发展，面对更高级的通信要求，车载以太网应运而生。车载以太网具有大带宽、低延时、低电磁干扰、低成本等优点，成为智能网联汽车应用的关键选择。

2010 年左右，以太网从 DLC 诊断端口到网关只有一条 100Base-T1 1TPCE（速率为 100Mbit/s 的基带传输系统），仅用于诊断和固化软件更新。2013 年，宝马 X5 第一个将车载以太网用于 360°环视系统。随着时间的推进，2015 年，宝马在其全系车型中都部署了车载以太网，并扩展其应用范围。此后，捷豹、路虎和大众的帕萨特都在其某些车型应用了车载以太网技术。

随着以太网技术的发展，车载以太网的应用由诊断逐渐延伸至信息娱乐域和 ADAS（高级驾驶辅助系统）等。未来技术进一步突破，1000Base-T1 RTPGE（速率为 1Gbit/s）以太网将成为新网络骨干。以美国博通（Broadcom）为领导的 Open Alliance 联盟对车载以太网的推进思路：先以信息娱乐系统为切入点，逐步深入到 ADAS，甚至车身与安全整个车载系统。截至 2017 年 12 月，Broadcom 已经在汽车市场出货超过 1900 万颗车载以太网芯片。

总体来说，发展至今，每种总线技术均有其独特的技术优势和特定的应用领域，CAN 和 LIN 在技术与产业上比较成熟，FlexRay 和 MOST 分别在底盘控制和信息娱乐系统中发挥着独特优势，车载以太网以及蓝牙、WiFi 等新型通信方式快速发展普及。表 2-1 所示为各类总线性能特点对比。

表 2-1　各类总线性能特点对比

项目	CAN-C 高速CAN	CAN-B 低速CAN	CAN-FD	LIN	MOST	FlexRay	车载以太网	蓝牙
总线类型	传统总线	传统总线	传统总线	传统总线	光缆总线	传统总线及光缆	传统总线	无线
工作范围	动力系统	舒适系统	动力系统、ADAS	舒适系统	多媒体及信息娱乐系统	所有网络	所有网络	多媒体及信息娱乐系统
应用场合	发动机控制、驱动系统及ABS/ESP系统组成的网络	车身及舒适电子系统组成的网络	动力系统、底盘系统、车身系统、ADAS	在舒适电子系统上为现有的CAN总线等提供低成本的拓展	控制、音频和视频，与安全相关的简单的应用，数据传输	车辆主干网络，信息娱乐系统，ADAS	车辆主干网络，信息娱乐系统，ADAS	短距离传输，如信息娱乐系统中集成移动电话
应用最多的拓扑	总线型	总线型	总线型	总线型	环形拓扑	星形拓扑	交换机式通信方式	网状拓扑
数据传输速率	10kbit/s 1Mbit/s	最大为124kbit/s	最大为8Mbit/s	最大为20kbit/s	最大为22.5Mbit/s	通常为10Mbit/s，最大为20Mbit/s	10Gbit/s 100Gbit/s	最大为3Mbit/s(v2.0)，723kbit/s(v1.2)
最大节点数量	10个	24个	—	16个	64个	理论上可达2048个，每个被动总线/星形实际最多22个	没有规定	8个主动，最多256个被动
控制算法	事件触发	事件触发	事件触发	时间触发	时间及事件触发	时间及事件触发	时间触发	事件触发
导线种类	铜线(双绞线)	铜线(双绞线)	铜线(双绞线)	铜线(单线)	人造纤维或玻璃光缆	铜线(双绞线)	铜线(单或多对非屏蔽双纹线)	电磁无线电
使用范围	所有车辆	所有车辆	所有车辆	所有车辆	欧洲制造商的高级车辆	驾驶方面的应用	高速连接需求的车辆	所有车辆
标准	ISO 11898	ISO 11519-2	ISO 16845	LIN-Konsortium	MOST Cooperation	FlexRay Konsortium	IEEE 802.3	Bluetooth S/G
SAE分类	C类	B类	C类	A类	移动娱乐	Driver by Wire	—	无线

在当前的汽车总线网络市场上,占据主导地位的是 CAN 总线,下面以 CAN 总线为例,对其协议标准及性能特点进行详细介绍。

2.2 CAN 总线协议标准及性能特点

2.2.1 网络参考模型

1. OSI 参考模型

网络刚出现时,很多公司都有自己的网络技术,因为各公司间没有一个统一的规范,所以公司内部计算机可以相互连接,却不能与其他公司的计算机连接。ISO 在 1985 年推出了 OSI 参考模型,推荐所有公司都使用这个规范。目前各个组织机构都承认这种模型,可以说它是整个网络的基石。OSI 参考模型如图 2-4 所示。

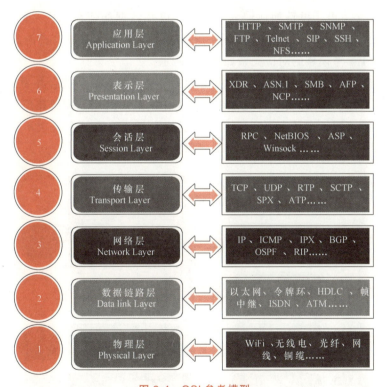

图 2-4　OSI 参考模型

第 7 层:应用层,直接对应用程序提供服务,应用程序可以变化,但要包括电子消息传输。

第 6 层:表示层,格式化数据,以便为应用程序提供通用接口,可以包括加密服务。

第 5 层:会话层,在两个节点之间建立端连接。此服务包括设置以全双工还是以半双工的方式建立连接,(也可以在第 4 层中设置双工方式)。

第4层：传输层，常规数据传送，面向连接或无连接的。它包括全双工或半双工、流控制和错误恢复服务段。

第3层：网络层，通过寻址来建立两个节点之间的连接。它包括通过互联网络来路由和中继数据包。

第2层：数据链路层，数据分帧，并处理流控制。本层指定拓扑结构并提供硬件寻址。

第1层：物理层，原始比特流的传输。电子信号传输和硬件接口数据发送时，从第7层传到第1层，接受方则相反。

OSI参考模型唯一的缺点就是太复杂了，分层太多，设备厂商都没有能力完全实现这些内容，最终OSI并没有成为广为使用的标准模型。相对地，TCP/IP参考模型由于较简单，并且容易实现，设备厂商都基于它来做开发，因此TCP/IP成为网络世界的真正标准。

2. TCP/IP 参考模型

TCP/IP定义了电子设备如何连入因特网，以及数据如何在它们之间传输的标准。协议采用四层结构，每一层都用它的下一层所提供的协议来完成自己的需求。TCP/IP参考模型与OSI参考模型的对应关系如图2-5所示。

OSI七层参考模型中的最上面三层应用层、表示层、会话层被合并为一个——应用层，协议可以直接面对用户；OSI七层参考模型中的最后两层数据链路层和物理层被合并为一个——链路层，它具有OSI模型的两层功能。其他的两个层次不变，功能也相同，传输层对应传输层，网络层对应网络互联层。

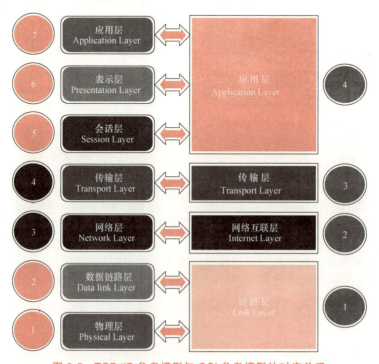

图 2-5　TCP/IP 参考模型与 OSI 参考模型的对应关系

第 4 层：应用层，主要有 HTTP、FTP、SNMP 等协议。

第 3 层：传输层，著名的 TCP 和 UDP 就在这个层次。

第 2 层：网络互联层，IP 在该层，它负责对数据加上 IP 地址，以确定传输的目标。

第 1 层：链路层，这个层次为待传送的数据加入一个以太网协议头，并进行 CRC 编码，为最后的数据传输做准备。此外，该层还负责网络的传输，包括网线的制式、网卡的定义等。

3. CAN 网络模型

CAN 网络模型的底层只采用了 OSI 参考模型中的数据链路层和物理层。而在 CAN 网络高层仅采用了 OSI 参考模型的应用层，如图 2-6 所示。

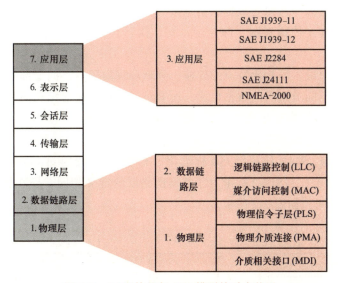

图 2-6　CAN 协议与 OSI 模型的对应关系

第 3 层：应用层，直接对应用程序提供服务。CAN 的高性能和可靠性已被认同，基于 CAN 的各种标准规格见表 2-2。要建立更加完善的系统，需要在 CAN 的基础上选择合适的应用层协议，这为不同的汽车厂商制定符合自身需要的应用层协议提供了很大的便利。

表 2-2　各类 CAN 协议标准

名 称	波特率/(bit/s)	规 格	适用领域
SAE J1939-11	250k	双线式、屏蔽双绞线	货车、大客车
SAE J1939-12	250k	双线式、屏蔽双绞线、12V 供电	农用机械
SAE J2284	500k	双线式、双绞线（非屏蔽）	汽车（高速：动力、传动系统）
SAE J24111	33.3k、83.3k	单线式	汽车（低速：车身系统）
NMEA-2000	62.5k、125k、250k、500k、1M	双线式、屏蔽双绞线供电	船舶
DeviceNet	125k、250k、500k	双线式、屏蔽双绞线 24V 供电	工业设备

(续)

名 称	波特率/(bit/s)	规 格	适用领域
CANopen	10k、20k、50k、125k、250k、500k、800k、1M	双线式、双绞线可选（屏蔽、供电）	工业设备
SDS	125k、250k、500k、1M	双线式、屏蔽双绞线可选（供电）	工业设备

第2层：数据链路层，在此层将数据分帧，并处理流控制，包括逻辑链路控制（LLC）和媒介访问控制（MAC）。

LLC：为数据传送和远程数据请求提供服务，确认由 LLC 子层接收的报文实际已被接收，并为恢复管理和通知超载提供信息。

MAC：主要规定传输规则，即控制结构、执行仲裁、错误检测、出错标定和故障界定。

第1层：物理层，原始比特流的传输。物理层规定了节点的全部电气特性，在一个网络里，要实现不同节点间的数据传输，所有节点的物理层必须相同。物理层又包括物理信令子层（PLS）、物理介质连接（PMA）和介质相关接口（MDI）。

CAN 协议定义了物理层及数据链路层规范，是一个可以封装在通信控制器集成电路芯片内部的规范。CAN 协议经 ISO 标准化后有 ISO 11898 标准和 ISO 11519-2 标准两种。ISO 11898 和 ISO 11519-2 标准对于数据链路层的定义相同，但在物理层的 PMA 子层和 MDI 子层不同，如图 2-7 所示。

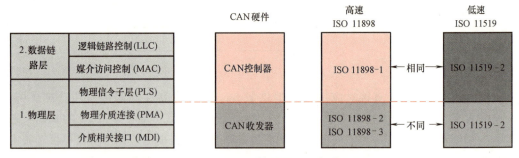

图 2-7 CAN 协议及 ISO 标准

CAN 协议标准 ISO 11898 是通信速率为 125kbit/s~1Mbit/s 的 CAN 高速通信标准，ISO 11898 追加新规约后，成为 ISO 11898-1 新标准；ISO 11519 是通信速率为 125kbit/s 以下的 CAN 低速通信标准，ISO 11519-2 是 ISO 11519-1 追加新规约后的版本。

目前，CAN 的高性能和可靠性已被认同，并被广泛应用于工业自动化、汽车、船舶、医疗设备、工业设备等领域。

2.2.2 CAN 网络模型物理层

CAN 网络模型的物理层定义了连接车内各控制器的相关介质以及接口。从 CAN 的层次结构模型来看，物理层是实现 ECU 与 CAN 总线相互连接的硬件电路。需要说明的是，CAN 总线所能挂载的 ECU 总数主要取决于总线的电力负载；而本小节所谓的 CAN

网络模型物理层,则主要用于高速 CAN,即数据传输速率可达 1Mbit/s 的 CAN。

1. 拓扑结构

CAN 用到两种拓扑结构:总线型拓扑及星形拓扑。

高速 CAN 采用总线型拓扑,不需要主控制器,所有 CAN 节点直接连接到 CAN 总线,每个节点都能获取总线上的信息;低速 CAN 主要采用星形拓扑,也可采用总线型拓扑,但低速 CAN 上终端电阻位于两端节点的 CAN 收发器内。

图 2-8 所示为高速 CAN 网络拓扑结构,CAN 总线采用双绞线进行数据传输,D 为相邻节点距离,L 为主干线长度。两根导线中,一根称为 CAN_High,另一根称为 CAN_Low。双绞线的物理介质参数见表 2-3,终端电阻参数见表 2-4。

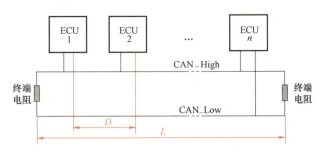

图 2-8 高速 CAN 网络拓扑结构

表 2-3 双绞线的物理介质参数

参数	符号	单位	数值			备注
			最小值	额定值	最大值	
阻抗	Z	Ω	108	120	132	从两信号线之间测得
线电阻率		mΩ/m		70		在接收一方的 ECU 处测得的总线差分电压取决于该处与发送一方的 ECU 之间的线路电阻,所以信号线的总电阻受各 ECU 总线电平参数的制约
线路比延时		ns/m		5		总线上两点之间的最短延时可以为 0,最长延时则由位时间及发送与接收电路的延时决定

表 2-4 高速 CAN 终端电阻参数

符号	单位	数值			备注
		最小值	额定值	最大值	
R_s	Ω	118	120	130	最小功耗:220mW

2. 节点组成

CAN 节点由可运行应用程序的微控制器、CAN 控制器及 CAN 收发器组成,如图 2-9 所示。

微控制器:用于控制 CAN 控制器,提供需要发送的 CAN 数据,读取需要接收的 CAN 数据。CAN 控制器:负责管理消息的发送和接收,将需要传输的二进制数据转换成数据传输所需要的位电流,将位电流通过控制器发送到 CAN 收发器的 Tx 引脚。

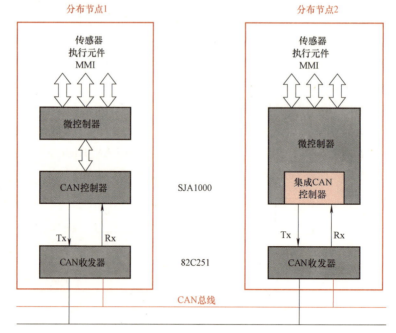

图 2-9 CAN 节点结构

CAN 收发器：将信号增强，产生差分数据传输所需的电平，增强后的位电流以串行方式发送到总线上（CAN_High 和 CAN_Low）。

发送过程：CAN 控制器将微控制器传来的信号转换为逻辑电平（逻辑 0——显性电平，逻辑 1——隐性电平）。CAN 收发器接收逻辑电平之后，再将其转换为差分电平输出到 CAN 总线上。

接收过程：CAN 收发器将 CAN_High 和 CAN_Low 线上传来的差分电平转换为逻辑电平输出到 CAN 控制器，CAN 控制器再把该逻辑电平转化为相应的信号发送给微控制器。

3. 总线电压

CAN 总线采用双绞线进行数据传输。两根导线中，一根称为 CAN_High（黄色），另一根称为 CAN_Low（绿色）。总线有两种逻辑电平状态，即显性和隐形。显性电平用 "0" 表示，隐形电平用 "1" 表示。高速 CAN 和低速 CAN 使用不同的总线电平传输显性和隐性逻辑状态。下面以高速 CAN 为例，对总线电压进行说明。

高速 CAN 两根导线在静止状态下对地电压均为 2.5V，此时两根导线的电压差值为 0V，该状态称为隐性状态，用 "1" 来表示；当 CAN_High 的对地电压为 3.5V，CAN_Low 的对地电压为 1.5V 时，此时 CAN_High 和 CAN_Low 两根导线的电压差为 2V，该状态称为显性状态，用 "0" 来表示。如图 2-10 所示。

由此可知，CAN 总线采用差分信号传输，只需要两根信号线就可以进行正常的通信。在差分信号中，逻辑 0 和逻辑 1 是用两根差分信号线的电压差来表示。当处于逻辑 1，CAN_High 和 CAN_Low 的电压差小于 0.5V 时，称为隐性电平（Recessive）；当处于逻辑 0，CAN_High 和 CAN_Low 的电压差大于 0.9V，称为显性电平（Dominant）。电平

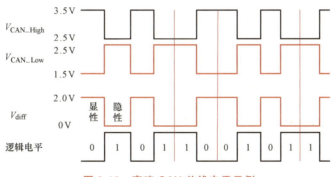

图 2-10 高速 CAN 总线电平示例

定义如下：

$V_{CAN\_High} - V_{CAN\_Low} < 0.5V$ 时候为隐性的，逻辑信号表现为"逻辑 1"——高电平。

$V_{CAN\_High} - V_{CAN\_Low} > 0.9V$ 时候为显性的，逻辑信号表现为"逻辑 0"——低电平。

2.2.3 数据链路层的帧结构

数据通信中最常用的一种方式就是分组交换和传输。这种方式就是把要传输的文件（如一幅图片）拆解开来，以统一的形式打成数据包，一包一包地进行传输，等要传输的数据包到达目的地后，再将数据包进行重新组装，恢复成与发送端相同的文件。计算机网络实际上采用的就是分组交换的传输形式，分组交换和传输中用的是统一格式的数据包，把这种数据包就称作消息帧。

消息帧是串行通信中传输的基本单元。需要传输的信息数据被分组封装入消息帧中，在网络中进行传输。消息帧中除了需要传输的数据之外，还要装入消息帧在网络中传输所必需的诸如目标地址、发送地址、差错控制、同步等附属保障数据。消息帧实质上就是将需要传输的数据和附属保障数据按照规定的格式排成一串 0、1 数字组成的数据群，并规定这些 0、1 数字发送的先后顺序和时间长短、开始发送时间等。

规范计算机网络数据帧的协议是 TCP/IP 等，CAN 的规范协议则是 CAN2.0。博世公司推出的 CAN2.0 协议中的消息帧有两种格式：一种是标准格式，另一种是扩展格式。

标准格式的消息帧用于 CAN2.0A 网络，由 CAN2.0A 协议定义，标准帧结构如图 2-11 所示。它有 11 位标识符，基于 CAN2.0A 的网络只能接收这种格式的消息帧。

扩展格式的消息帧用于 CAN2.0B 网络，由 CAN2.0B 协议定义，扩展帧结构如图 2-12 所示。它有 29 位标识符，后 18 位专用于标记 CAN2.0B 的消息帧。

CAN 的消息帧按照其用途可分为数据帧、远程帧、错误帧、过载帧和帧间隔五种。数据帧用于发送节点向接收节点传输数据；远程帧用于接收节点向发送节点请求发送数据；错误帧用于当某个节点检测到总线上有错误时，向其他节点通知出错，停止这些帧的接收和发送；过载帧用于接收节点通知发送节点，自己还没有做好接收数据的准备，延迟下一个帧的发送时间；帧间隔用于将数据帧及远程帧与前面的帧分离开来。

下面以数据帧为例介绍其具体结构。

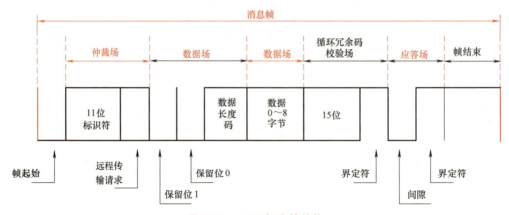

图 2-11　CAN 标准帧结构

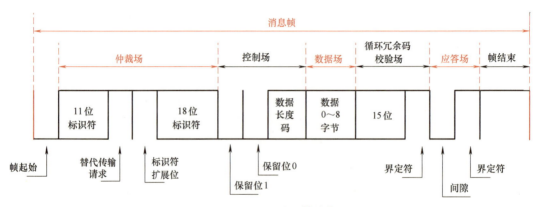

图 2-12　CAN 扩展帧结构

数据帧由七个不同长度的位场组成,如 CAN 标准帧和扩展帧结构所示。依照前后顺序分别为帧起始、仲裁场、控制场、数据场、循环冗余码校验场、应答场、帧结束。

1. 帧起始（Start of Frame，SOF）

用于标志数据帧或远程帧的开始,其作用是向总线上其他节点表明自己要发送信息。它只有一位,即在总线上只持续一个位数的时间周期。帧起始的值是"0",即在总线上输出显性电平。总线空闲时,其状态为"1",即隐性电平。当一个节点要发送数据时,它先检测总线上有没有数据发送,若持续一定时间（如 6 个位数的时间）总线上都是隐性电平,则它开始发送数据。发送的第一位数据就是帧起始,即一位显性电平,总线上的其他节点检测到总线上出现显性电平"0"时,就知道有节点要发送数据了,大家就以总线电平从"1"变为"0"的那个时刻为基准,同步自己的接收系统,开始接收数据。

所以,帧起始只有一位,为显性电平"0",用于向总线上的其他节点告知"我要发送数据了",并提供一个同步基准时刻。

2. 仲裁场（Arbitration Field）

仲裁场的主要作用是给出本帧数据的身份号码,这一号码确定了本帧的优先级和重要性,并向总线上其他节点标示出这一帧是数据帧还是远程帧。

在标准格式中，仲裁场由11位标识符和RTR（远程传输请求）位组成；在扩展格式中，仲裁场由29位标识符、SRR（替代传输请求）位和IDE（标识符扩展）位组成。

标识符：CAN2.0A总线中的标识符为11位，CAN2.0B总线中的标识符为29位。

RTR位：该位为显性电平"0"时，表明这一帧为数据帧；为"1"时，表明这一帧为远程帧。

SRR位：在扩展格式中，该位为隐性电平"1"。

IDE（标识符扩展）位：在扩展格式中，它处于仲裁场的一部分，为隐性电平"1"；在标准格式中该位属于控制场，为显性电平"0"。

3. 控制场（Control Field）

控制场用于向总线上的其他节点说明这一帧的数据场有多少位，以便于接收。

控制场由6位组成，第1位为保留位1（r1），第2位为保留位0（r0），第3~6位为数据长度码（DLC）。对于标准格式来说，r0和r1均为显性电平"0"；对于扩展格式来说，r0和r1均为隐性电平"1"。DLC共4位，用数字表示紧接着控制场后面的数据场共有多少个字节。

- 0000：数据场有0字节数据，即数据场有0位；
- 0001：数据场有1字节数据，即数据场有8位；
- 0010：数据场有2字节数据，即数据场有16位；
- 0011：数据场有3字节数据，即数据场有24位；
- 1000：数据场有8字节数据，即数据场有64位。

4. 数据场（Date Field）

数据场用于装载数据帧需要传输的数据。数据场由0~8字节组成。

数据帧按照从高编号字节到低编号字节、每个字节高位到低位的顺序紧接着DLC位后开始排列要传输的数据。例如，若DLC的内容是1000，数据帧则以第7帧第7位开始，后面是第7帧第6位，第7帧第5位，…，第7帧第0位；第6帧第7位，第6帧第6位，第6帧第5位，…，第6帧第0位；…；直到第0帧第0位结束。

5. 循环冗余码校检场（CRC Field）

CRC（Cyclical Redundancy Check）场用于校验数在传输过程中是否出现错误。CRC是利用除法及余数的原理来做错误检测（Error Detecting）的。在实际应用时，发送装置计算出CRC值并随数据一同发送给接收装置，接收装置对收到的数据重新计算CRC值，并与收到的CRC值做比较，若两个CRC值不同，则说明数据传输出现错误。

6. 应答场（ACK Field）

应答场用于接收节点向发送节点发送"已经有效接收"的应答信号。应答场有两位组成：应答间隙和应答界定符。发送节点在这两位都只发送隐性电平"1"，从而让出总线供接收节点应答。

所有收到正确的帧起始、仲裁场、控制场、数据场和CRC场（这些数据不含填充错误、格式错误、CRC错误的消息）的接收节点，在应答间隙向总线发送显性电平"0"，以此向发送节点应答。

7. 帧结束（End of Frame，EOF）

帧结束用于向总线上的各节点宣布此帧发送到此结束。帧结束由 7 位隐性电平构成，即连续 7 个 "1"。

2.2.4 数据链路层的总线仲裁

CAN 总线上可以接很多节点，只要总线空闲，哪个节点都可以随时发送信息。只要检测到总线上有信息在发送，想要发送信息的节点就必须等待总线空闲时才可以发送。所以，正常情况下，CAN 总线是按照其发送的时间顺序来决定谁先发送的。

但是，假设有几个节点在检测到总线上正在发送的某一数据帧发送的帧结束，在等待了一个帧间隔时间后，同时开始数据帧的发送时，到底让哪一个节点先发送呢？CAN 总线采用非破坏性按位仲裁规则。

在 CAN 总线上发送的每个消息帧，都有各自唯一的身份号码 ID，11 位或 29 位。当两个以上的节点同时发送消息帧时，哪一个获得优先权，取决于它所发送的消息帧的 ID。ID 号码越小，其优先权就越高。

如图 2-13 所示，三个节点同时发送标准格式的帧，节点 1、节点 2 发送的是远程帧，节点 3 发送的是数据帧，节点 1 的 ID 为 11001011111，节点 2 的 ID 为 11001111111，节点 3 的 ID 为 11001011001。从 SOF 到第 6 位 ID，三个节点的消息帧数位都完全一样，大家检测到总线上的状态和自己发送的一致，所以继续发送；当发送到第 5 位 ID 时，节点 1 和节点 3 仍然保持发送状态，而节点 2 就检测到总线上的状态和自己发送状态不一致，说明自己已经失去了仲裁，必须为其他节点让出总线，所以就停止发送消息，变为只接收不发送；当节点 1 发送到第 2 位 ID 时，发现总线状态与自己发送状态不符，失去仲裁，变为只收不发。至此，三个节点争用总线的仲裁结束，节点 3 最后获得总线的使用权，继续自己消息帧的发送。节点 1 和节点 2 同总线上其他节点一样，接收节点 3 发送的数据。

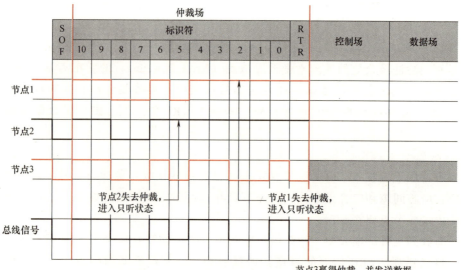

图 2-13 非破坏性逐位仲裁过程示意图

整个仲裁过程是从 SOF 位开始一位一位地进行仲裁的，所以称作按位仲裁。而在仲裁过程中，获得总线使用权的节点 3，自始至终没有感觉到自己的消息帧发送受到仲裁过程的任何影响，所以称为非破坏性仲裁。两者合起来称作非破坏性按位仲裁规则。

2.2.5 数据链路层的位填充机制

CAN 总线中传输的消息帧的每一位都由不归零码表示，这种编码获得了位编码的最大效率，但是也有一个缺点，就是它并不是消息帧的每一位都携带同步信息，只有在显性电平和隐性电平互相跳变的时刻携带同步信息。

总线上的每个节点都有自己的时钟，在没有收到总线上的同步信号时，各个节点都按照自己的时钟决定下一位的接收或发送时刻。CAN 总线的同步信息携带在 "0" 和 "1" 互相跳变的时刻，总线上的每个节点只有在这些时刻才可以根据总线上的同步信息修正自己的时钟，确定自己在什么时刻开始接收下一位，这就是所谓的同步。

如果在一个消息帧中有太多相同电平的位，那么总线上的众多接收节点就会在较长的时间内无法从总线上获取同步信息，在收不到同步信息时，就无法进行时钟的同步调整。由于每个节点时钟的误差不同，误差的长时间积累就会导致失去同步。失去同步后接收节点收到的信息一定是错误信息，通信将无法进行。

为了解决这个问题，CAN 总线采取了位填充编码的方法。简单地讲，位填充就是当同样的电平持续 5 位时则添加一个位的反型电平。如果消息帧内出现连续 5 个 "1"，则在其后面添加 1 个 "0"；同样，若出现连续 5 个 "0"，则在其后面添加 1 个 "1"。位填充的构成如图 2-14 所示。

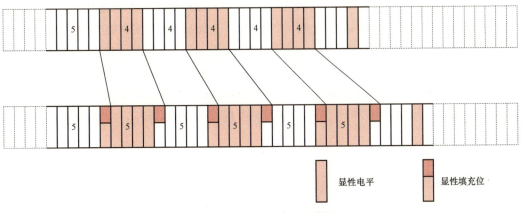

图 2-14 CAN 位填充示意图

1. 发送单元的工作

在发送数据帧和远程帧时，SOF～CRC 段间的数据，相同电平如果持续 5 位，在下一个位（第 6 个位）则要插入一位与前五位反型的电平。

如图 2-14 所示，左侧出现 5 个 "1"，所以在其后面要加一位 "0"，可是加 "0" 后和后面原有的 4 个 "0" 又形成了连续的 5 个 "0"，按照规则要在其后加 "1"。可见，加进来的填充位也要算在后面的尾数中，只要有 5 个连续相同的位，就要加相反极性的一个位。

总之，在经过位填充的消息帧中，连续相同位数最多为 5 个，超过 5 个就证明出现了错误。而且，在连续 5 个相同位后面的一个位，为填充位，不是真正要传输的数据，只是为了有效传输数据而加进来的附属保障信息。

2. 接收单元的工作

在接收数据帧和远程帧时，对于 SOF～CRC 段间的数据，只要碰到相同电平持续 5 位，则需要在接收到的数据序列中删除下一个位（第 6 个位）。如果这个第 6 个位的电平与前 5 位相同，将被视为错误并发送错误帧。

2.2.6　CAN 总线性能特点

根据以上分析，对 CAN 总线性能特点总结如下：

CAN 总线是一种多主总线，即每个节点机均可成为主机，且节点机之间也可进行通信。

通信介质可以是双绞线、同轴电缆或光导纤维，通信速率可达 1Mbit/s。

CAN 总线通信接口中集成了 CAN 协议的物理层和数据链路层功能，可完成对通信数据的成帧处理，包括位填充、数据块编码、循环冗余校验、优先级判别等工作。

CAN 协议一个最大的特点是废除了传统的站地址编码，而采用数据块编码。采用这种方法的优点是可使网络内的节点个数在理论上不受限制，数据块的标识码可由 11 位或 29 位二进制数组成，因此可以定义 2^{11} 或 2^{29} 个不同的数据块，这种数据块编码方式，还可使不同的节点同时接收到相同的数据，这一点在分布式控制中非常重要。

数据段长度最多为 8 字节，可满足工业领域中控制命令、工作状态及测试数据的一般要求。同时，8 字节不会占用总线时间过长，从而保证了通信的实时性，干扰概率低。

CAN 协议采用 CRC 检验并可提供相应的错误处理功能，保证了数据通信的可靠性。

CAN 总线所具有的卓越性能、极高的可靠性和独特设计，特别适合工业设备测控单元互连，因此备受工业界的重视，公认是最有前途的现场总线之一。

2.2.7　典型应用

1997 年，帕萨特（PASSAT）的舒适系统上采用了传输速率为 62.5kbit/s 的 CAN 总线；1998 年 PASSAT 和高尔夫（Golf）的驱动系统上增加了传输速率为 500kbit/s 的 CAN 总线；2000 年，大众在 PASSAT 和 Golf 上都采用了带有网关的第 2 代 CAN 总线；2001 年，大众提高了数据总线的设计标准，将舒适系统 CAN 总线的传输速率提高到 100kbit/s，驱动系统的传输速率提高到 500kbit/s；2002 年，大众在 PQ24 平台上使用带有车载网络控制单元的第 3 代 CAN 总线；2003 年，大众在 PQ35 平台上使用五重结构的 CAN 总线系统，且出现了单线的 LIN 总线。

由于汽车不同控制器对 CAN 总线的性能要求不同，因此大众汽车的 CAN 总线系统划分为驱动系统、舒适系统、信息系统、仪表系统和诊断系统五个子局域网，如图 2-15

所示。大众 CAN 的具体结构如图 2-16 所示。五个子局域网的传输速率见表 2-5。

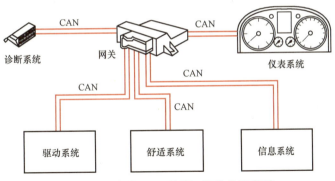

图 2-15　大众 CAN 总线五重结构示意图

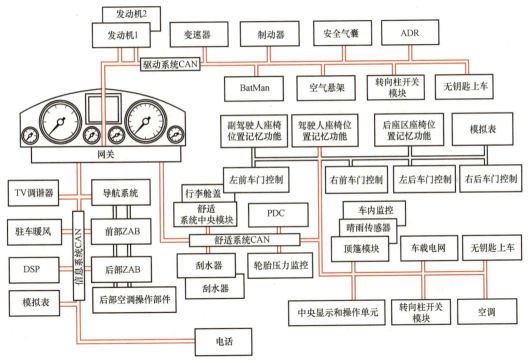

图 2-16　大众 CAN 的具体结构

表 2-5　五个子局域网的传输速率

序号	子局域网名称	电源提供	传输速率（kbit/s）
1	驱动系统	15 号线	500
2	舒适系统	30 号线	100
3	信息系统	30 号线	100
4	诊断系统	30 号线	500
5	仪表系统	15 号线	100

由于不同子局域网的 CAN 总线的传输速率和识别代号不同，如驱动系统 CAN 总线

的传输速率为 500kbit/s，舒适系统 CAN 总线的传输速率为 100kbit/s，信息系统 CAN 总线的传输速率也为 100kbit/s，因此，一个信号要从一个总线区域进入到另一个总线区域，必须改变它的识别代号和传输速率，使其能够让另一个系统接收，这个任务由网关（Gateway）来完成。另外，网关还具有改变信息优先级的功能。如果车辆发生相撞事故，气囊控制单元会发出负加速度传感器的信号，这个信号的优先级在驱动系统中非常高，但传到舒适系统后，网关调低了它的优先级，因为它在舒适系统的功能只是打开门和灯。

2.3 汽车无线通信技术

2.3.1 RFID

RFID（Radio Frequency Indentification，射频识别）传感器技术是车联网的核心技术之一。对于车辆来讲，发动机、轮胎、空调、座椅等部件都可以通过安装传感器的方式进行数据表达，并通过网络进行传输。同时，RFID 传感器技术可自动识别如车辆、建筑物等外部对象，通过网络传输到数据中心，整合信息并提取与车辆和道路相关的内容来实现车辆之间、车辆和管理中心之间信息的传递，实现交通管理智能化的目的。RFID 应用于车联网的优势是，能够快速识别多个高速运转的物体，安全性好，识别速度快、距离远，数据存储量大等。RFID 硬件设备将标签内信息收集读取，通过中间程序的加载过滤、解密转换，传输到车联网应用程序当中，并通过定制程序在终端上使用，以实现车人联网互动。

RFID 在车联网的应用主要体现在以下几个方面：

1）交通信息采集方面：了解道路上车辆的行驶均速、车流量、道路拥挤程度等信息。

2）交通智能管控方面：集中控制交通公共信号，实现智能化管理。

3）交管治理方面：通过与超清摄像机抓拍系统的技术配合，检测超速、闯红灯、超高/超载等违法行为，缉查布控，严抓套牌、假牌等违纪行为，管理货车货运纪律、出租车运营区划定、公共车辆调度指示、私家车辆运行秩序、高速路段智能收费等。

车联网最终应用形态是车辆无人驾驶的应用普及。车辆、交通设施、公共设施均利用 RFID 车联网技术相连接，通过强大的云计算系统、毫秒级的 5G 网络延时、日渐发展成熟的大数据和人工智能，对城市交通进行分析、对道路交通进行规划和完善，最大限度地降低交通事故的发生概率，解决城市拥堵问题，便利人们的生活。

2.3.2 WiFi

国际上主流的车联网无线通信技术主要有两种：一种是基于 WiFi 的 ITS-G5，也被称为 DSRC（专用短距离通信）；另一种是基于蜂窝网络尤其是 5G 的 C-V2X（蜂窝车联网）。

DSRC 技术可以进行双向半双工中短距离无线通信，能够实现数据的高速传输，传输带宽可达 327Mbit/s。DSRC 有很多优点能够满足 VANET 的需要，例如，可以指定授权带宽，这样可以用于安全可靠的通信；还能够快速建立网络，实现快速通信；并且能够进行安全的高频更新，具有非常高的可靠性，这样在车辆行驶条件下即使碰到雷雨天气，也不会受到重大影响，遇到这些天气时，其安全等级也会非常高。虽然DSRC有很多的优点，但它也存在许多的局限性。例如，DSRC采用载波监听多路访问协议（CSMA-CA），该协议会产生数据包译码失败的情况。还有就是，DSRC使用了正交频分复用技术，限制了最大传输速率以及传输范围。

C-V2X技术通过引入5.9GHz ITS频段进行通信，采用了设备和设备之间的直接连接，在不依赖蜂窝运营网络的情况下完成通信，从而将时延降到最低。

2.3.3 ZigBee

ZigBee技术是一种特征十分鲜明的双向无线通信技术，该技术是蓝牙技术与无线标记技术的结合体，不仅能在成本低、功耗低、速率低、距离短的各类型电子设备之间完成数据信息的传递，更能开展间歇性数据、周期性数据和低反应时间数据的有效传输，在当今各领域中都得到了较为广泛的应用。在ZigBee技术的应用下，技术人员可在电子设备上设置多个节点，将其安装至设备当中，使用信息技术，构建成一个完整的无线传感器网络系统，在该系统的支持下，能够更好地达到信息间传递的目的。

2.3.4 蓝牙

蓝牙（Bluetooth）技术是用于固定和移动数字化硬件设备之间的一种低成本、近距离无线通信技术。它能在包括移动电话、PDA、无线耳机、笔记本式计算机、相关外设等之间进行无线信息交换。其采用分散式网络结构以及快跳频和短包技术，支持点对点及点对多点通信，工作在全球通用的2.4GHz ISM（即工业、科学、医学）频段。蓝牙数据传输速率为1Mbit/s。它采用时分双工传输方案实现全双工传输。

在人们的生活和工作当中，蓝牙技术作为短距离无线通信技术的一种表现形式，更好地实现了电子设备之间的无线通信功能，并且蓝牙技术具备低功率、低耗能等优势，为人们之间的交流提供了更多的便利，拓宽了无线通信领域的应用范围。此外，蓝牙技术下的短距离无线通信技术还具有抗干扰强、保密性好等特点，该技术下的通信频率为2.4GHz，能够实现数据信息以及音频的实时传输功能，信号传递速度更快。

2.3.5 以太网技术

以太网技术指的是由Xerox公司创建并由Xerox、Intel和DEC公司联合开发的基带局域网规范。传统以太网使用CSMA/CD（载波监听多路访问及冲突检测）技术，并以10Mbit/s的速率运行在多种类型的电缆上。以太网与IEEE 802.3系列标准相类似。以太网不是一种具体的网络，而是一种技术规范，在IEEE 802.3中定义了以太网的标准协议。以太网因为其成本低廉、传输速率高、灵活性高等优点，对汽车行业具有极大的吸引力，但是传统以太网使用CSMA/CD（载波侦听多路访问/冲突检测）机制，导致网络延迟无法满足车载网络的要求。目前，为了满足车载以太网高实时性的需求，有两项比较成熟的技术：以太网音频/视频桥接（Ethernet Audio/Video Bridging，AVB）和时间触发以太网（TT Ethernet）。这两种技术已在汽车上得到了广泛应用。

2.3.6　5G

第五代移动通信技术（The 5th Generation Mobile Communication Technology，5G）是4G网络技术的升级版。国际电信联盟（ITU）定义5G三大应用场景，即增强移动宽带（eMBB）、超高可靠低时延通信（uRLLC）和海量机器类通信（mMTC）。其中，超高可靠低时延通信（uRLLC）应用于自动驾驶领域。

5G关键技术包括无线关键技术和网络关键技术。无线关键技术在OFDMA和MIMO基础技术上，采用全新系统设计，在频段方面，与4G支持中低频不同，5G同时支持中低频和高频频段，并支持百MHz的基础带宽。为了支持高速率传输和更优覆盖，5G采用LDPC、Polar新型信道编码方案、性能更强的大规模天线技术等。为了支持低时延、高可靠，5G采用了短帧、快速反馈、多层/多站数据重传等技术。网络关键技术方面，5G采用全服务化设计，模块化网络功能，支持按需调用，实现功能重构；采用服务化描述，易于实现能力开放，有利于引入IT开发实力，发挥网络潜力，5G支持灵活部署，基于NFV/SDN实现硬件和软件解耦，实现控制和转发分离；采用通信数据中心的云化组网，网络功能部署灵活，资源调度高效；支持边缘计算，云计算平台下沉到网络边缘，支持基于应用的网关灵活选择和边缘分流。

2.4　车际网

2.4.1　车际网的概念

作为车联网"三网融合"之一，车际网用于实现车与车、车与路、车与人的全方位网络链接，通过车辆与车辆之间信息交流实现信息共享，借助地面道路固定通信设施实现车辆与道路间的信息交流，另外用户可以通过WiFi、蓝牙、蜂窝等无线通信手段与车辆进行信息沟通。V2X指与万物信息互联，包括车与车、车与交通设施、车与用户。而车辆自组织网络（VANET）是指道路上车辆间、车辆与路侧单元、车辆与用户之间相互通信组成的无线自组织网络（Ad Hoc），因此V2X是Ad Hoc网络的一部分。

1. MANET的概念

移动自组织网络（Mobile Ad Hoc Network，MANET）是一种不同于传统无线通信网络的技术。它是一个由几十到上百个节点组成的、采用无线通信方式的、动态组网的、多跳的、移动性对等网络。其目的是通过动态路由和移动管理技术传输具有服务质量要求的多媒体信息流。通常，节点具有持续的能量供给。

2. V2X的概念

V2X即为Vehicle to Everything，也就是指车与外界信息的互换，即为车用无线通信技术。V2X技术可以实现车与车、车与基站、基站与基站等的互通，能够大大提高行车的安全性；也可以提供影音等娱乐形式，增加出行乐趣；还可以减少拥堵，提高出行效率。

3. 车载自组织网络的概念

车载自组织网络（Vehicular Ad Hoc Network，VANET）是指道路上车辆间、车辆与固定接入点（路侧单元）之间相互通信组成的开放移动 Ad Hoc 网络。它在道路上构建一个自组织的、部署方便、费用低廉、结构开放的车辆间通信网络。VANET 技术可以实现事故告警、辅助驾驶、道路交通信息查询、乘客间通信和 Internet 信息服务等功能。

2.4.2 车际网的研究现状

早在 1999 年，美国联邦通信委员会（Federal Communications Commission，FCC）就将 5.85~5.925GHz 的共 75MHz 频段划分出来用作免费短距离通信频段。相应的专用短距离通信（DSRC）标准也被制定出来，用于支持车辆间以及车辆与路边基础设施间的通信，为未来的智能交通系统（Intelligent Transportation Systems，ITS）提供技术保障。由于其在对节点移动性支持、通信距离及数据传输率等指标上的综合优势，让 DSRC 成为未来基于车辆的通信标准。而 IEEE 也在 2004 年提出了 802.11p 标准（Wireless Access in the Vehicular Environment，WAVE）。作为 DSRC 的一个辅助标准和 802.11 协议族的延伸，802.11p 标准适用于未来智能交通系统的诸多应用。

日本在 1991 年就成立了车辆信息与通信系统中心，它被认为是较成功的道路交通信息提供系统。

我国的车联网技术发展比欧美晚。2007 年，通用汽车公司和上汽集团一起推出了安吉星服务，这为车联网在我国的发展奠定了坚实的基础。2009 年被称为车联网元年，该年各大厂商纷纷推出车载服务系统，车联网技术在我国迅速发展，我国正式进入车联网时代。2011 年，随着车联网的不断发展，大唐电信和启明信息科技共同建立了通信与汽车电子产品实验室，这标志着我国正式进入车联网的应用阶段。2014 年—2015 年，3G 和 LTE 技术开始应用于车载通信系统以进行远程控制。2016 年 9 月，华为、奥迪、宝马和戴姆勒等公司合作推出 5G 汽车联盟（5GAA），开展汽车网络应用场景。至 2017 年底，我国颁布了多项方案，将发展车联网提到了国家创新战略层面。2021 年，中国互联网大会发布了《中国互联网发展报告（2021）》，指出中国车联网标准体系建设基本完备，车联网成为汽车工业产业升级的创新驱动力。

2.4.3 车际网的基本架构

1. DSRC

专用短程通信技术（Dedicated Short Range Communication，DSRC）是 ITS 中重要的通信协议之一，支持车辆对车辆（V2V）和车辆对基础设施（V2I）的通信。该标准于 2009 年由美国联邦通信委员会（Federal Communications Commission，FCC）制定，工作频率在 5.9GHz，总带宽为 75MHz（5.850~5.925GHz），划分成 7 个相同带宽的信道，每个信道的带宽为 10MHz。根据传输的数据类型将信道划分成服务信道（Server Channel，SCH）和控制信道（Control Channel，CCH）。高优先级信息（周期信息和紧急信息）和控制信息主要在 CCH 上传输，而不同服务数据的信息则主要在 SCH 传输。

2. IEEE 802.11p

2010年7月，IEEE国际标准组织发布IEEE 802.11p，主要运用在车载自组织网络中，是DSRC技术的扩展。该标准是基于IEEE 802.11的改进，通过使用增强的分布式通道访问（EDCA）功能来提高QoS。EDCA对不同的信息通过设置优先级，允许优先级较高的安全信息（四个类别）拥有更高的机会进行传输，增加了实时信息成功传输的可能性。IEEE 802.11p将信道访问时间平均分为100ms的周期性区间，每个同步区间又分为50ms的控制信道区间（CCHI）和50ms的服务信道区间（SCHI），如图2-17所示。在CCHI期间，所有车辆都将调至CCH已发送或接收高优先级的安全信息，或者发布将在特定的服务信道上提供的服务。该标准还在每个区间间隔的开始处定义了一个4μs的保护间隔用来信道的切换。车辆之间的同步是通过安装在每辆车上的GPS实现的。

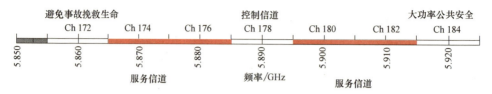

图2-17　IEEE 802.11p车载环境下无线局域网

3. C-V2X

C-V2X解决方案用以解决DSRC技术存在的一些问题，是一项能够提高长期演进技术的新技术。与DSRC技术相比，C-V2X技术可以提供稳健的基础设施与通信，能够增强通信的安全性与保密性。

C-V2X技术初始标准主要侧重于V2V也就是车与车之间的信息互通，到后期才发展了V2X中的其他应用场景。并且C-V2X引进了新的D2D通信端口用于实现近邻的通信服务。为满足高级自动驾驶应用需求，C-V2X正在从LTE-V2X演进到NR-V2X。

C-V2X以蜂窝网络作为V2X的基础，利用蜂窝网络连接交通运输生态系统中的所有车辆和道路基础设施。与DSRC技术相比，C-V2X技术具有通信范围广、时延低与可扩展性高等优势，同时C-V2X技术成本更低，更易于实现商用部署，有利于打破美国在DSRC标准上的技术垄断，因此中国大力发展C-V2X技术。

在C-V2X技术标准中，车联网通信的空中接口包括两种：一种是Uu接口，以蜂窝基站为无线接入中心，车辆与基础设施、其他车辆之间的数据交互都需要通过基站，该接口提供大带宽、大覆盖的通信服务；另一种是PC5接口，用于实现车辆之间的直接数据交换，满足低时延、高可靠的通信需求。

2.4.4　车载自组织网络的体系结构

1. 简介

车载自组织网络是一种自组织无线多跳网络，由车辆节点和路侧单元（Road Side Unit，RSU）等元素组成。车辆通过装备的车载通信单元与其他车辆或者路侧单元进行短距离无线通信。通常，车辆之间的通信方式被称作车辆对车辆（Vehicle to Vehicle，

V2V）通信，而车辆与路边基础设施的通信被称作车辆对路侧单元（Vehicle to Infrastructure，V2I）通信。通过这两种方式的通信，车辆之间可以感知共享的邻居车辆的信息，包括安全信息（如道路上的事故预警信息）和其他状态信息（如娱乐信息和媒体信息等）。

2. V2X 架构

基于车路协同的 V2X 架构总体可分为三个层面：感知层、决策层和执行层。感知层主要涉及环境感知技术和车辆定位技术，获取车辆所处位置及周围交通状态；决策层主要涉及环境变化预测技术及驾驶决策技术，即对周围人、车的运动轨迹做出预测，并相应地生成优化的驾驶决策；执行层主要通过机械控制执行驾驶决策。如图 2-18 所示，在 V2X 架构中，包括了云端、边缘侧和车端，每个部分都参与智慧交通的各个环节，包括数据感知、分析仿真以及决策控制。其中，云端的实时性最低，边缘侧居中，车端实时性最高。因此，对实时性要求最低的感知、分析和决策都放在云端，如道路数据、路线指标和规划等。在边缘侧进行准实时的数据融合和下发，使无人驾驶车辆具有突破视觉死角或跨越遮挡物的信息获取能力。在车端进行车辆实时控制的相关感知、策略和控制，分析计算则由云端融合（边缘计算和云计算融合）控制平台完成。车联网根据应用场景上报车辆信息和交通信息到云端融合控制平台。云端融合控制平台可以跨摄像头进行交通要素轨迹跟踪，并作为系统的核心控制单元，跨域下发联动决策优化交通流运行状态。

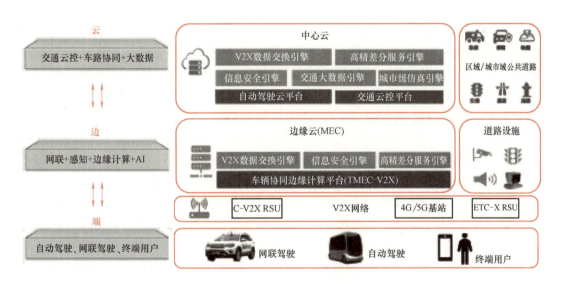

图 2-18 基于车路协同 V2X 网络架构

3. C-V2X 整体架构

C-V2X 整体架构主要涉及云端、路侧端和车载端三个模块。其中，云端可以连接第三方业务应用的信息中心，为路侧端和车载端发送全局的业务控制、业务共享信息，并存储全局设施、环境、用户、业务信息；路侧端与路侧信号控制器或者边缘服务器相连，收集驾驶、交通环境状态信息，进行路侧决策并发送路侧业务控制到车载端；车载端收集路侧控制信息、全局信息和周边环境信息进行动态感知及实时决策。

2.4.5 车际网的功能组成

V2X 大致可以分为四个功能块，分别是 V2P（Vehicle to Pedestrian，车对人）、V2V（Vehicle to Vehicle，车对车）、V2I（Vehicle to Infrastructure，车对路）和 V2N（Vehicle to Network，车对网）。

1. V2P

V2P 通常被定义为通过摄像机和各种传感器，以及行人所使用的联网终端等实现车辆与人的互联。

2. V2V

V2V 通常被定义为车辆和车辆之间通过组网和无线通信实现互相的信息交流，甚至可以实现在无基站状态下互相通信，感知到对方状态。这种组网方式灵活，车辆之间进行数据传输的机会是相同的，是处于一种对等方式的数据传输。通过这种方式，车辆能够感知其他邻居车辆的实时位置、行驶方向等。

3. V2I

V2I 是指车辆与具有通信单元的固定基础设施之间的通信。在这种模式下，因基础设施具有一定的存储和计算能力，主要充当控制器负责调度其通信范围内的车辆，使得车辆能够以最优的策略进行数据传输，减少冲突和数据包丢失；也可以作为一个热点设备为车辆提供内容丰富的联网服务，包括互联网接入、远程信息处理和车载娱乐等。

4. V2N

V2N 通常被定义为车与通信网络。通过移动互联网络、云服务等互联网科技让车辆可以获得大量的数据信息，通过智能处理、智能决策等手段实现导航、辅助驾驶、防盗、娱乐等功能。车辆通过通信设备、传感器和智能芯片等与外部世界建立联系。V2N 也是未来全自动驾驶、智能交运系统、智能驾驶汽车等的关键技术和基石。

2.4.6 车际网的关键技术

1. 可靠的实时通信技术

在车联网中，主要用到的是无线通信技术。由于在实现数据互通时，车辆可能在高速行驶，这就要求通信技术的高可靠性与高实效性，能够做到网络接入的时间短，数据传输时延低，保证数据传输的安全性与隐秘性等。针对这些技术要求，各个国家提出了多个车联网系统，其中，IEEE 和欧洲分别提出的 WAVE 系统和 CoCar 系统影响较大。

2. 车辆状态感知技术

车联网技术属于物联网技术的一部分。其对物体周边状态的感知尤为重要。基于 V2X 的应用场景，在复杂的路况中，通过车辆状态感知技术，可以实时监测车辆的行驶环境、周围车辆的运动状态，以及周围有无交通事故的发生。车辆感知主要是通过总线电子控制单元和各传感器来获取车辆的状态。不仅能够获取车辆的位置和方向，还能获取车辆的速度和加速度等。在车辆状态感知完成后，若发现危险信息，将会对车辆发出预警。

3. 海量数据处理技术

在通过感知技术获取数据后，需要对获取的数据进行处理，这就需要有非常好的数据处理技术，可以通过数据处理系统进行信息汇总融合，并且能够根据信息给出判断。其中，信息融合和数据挖掘是两项重要的手段。信息融合是指利用计算机技术对来自多个传感器的数据信息进行分析与处理，从而给出最好的处理意见。数据挖掘是指在大量的数据中，通过数据分析寻找规律。它主要有数据准备、规律寻找和规律表示三个步骤。这样，就能把所需要的数据整合成一个数据集，并将规律以可视化的形式展示出来。

2.4.7 车际网的关键特征

1. 高速移动性

与 MANET 网络不同，VANET 中的车辆行驶速度变化非常快。以我国为例，在城市环境中，车辆速度为 30~50km/h，在乡村环境中，车辆速度为 40~70km/h，而在高速公路环境中，车辆速度最低需要保持在 60km/h。

2. 车辆位置可知性

在 VANET 中，每辆车都装备了 GPS 装置。通过 GPS 装置可以获取车辆的基本信息，包括车辆的位置信息、速度信息和时间。此外，车辆的行驶路线受到道路拓扑结构的限制，因此 VANET 中节点的位置是可知的。

3. 电能充足

和 MANET 网络需要考虑到能量限制不同，在 VANET 中，车辆自身发动机能够提供充足的电能，因此不需要考虑电能不足的情况。

4. 不同的 QoS 要求

在 VANET 中，有三种主要类型的服务：第一种是实时应用程序，包括与道路安全相关的服务；第二种是交通管理应用程序，包括与信号灯相关的告警等；第三种是面向用户的应用程序，如娱乐信息。这些应用程序的 QoS 要求差异很大，而且种类繁多，因此 MAC 协议需要能够支持各种 QoS 要求。

5. 具有 V2V 和 V2I 两种通信模式

在 VANET 中，V2V 和 V2I 两种通信模式的基本原理是有区别的。在 V2V 通信模式下，车辆之间的通信更多的是车辆自身信息的交互，车辆通过专用短距离无线通信技术广播自身的相关数据，同时接收其他邻居节点的数据。而在 V2I 通信模式下，基础设施一般是作为中央控制器对整个网络区域进行调度，协调网络中车辆的通信。

2.4.8 车际网存在的问题

1. V2X 的技术发展问题

（1）网络覆盖问题　由于车辆无法达到实时网络覆盖，因此与 D2D（Device to Device，设备对设备）技术相似，在 V2X 技术发展过程中，也存在着有时网络无法覆盖的情况。虽然要求车辆都支持服务程序，但是当用户离基站越近时，服务质量就越高，通信质量也会非常好。相反，在无网络覆盖的情况下，服务质量也会有所下降。因此，需要进行车载网络问题的研究,尽最大的可能保证每辆车每时每刻都可以连接网络。

（2）**频谱资源问题**　现在,无线通信技术对于频谱资源的要求会越来越多。互联网对于频谱资源的争夺愈演愈烈。然而,对于新技术,如何考虑在有限的频谱空间内提高频谱利用率是一个重要问题。当 V2X 用户与 LTE 用户共享所有资源时,就会存在两种情况,即两种用户使用相互正交的频谱资源,或者相同的频谱资源。当使用正交的频谱资源时,不会造成干扰;如果使用相同的频谱资源,D2D 通信将会对 LTE 网络造成一定的干扰,因此需要进行进一步的研究,才能够使频谱资源得到有效利用。

（3）**车辆移动问题**　在 V2X 应用场景中,车辆往往是处于高速移动的状态,因此,对于车辆位置的定位就要更加准确,并且能够在不同的应用场景实时切换。这样的话,通信服务质量有可能会降低。因此,在车际网技术的发展过程中,解决车辆移动性的问题也非常重要。

（4）**技术成熟度问题**　尽管 V2X 技术已经经过了多年的发展,但离大规模推广使用还有相当长的距离。DSRC 技术解决了车辆安全性的问题,能够被用来部署系统,但 V2X 系统依赖于广泛的基础设施,这就需要大量的投资,因此不可能大规模地部署 V2X 系统。C-V2X 技术目前尚不能支持高速通信中的低延迟。虽然专家提出供互补的方案,但共享频谱的方案受到质疑。目前看来,大规模推广 V2X 技术尚不成熟。

（5）**立法客观性问题**　美国已经将 V2X 系统强制安装写入法律。美国政府之前在 DSRC 技术上有很大投入,因此,美国交通部才要求车辆必须搭载 V2X 系统。然而,随着车联网技术的发展,蜂窝数据带动了 C-V2X 方案的产生,各国对最佳解决方案的选择也产生了分歧,也就无法做到客观地进行立法。

2. VANET 的交通路网负载均衡问题

据调查,随着机动车数量的不断增加,交通问题也变得日益严重,在路径规划的问题上,由于信息传输不及时,驾驶员不能获取实时的交通信息,所有车辆涌向最优路段导致新的交通拥塞产生,交通路网面临负载不均衡等问题日益突出,郭畅在其论文中阐述了如下方案:利用基于双向车道的 carry-and-forward 机制减少十字路口处的 V2V 数据传输延时;利用路段的车辆密度选取目的 RSU,减少 V2R 的上行下行总 V2R 数据传输延时;利用小波变换对交通流的突变点进行检测和预测并利用 Vasicek 模型对交通流进行时间尺度可变的动态预测;利用实时行驶时间估计结果 TTE 以及基于背压比例的实时路径规划算法 RPP 解决潜在的交通拥堵问题;利用全局路网交通负载均衡的最优化模型及 DIPM 解决全局路网交通负载不均衡造成的交通拥堵问题。

3. 车际网紧急消息传输问题

在车辆行驶的过程中,若发生交通事故或道路坍塌等交通异常事件后,需要通过 VANET 将该紧急消息快速、可靠地传输到受影响的区域。这就需要借助多跳广播技术对紧急消息进行层层转发,其中的关键是选择合适的中继节点对紧急消息进行转发。若中继节点选择机制不恰当,则可能会带来"广播风暴"等问题,给网络带来极大的负担。有文献针对紧急消息的传输提出了以下几种中继节点选择机制:

1）信标消息是车载自组织网络中的一种最基本、最重要的消息类型。信标消息承载了节点的行驶状态和通信状态,所有车辆节点和路边设备节点通过周期性的信标消息传输建立彼此之间的联系，形成车载自组织网络。由于车辆的高速移动性，车辆节点通过周期性信标消息获取周边邻居车辆的状态消息往往不是实时的。秦笙结合模糊逻辑在处理不精确消息方面的优势，提出了一种基于模糊逻辑的中继节点选择机制。

2）在车辆节点密集地区，车辆节点周边的邻居节点分布密集，在基于模糊逻辑的中继节点选择机制中，源节点要比较每个邻居节点的转发优先级，这带来了较大的计算压力。有文献对模糊推理系统进行了优化，并引入了定时器机制来进行中继节点的竞争。优化后的机制称为交通拥堵状态下的中继节点选择机制，并且只用于车辆节点密集的地区。

3）为了使紧急消息的传输更好地适应交通的变化，联合基于模糊逻辑的中继节点选择机制与交通拥堵状态下的中继节点选择机制，车辆节点通过判断车辆密度是否达到阈值来动态选择相应的机制，将该联合机制被命名为基于车辆疏密状态的中继节点选择机制。通过在不同车辆密度状态下的仿真，该机制无论是在节点稀疏地区还是密集地区都表现出良好的性能。

4）有文献基于指数分割的方法，提出一种适用于山区弯道的中继节点选择方法。通过建立坐标映射关系，将山区复杂道路上的车辆位置信息映射到直线上，使用简单的直线分割方法，找到传输范围内道路上最远且宽度最小的子区间作为最终子区间，从而获得稳定且较低的传输延时及较高的到达率。

4. VANET 的干线协调控制问题

在路段选择部分，针对双向多车道的路段，为了防止数据包传输过程中的数据拥塞，提出多跳包投递率算法。为了防止数据包传输过程中的局部最优问题，选择完全连接概率算法保证交通干线条件下的数据包传输质量。在下一跳选择时，利用层次分析法，通过单跳传输率、车间距离和信道衰落这三个指标进行判定，其中车间距离和信道衰落都相应地进行调整以适用于车道条件。

5. 交通图像采集和传输问题

通过车载自组织网络，从多个车辆的行车记录仪中及时选取与事故相关的图像，通过压缩感知技术处理后，快速地传输到交通部门。该过程主要分为三个部分：图像采集、图像压缩和图像传输。

1）事故发生后，邻居车辆的行车记录仪拍摄了有关事故的图像，首先计算邻居车辆与事故地点的距离和角度，挑选出距离较近、角度较好的车辆，然后管理节点向选中的车辆发送请求包。选中的车辆收到请求包后，将对应的图像从行车记录仪中截取并发送给管理节点。重复此过程，管理节点就汇集了一段时间内从多个角度拍摄的事故图像。这些图像能够使交通部门掌握事故现场的状况，及时采取措施，同时也能保留证据。

2）管理节点采集到图像后，需要通过车载自组织网络将图像传输到路侧单元，车载自组织网络带宽有限，且链路持续时间短，而压缩图像能够减少数据量，从而减轻网络负担。采用压缩感知技术对采集到的图像进行压缩观测，交通部门收到测量值后，利用重构算法重构出图像。

3）压缩后的图像。在传输到 RSU 的过程中，路由协议起着关键作用。由于车载自组织网络拓扑变化频繁,中断时常发生,所以结合机会通信的思想,采用喷洒等待路由进行图像的传输。

2.4.9 车际网的关键应用

1. 5G 在 V2X 中的应用

5G 网络通过移动边缘计算（MEC）和网络切片两大核心技术与车联网深度融合,为 C-V2X 提供具有高度灵活性和健壮性的网络。

(1) MEC 技术　MEC 是指将整个云计算大平台的运算能力向靠近终端的地方下沉,融合网络传输、计算、储存和应用的能力,来提高边缘计算的效率和反馈速度。它能够连接多个设备,访问 RSU、摄像头、OBU、智能化交通控制设施、激光雷达、毫米波雷达等,与之进行通信从而获得有用信息,并同时利用向上连接的云平台的丰富信息处理手段进行信息处理。MEC 可以收集并集成多个传感器数据,再对收集的信息进行融合处理,例如针对多种车载或路边环境中雷达和摄像头的融合分析算法。MEC 具备多种相关协议的处理能力,例如,MEC 通过判断车辆的速度、轨迹、位置,分析在它通过交叉口的时候可能发生的碰撞风险,然后将信息传输到车载 OBU 进行预警。

(2) 网络切片技术　网络切片是 5G 网络的关键业务。5G 网络切片相对 4G 是一个更强大的概念,它包括整个 PLMN（Public Land Mobile Network）。网络切片是一个包括业务应用、传输网络、有线网络、无线网络、核心网络等,并且涵盖所有网段端到端的逻辑网络,它同时可以为需求方灵活地提供一个或多个网络服务。随着我国 5G 技术的推广以及道路基础设施的快速发展,未来的汽车交通朝着更加智能化和网络化发展,5G 的超可靠性、低时延、切片网络等关键技术为车联网提供强有力的支撑,使车联网的体系结构得到优化,进一步激发车联网的市场潜力。

2. 车载自组织网络的应用

车载自组织网络的应用一般分为和道路安全有关的安全应用以及主要提供如娱乐信息和媒体信息的服务业务的用户应用。

(1) 安全应用　车载自组织网络的安全应用与人类的生命安全和财产安全密切相关,其主要目标就是避免车辆发生事故,保障驾驶人、乘车人和路人的安全。因此,面向安全应用的研究除了具有理论研究意义外,还具有更大的现实意义。车载自组织网络中的安全应用主要运用于事故多发路段、十字路口和拥塞道路等场景中。

1) 事故多发路段。车辆以较高的速度在道路上行驶时,遇到前方路段的车辆发生交通事故,驾驶人只有极少的时间做出反应。在车载自组织网络中,车辆之间通过无线通信的方式不仅可以获取邻居车辆的基本信息（包括位置信息、速度和加速度等）,还能够获取道路安全信息（包括交通事故、制动信息等）,从而能够提醒驾驶人提前做出反应,避免在事故多发路段车辆发生连续相撞。

2) 十字路口。十字路口是交通道路环境中最复杂的场景之一。在十字路口,常有很多车辆交叉行驶,所以发生交通事故的概率会很高。而车载自组织网络能够有效地根据当前交通流量,合理地安排交通信号灯的状态,有秩序地引导车辆行驶,以实现车辆快速、及时地通过路口,减少车辆的停车时间,避免事故的发生。

3）拥塞道路　车载自组织网络安全应用还能够用于规划路线，为驾驶人到达目的地提供最佳的行驶路线。这样能够保持畅通的交通，降低道路的拥挤，避免交通堵塞。驾驶人在畅通的道路上行驶时更倾向于遵守交通规则，从而避免交通事故的发生。

（2）用户应用　此类应用可以为人们提供娱乐消息，如广告、音乐等。这类应用旨在为人们提供更加便捷的信息服务，给驾驶人和乘车人枯燥的行车过程中增添一些乐趣。主要包括因特网连接和 P2P 应用两种最基本的用户应用。用户之间通过因特网进行连接，应用服务的可靠性与因特网的连接有极大的关联。随着科技的发展，因特网的用户访问量日益增长，因此，在车载自组织网络中提供可靠的因特网连接服务是必不可少的。车载自组织网络中的 P2P 应用旨在提高乘员在行驶过程中的舒适度和满意度，通过车载自组织网络中的 P2P 应用，乘员能够分享音频、视频等娱乐信息。

3. V2X 的应用

（1）道路安全服务应用　道路安全服务主要由 V2I 提供。V2I 可以将车辆周边信息在一定的区域内实现共享，这样能够帮助驾驶人及时了解路况信息，在危险路段起到警示作用，从而在一定程度上避免交通事故的发生。在应用场景选择上，由于该服务的特殊性，在大雾以及阴雨天的作用更加明显。

（2）自动停车系统应用　自动停车系统主要用于酒店、商场等的车位管理。这些区域内有着大量车位，但由于管理效率不高，顾客往往很长时间也找不到一个车位。自动停车系统包含实时的数据库信息，可以直观地展示给驾驶人。自动停车系统也可以允许驾驶人储备一个车位，这样就大大提高了停车效率。

（3）紧急车辆避让服务应用　现在警车、救护车等紧急车辆往往通过鸣笛来表示车辆是紧急车辆。这样做在一定程度上可以起到让行紧急车辆的效果，但在塞车等情况下，驾驶人往往无法正确挪动车辆来避让紧急车辆，达不到最佳的车辆让行效果。在车联网的应用中，在一定区域内就会将紧急救援信息发送给周围的车辆，并提示紧急车辆的前进方向，同时为周围车辆提供一个合理的避让路线，这样就能达到最佳的让行紧急车辆效果。

（4）自动跟车系统服务应用　自动跟车系统主要是针对早晚高峰的应用场景而设计的。在早晚高峰，道路上的车辆过多，造成拥挤，车辆的行驶速度过于缓慢。在这个应用场景下，自动跟车系统可以得到充分发挥。自动跟车系统可以通过观察前车的速度以及行驶方向等来实现半自动化的操作。自动跟车过程中还能跟前车保持安全距离。这样做既能保证安全驾驶，还能给驾驶人以充分的时间来休息。

（5）无人驾驶汽车服务应用　随着汽车技术的不断发展，无人驾驶汽车的发展前景非常广阔。无人驾驶汽车需要充分运用 V2X 技术，并通过定位导航、环境感知等实现无人驾驶的操作。这将是基于互联网革命的一场技术革命。

（6）车载信息服务应用　车载信息服务最普遍的应用就是车载影音系统，它可以给驾驶人带来良好的体验。另外，还包括紧急呼叫等的应用。当车辆发生紧急状况，如发生交通事故时，如果此时驾驶人已经失去意识，紧急呼叫服务可以及时向 120 急救中心等发出紧急呼叫，并能够准确提供车辆的位置、车辆的类型等，使人员能够得到及时的救助。

环境感知技术

环境感知技术是智能网联汽车四大核心技术（环境感知、精确定位、路径规划和线控执行）之一。该技术充分利用传感器获取道路、车辆位置和障碍物信息，并将这些信息传输给车载控制中心，为智能网联汽车提供决策依据，是智能驾驶的"通天眼"。

3.1 环境感知技术概述

3.1.1 环境感知的定义

智能网联汽车环境感知就是利用车载超声波传感器、毫米波雷达、激光雷达、视觉传感器以及 V2X 通信技术等获取道路、车辆位置和障碍物的信息，并将这些信息传输给车载控制中心，为智能网联汽车提供决策依据，是 ADAS 实现的第一步。环境感知技术在智能网联汽车中的典型应用如图 3-1 所示。

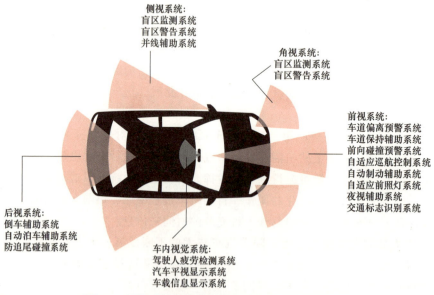

图 3-1　环境感知技术在智能网联汽车中的典型应用

3.1.2 环境感知的方法

智能网联汽车环境感知方法主要有基于单一传感器的环境感知方法、基于车载自组织网络的环境感知方法和基于传感器信息融合的环境感知方法，如图 3-2 所示。

第3章 环境感知技术

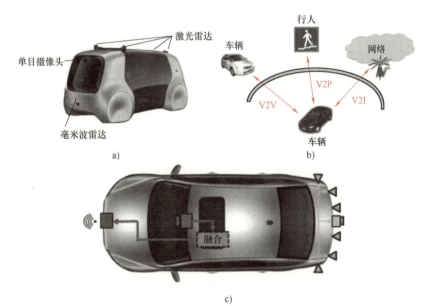

图 3-2 环境感知的方法

a) 基于单一传感器 b) 基于车载自组织网络 c) 基于传感器信息融合

1) 基于单一传感器的环境感知方法，如超声波传感器、毫米波雷达、激光雷达、视觉传感器等。

2) 基于车载自组织网络的环境感知方法，如 V2X 通信技术。

3) 基于传感器信息融合的环境感知方法，如采用视觉传感器+毫米波雷达、视觉传感器+超声波传感器融合等。

3.1.3 环境感知系统的组成

智能网联汽车环境感知系统由信息采集单元、信息处理单元和信息传输单元组成，如图 3-3 所示。

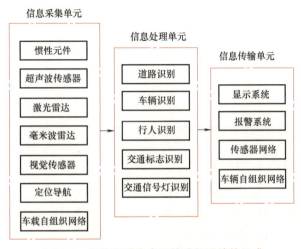

图 3-3 智能网联汽车环境感知系统的组成

1）信息采集单元对环境的感知和判断是智能网联汽车工作的前提与基础。感知系统获取周围环境和车辆信息的实时性及稳定性，直接关系到后续检测或识别的准确性和执行的有效性。其中，惯性元件指汽车上的车轮轮速传感器、加速度传感器、微机械陀螺仪、转向盘转角传感器等，通过它们感知汽车自身的行驶状态。

2）信息处理单元主要是对信息采集单元输送来的信号，通过一定的算法进行处理，从而对道路、车辆、行人、交通标志、交通信号灯等进行识别。

3）对环境感知信号进行分析处理后，将信息送入信息传输单元，信息传输单元根据具体情况执行不同的操作。例如，分析后的信息确定前方有障碍物，并且本车与障碍物之间的距离小于安全车距，则将这些信息送入控制执行模块，控制执行模块结合本车速度、加速度、转向角等自动调整智能网联汽车的车速和方向，实现自动避障，在紧急情况下也可以自动制动；再如，信息传输单元把信息传输到传感器网络上，实行车辆内部资源共享；也可以把处理信息通过车载自组织网络传输给车辆周围的其他车辆，实现车辆与车辆之间的信息共享。

3.1.4　环境感知传感器的比较

超声波传感器、毫米波雷达、激光雷达和视觉传感器作为主要的环境感知传感器，它们的选择需要综合考虑其性能特点和性价比。它们之间的比较见表3-1。

表3-1　环境感知传感器比较

性能特点和性价比	传感器类型			
	超声波传感器	毫米波雷达	激光雷达	视觉传感器
远距离探测	弱	强	强	较强
探测角度/(°)	120	10~70	15~360	30
夜间环境	强	强	强	弱
全天候	弱	强	强	弱
路标识别	不可识别	不可识别	不可识别	可识别
主要应用	泊车辅助	自适应巡航控制系统、自动紧急制动系统、前向碰撞预警系统、盲区监测系统	实时建立车辆周边环境的三维模型	车道偏离预警系统、车道保持辅助系统、盲区监测系统、前向碰撞预警系统、交通标志识别系统、交通信号灯识别系统、全景泊车系统
成本	低	适中	高	适中

3.1.5　环境感知传感器的配置

智能网联汽车环境感知传感器主要有超声波传感器、毫米波雷达、激光雷达、单/双/三目摄像头、环视摄像头等，它们在智能网联汽车上的配置与自动驾驶级别有关，自动驾驶级别越高，配置的传感器越多。

典型智能网联汽车传感器的基本配置见表3-2。

表 3-2 典型智能网联汽车传感器基本配置

传感器	数量/个	最小感知范围	备注
环视摄像头（高清）	4	8m	①前、侧向毫米波雷达信息处理策略有差异，不能互换 ②毫米波雷达和激光雷达互为冗余 ③不同供应商的传感器探测范围有差异，表中数据仅供参考
前视摄像头（单目）	1	50°/150m	
超声波传感器	12	5m	
侧向毫米波雷达（24GHz）	4	110°/60m	
前向毫米波雷达（77GHz）	1	15°/170m	
激光雷达	1	110°/100m	

随着汽车智能化和网联化的发展，智能网联汽车配备的先进传感器的数量将会逐渐增加，预计无人驾驶汽车将会装配 30 个左右先进传感器。

3.2 超声波传感器

3.2.1 超声波传感器的定义

声音以波的形式传播称为声波。按频率分类：频率低于 20Hz 的声波称为次声波；频率为 20Hz~20kHz 的声波称为可听波，即人耳能分辨的声波；频率大于 20kHz 的声波称为超声波。

超声波传感器也称超声波雷达，如图 3-4 所示。它是利用超声波的特性研制而成的传感器，是在超声频率范围内将交变的电信号转换成声信号，或者将外界声场中的声信号转换为电信号的能量转换器件。超声波传感器有一个发射头和一个接收头，安装在同一面上。在有效的检测距离内，发射头发射特定频率的超声波，遇到检测面反射部分超声波；接收头接收返回的超声波，由芯片记录声波的往返时间，并计算出距离。超声波测距传感器可以通过模拟接口和 IIC 接口两种方式将数据传输给控制单元。

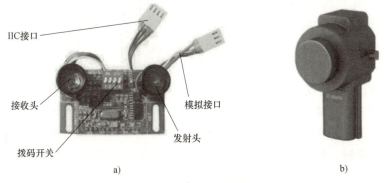

图 3-4 超声波传感器的内部结构和外形
a) 内部结构 b) 外形

3.2.2 超声波传感器的特点

超声波传感器具有以下特点。

1）超声波传感器的有效探测距离一般在5~10m之间，但会有一个最小探测盲区，一般在几十mm，如图3-5所示。

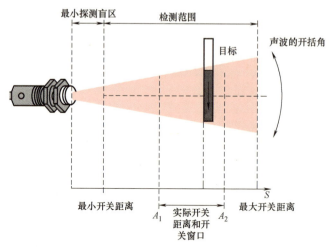

图3-5　超声波传感器有效探测距离

2）超声波对色彩、光照度不敏感，适用于识别透明、半透明及漫反射差的物体。

3）超声波对外界光线和电磁场不敏感，可用于黑暗、有灰尘或烟雾、电磁干扰强、有毒等恶劣环境中。

4）超声波传感器结构简单、体积小、成本低、信息处理简单可靠，易于小型化与集成化，并且可以进行实时控制。

3.2.3　超声波传感器的测距原理

超声波传感器的测距原理如图3-6所示。超声波传感器的发射头发出超声波脉冲，经媒质（空气）传到障碍物表面，反射后通过媒质（空气）传到接收头，测出超声脉冲从发射到接收所需的时间，根据媒质中的声速，求得从探头到障碍物表面之间的距离。设探头到障碍物表面的距离为L，超声波在空气中的传播速度为v（约为340m/s），从发射到接收所需的传播时间为t，当发射头和接收头之间的距离远小于探头到障碍物之间的距离时，则有$L=vt/2$。

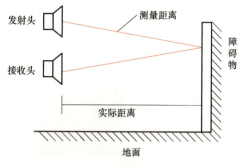

图3-6　超声波传感器的测距原理

3.2.4　超声波传感器的类型

常见的超声波传感器有两种：第一种是安装在汽车前后保险杠上的，也就是用于探测汽车前后障碍物的传感器，探测距离一般在15~250cm，称为PDC（停车距离控制）传感器，也称为UPA（驻车辅助传感器）；第二种是安装在汽车侧面的，是用于测量停车位长度的超声波传感器，探测距离一般在30~500cm，称为PLA（自动泊车辅助）传感器,也称为 APA(泊车辅助传感器)。如图 3-7 所示的汽车配备了前后向共 8 个 UPA,左右侧共 4 个 APA。

图 3-7 超声波传感器的类型

3.2.5 超声波传感器的主要参数

下面来介绍超声波传感器的主要特性参数及性能。

1)测量范围。超声波传感器的测量范围取决于其使用的波长和频率。波长越长,频率越小,检测距离越大,如具有毫米级波长的紧凑型传感器的测量范围为 300～500mm,波长大于 5mm 的传感器的测量范围可达 10m。

2)测量精度。测量精度是指传感器的测量值与真实值的偏差。超声波传感器测量精度主要受被测物体体积、表面形状、表面材料等影响。被测物体体积过小、表面形状凹凸不平、物体材料吸收声波等情况都会降低超声波传感器测量精度。测量精度越高,感知的信息越可靠。

3)波束角。超声波传感器产生的超声波以一定角度向外发出,超声波沿传感器中轴线方向上的超声射线能量最大,能量向其他方向逐渐减弱。以传感器中轴线的延长线为轴线,到一侧能量强度减小一半处的角度称为波束角。波束角越小,指向性越好。一些超声波传感器具有较窄(6°)的波束角,更适合精确测量相对较小的物体。一些波束角在 12°～15°的超声波传感器能够检测具有较大倾角的物体。

4)工作频率。工作频率直接影响超声波的扩散和吸收损失、障碍物反射损失、背景噪声,并直接决定传感器的尺寸。工作频率一般选择在 40kHz 左右,这样传感器方向性尖锐,且避开噪声,提高信噪比;虽然传播损失相对低频有所增加,但不会给发射和接收带来困难。

5)抗干扰性能。超声波为机械波,使用环境中的噪声会干扰超声波传感器接收物体反射回来的超声波,因此要求超声波传感器具有一定的抗干扰能力。

3.2.6 超声波传感器的应用

超声波传感器在智能网联汽车中最常见的应用是自动泊车辅助系统,如图 3-8 所示。自动泊车辅助系统包含 8 个 PDC 传感器（用于探测周围障碍物）和 4 个 PLA 传感器（用于测量停车位的长度）。当驾驶人驾驶汽车以 30km/h 以下的速度行驶，且侧面与其间距保持在 0.5~1.5m 时，PLA 传感器会自动检测两侧外部空间，探测到的所有合适的空间都会被系统储存下来，按下变速杆右侧的功能键便可在仪表板的显示屏上显示此时的周围状态。如果空间足够泊车，驾驶人可以停车后挂入倒档，并慢速倒车。系统会按照事先计算好的轨迹自动控制前轮转向，无须驾驶人操纵转向盘。在自动泊车完成之后，驾驶人还可以在前后 PDC 传感器的帮助下将车进一步停正。

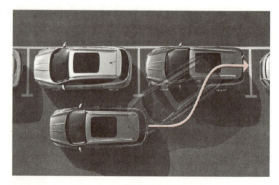

图 3-8　自动泊车辅助系统

3.3　毫米波雷达

3.3.1　毫米波雷达的定义

毫米波雷达是工作在毫米波频段的雷达，如图 3-9 所示。毫米波是指波长在 1~10mm 的电磁波，对应的频率范围为 30~300GHz。毫米波雷达是 ADAS 核心传感器，主要用于自适应巡航控制系统、自动紧急制动系统、盲区监测系统和行人检测系统等。

毫米波位于微波与远红外波相交叠的波长范围，所以毫米波兼有这两种波谱的优点，同时也有自己独特的性质。根据波的传播理论，频率越高，波长越短，分辨率越高，穿透能力越强，但在传播过程的损耗也越大，传输距离越短；频率越低，波长越长，绕射能力越强，传输距离越远。所以，与微波相比，毫米波的分辨率高，指向性好，抗干扰能力强，探测性能好；与红外波相比，毫米波的大气衰减小，对烟雾和灰尘具有更好的穿透性，受天气影响小。

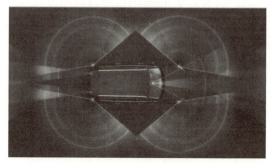

图 3-9　毫米波雷达

3.3.2　毫米波雷达的特点

毫米波雷达具有以下优点。

1）探测距离远。毫米波雷达的探测距离较远，最远可达 250m 左右。

2）响应速度快。毫米波的传播速度与光速一样，并且其调制简单，配合高速信号处理系统，可以快速地测量出目标的角度、距离、速度等信息。

3）适应能力强。毫米波具有很强的穿透能力，在雨、雪、大雾等恶劣天气依然可以正常工作，而且不受颜色与温度的影响。

毫米波雷达的缺点是覆盖区域呈扇形，有盲点区域；无法识别道路标线、交通标志和交通信号灯等。

3.3.3 毫米波雷达的类型

毫米波雷达可以按照工作原理、探测距离和频段进行分类。

(1) 按工作原理分类 毫米波雷达按工作原理的不同可以分为脉冲式毫米波雷达和调频式连续毫米波雷达两类。脉冲式毫米波雷达通过发射脉冲信号与接收脉冲信号之间的时间差来计算目标距离；调频式连续毫米波雷达是利用多普勒效应测量得出不同目标的距离和速度。脉冲方式测量原理简单，但由于受技术、元器件等方面的影响，在实际应用中很难实现。目前，大多数车载毫米波雷达都采用调频式连续毫米波雷达。

(2) 按探测距离分类 毫米波雷达按探测距离可分为近距离（SRR）、中距离（MRR）和远距离（LRR）毫米波雷达。

(3) 按频段分类 毫米波雷达按采用的毫米波频段的不同可划分为24GHz、60GHz、77GHz和79GHz毫米波雷达。主流可用频段为24GHz和77GHz，如图3-10所示；79GHz有可能是未来的发展趋势。

图3-10 毫米波雷达的探测距离

77GHz毫米波雷达与24GHz毫米波雷达相比有以下不同。
1）77GHz毫米波雷达探测的距离更远。
2）77GHz毫米波雷达的体积更小。
3）77GHz毫米波雷达所需要的工艺更高。
4）77GHz毫米波雷达的检测精度更好。
5）77GHz雷达射频的芯片更不易获取。

3.3.4 毫米波雷达的测量原理

调频式连续毫米波雷达是利用多普勒效应测量得出不同目标的距离和速度，它通过发射源向给定目标发射毫米波信号，并分析发射信号时间、频率和回波信号时间、频率之间的差值，精确测量出目标相对于雷达的距离和运动速度等信息。

雷达通过天线发射毫米波信号，发射信号遇到目标后，经目标的反射会产生回波信号。发射信号遇到运动目标反射的信号为动态目标回波信号,当遇到静止目标反射的信号为静态目标回波信号。发射信号与回波信号相比形状相同,时间上存在差值。当目标与雷达信号发射源之间存在相对运行时,发射信号与回波信号之间除存在时间差外,还会产生多普勒频率。调频式连续毫米波雷达的测量原理如图3-11所示。

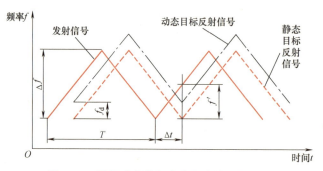

图3-11 调频式连续毫米波雷达的测量原理

毫米波雷达测距和测速的计算公式分别为

$$S = \frac{c\Delta t}{2} = \frac{cTf'}{4\Delta f} \tag{3-1}$$

$$u = \frac{cf_d}{2f_0} \tag{3-2}$$

式中,S为相对距离;c为光速;Δt为发射信号与回波信号的时间间隔;T为信号发射周期;f'为发射信号与回波信号的频率差;Δf为调频带宽;f_d为多普勒频率;f_0为发射信号的中心频率;u为相对速度。

3.3.5 毫米波雷达的目标识别流程

毫米波雷达的目标识别是通过分析回波特征信息,采用数学手段通过各种特征空间变换来抽取目标的特性参数,如大小、材质、形状等,并将抽取的特性参数与已建立的数据库中的目标特征参数进行比较、辨别和分类。具体流程如图3-12所示。

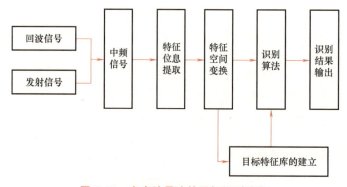

图3-12 毫米波雷达的目标识别流程

1)特征信息提取。利用发射源与目标处于相对静止状态时的中频信号可以进行目标特征信息的提取,以有效进行目标识别。

2）特征空间变换。特征空间变换是利用梅林变换、沃尔什变换、马氏距离线性变换等正交变换方法，解除不同目标特征间的相关性，加强不同目标特征间的可分离性，最终剔除冗余特征，达到减少计算量的目的。

3）识别算法。识别算法主要有空目标去除、无效目标去除和静止目标去除。

4）目标特征库的建立。目标特征库的建立有三种方法：通过实际试验数据建立，通过半实物仿真数据建立，通过虚拟仿真数据建立。

5）识别结果输出。把识别结果输出到有关的控制系统中，完成相应的控制功能。

3.3.6 毫米波雷达的应用

毫米波雷达广泛应用于智能网联汽车的自适应巡航控制系统、前向碰撞预警系统、自动紧急制动系统、盲区监测系统、自动泊车辅助系统、变道辅助系统等先进驾驶辅助系统（ADAS）中，见表3-3。

表3-3 不同种类毫米波雷达的应用

毫米波雷达类型		近距离雷达(SRR)	中距离雷达(MRR)	远距离雷达(LRR)
工作频段/GHz		24	77	77
探测距离/m		小于60	100左右	大于200
功能	自适应巡航控制系统	—	★（前方）	★（前方）
	前向碰撞预警系统	—	★（前方）	★（前方）
	自动紧急制动系统	—	★（前方）	★（前方）
	盲区监测系统	★（侧方）	★（侧方）	—
	自动泊车辅助系统	★（前方）（后方）	★（侧方）	—
	变道辅助系统	★（后方）	★（后方）	—
	后碰撞预警系统	★（后方）	★（后方）	—
	行人检测系统	★（前方）	★（前方）	—
	驻车开门辅助系统	★（侧方）	—	—

为了满足不同距离范围的探测需要，一辆汽车上会安装多个近距离、中距离和远距离毫米波雷达。其中，24GHz雷达系统主要实现近距离（SRR）探测，77GHz雷达系统主要实现中距离（MRR）和远距离（LRR）探测。不同的毫米波雷达在车辆前方、侧方和后方发挥不同的作用。

毫米波雷达在智能网联汽车ADAS中的应用如图3-13所示。例如，自适应巡航控制需要三个毫米波雷达，车辆正中间一个77GHz的LRR，探测距离在150~250m，角度约为10°；车辆两侧各一个24GHz的SRR，角度都为30°，探测距离在50~70m。

3.3.7 毫米波雷达的布置

毫米波雷达在智能网联汽车上的布置如图3-14所示。毫米波雷达的分布分为正向

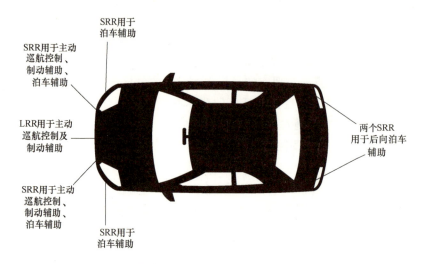

图 3-13　毫米波雷达在智能网联汽车 ADAS 中的应用

毫米波雷达布置、侧向毫米波雷达布置和毫米波雷达布置高度。

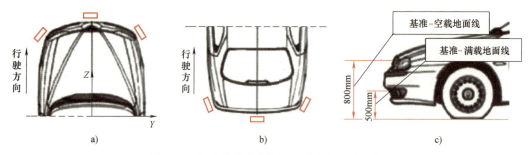

图 3-14　毫米波雷达在智能网联汽车上的布置
a）车头　b）车尾　c）高度范围

1）正向毫米波雷达布置。正向毫米波雷达一般布置在车辆的中轴线，外露或隐藏在保险杠内部。雷达波束的中心平面要求与路面基本平行。考虑雷达系统误差、结构安装误差、车辆载荷变化后，需保证与路面夹角的最大偏差不超过 5°。

另外，在某些特殊情况下，正向毫米波雷达无法布置在车辆中轴线上时，允许正 Y 向最大偏置距离为 300mm。偏置距离过大会影响雷达的有效探测范围。

2）侧向毫米波雷达布置。侧向毫米波雷达在车辆四角呈左右对称布置，前侧向毫米波雷达与车辆行驶方向成 45° 夹角，后侧向毫米波雷达与车辆行驶方向成 30° 夹角；雷达波束的中心平面与路面基本平行，角度最大偏差仍需控制在 5° 以内。

3）毫米波雷达布置高度。毫米波雷达在 Z 方向探测角度一般只有 ±5°，雷达安装高度太高会导致下盲区增大，太低又会导致雷达波束射向地面，地面反射带来杂波干扰，影响雷达的判断。因此，毫米波雷达的布置高度（即地面到雷达模块中心点的距离），一般建议为 500mm（满载状态）至 800mm（空载状态）。

毫米波雷达在布置时，还需要兼顾其他因素，如雷达区域外造型的美观性、对行人保护的影响、设计安装结构的可行性、雷达调试的便利性以及售后维修成本等。

3.4 激光雷达

3.4.1 激光雷达的定义

激光雷达是工作在光频波段的雷达,它利用光频波段的电磁波先向目标发射探测信号,然后将其接收到的回波信号与发射信号比较,从而获得目标的位置(距离、方位和高度)、运动状态(速度、姿态)等信息,实现对目标的探测、跟踪和识别。

激光雷达根据安装位置的不同,分为两大类:一类安装在无人驾驶汽车的四周,另一类安装在无人驾驶汽车的车顶,如图3-15所示。安装在无人驾驶汽车四周的激光雷达,其激光线束一般小于8线,常见的有单线激光雷达和四线激光雷达;安装在无人驾驶汽车车顶的激光雷达,其激光线束一般不小于16线,常见的有16线、32线、64线激光雷达。

图3-15 激光雷达的安装位置

车载激光雷达普遍采用多个激光发射器和接收器,建立三维点云图,从而达到实时环境感知的目的。

3.4.2 激光雷达的特点

激光雷达具有以下特点。

1)分辨率高。激光雷达可以获得极高的角度、距离和速度分辨率。通常激光雷达的角分辨率不低于0.1mard,也就是说,可以分辨3km距离上相距0.3m的两个目标,并可同时跟踪多个目标;距离分辨率可达0.1m;速度分辨率能达到10m/s以内。

2)探测范围广。激光雷达的探测距离可达300m左右。

3)信息量丰富。激光雷达可直接获取探测目标的距离、角度、反射强度、速度等信息,生成目标多维度图像。

4)全天候工作。激光主动探测,不依赖于外界光照条件或目标本身的辐射特性,它只需发射自己的激光束,通过探测发射激光束的回波信号来获取目标信息。但激光雷达容易受到大气条件以及工作环境烟尘的影响,且不具备摄像头能识别交通标志的功能。

3.4.3 激光雷达系统的组成

智能网联汽车的激光雷达系统由收发天线、收发前端、信号处理模块、汽车控制装置和报警模块组成,如图3-16所示。

1）收发天线。收发天线可安装于车辆保险杠内,向车辆前方发出发射信号,并接收回波信号。

2）收发前端。收发前端是雷达系统的核心部件,负责信号调制、射频信号的发射接收及接收信号的解调。

3）信号处理模块。信号处理模块自动分析并计算出与前方车辆的距离和相对速度,且防止转弯时错误测量临近车道车辆的情况发生。

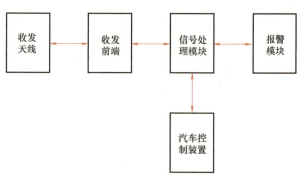

图 3-16 激光雷达系统的组成

4）汽车控制装置。汽车控制装置是控制汽车的自动操作系统,达到自动减速、慢速行车,或紧急制动。通过限制发动机输出转矩、调节制动力及变速器挡位,控制汽车行驶的速度。

5）报警模块。根据设定的安全车距和报警距离,以适当方式给驾驶人报警,保障汽车安全行驶。

3.4.4 激光雷达的测距原理

激光雷达测距的基本原理是通过测算激光发射信号与激光回波信号的往返时间,从而计算出目标的距离。首先,激光雷达发出激光束,激光束碰到障碍物后被反射回来,被激光接收系统进行接收和处理,从而得知激光从发射至被反射回来并接收之间的时间,即激光的飞行时间,根据飞行时间,可以计算出障碍物的距离。根据所发射激光信号的不同形式,激光测距方式可分为脉冲法激光测距(如图 3-17 所示)和相位法激光测距(如图 3-18 所示)两大类。

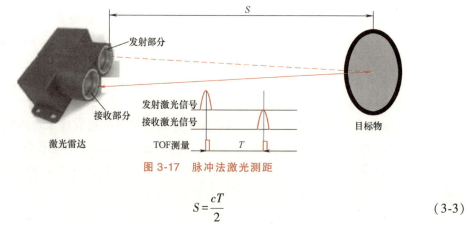

图 3-17 脉冲法激光测距

$$S = \frac{cT}{2} \quad (3-3)$$

1）脉冲法激光测距。脉冲法是通过激光雷达的发射器发出脉冲激光照射到障碍物后会有部分激光被反射回来,由激光雷达的接收器接收。式(3-3)中,S 为发射器与目标物间距离,c 为光速,T 为激光雷达内部记录的脉冲往返时间间隔,根据光速和脉冲间隔时间可以计算出要测量的距离。

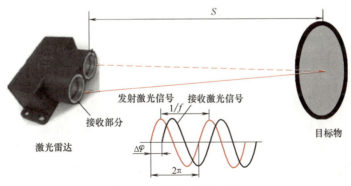

图3-18 相位法激光测距

$$S = \frac{c\Delta\varphi}{4f\pi} \tag{3-4}$$

2）相位法激光测距。相位法由激光发射器发出强度调制的连续激光信号，照射到障碍物后反射回来，测量光束在往返中会产生相位的变化，通过计算激光信号在雷达与障碍物之间来回飞行产生的相位差，换算出障碍物的距离。式（3-4）中，S为发射器与目标物间距离，c为激光速度，$\Delta\varphi$为总的相位差，f为调制频率。

3.4.5 激光雷达的类型

1. 按有无机械旋转部件分类

激光雷达按有无机械旋转部件，可分为机械激光雷达、固态激光雷达和混合固态激光雷达。

（1）**机械激光雷达** 机械激光雷达带有控制激光发射角度的旋转部件，体积较大，价格昂贵，测量精度相对较高，一般置于汽车顶部。

（2）**固态激光雷达** 固态激光雷达则依靠电子部件来控制激光发射角度，无须机械旋转部件，故尺寸较小，可安装于车体内。

（3）**混合固态激光雷达** 混合固态激光雷达没有大体积旋转结构，采用固定激光光源，通过内部玻璃片旋转的方式改变激光光束方向，实现多角度检测的需要，并且采用嵌入式安装。

2. 根据线束数量的多少分类

根据线束数量的多少，激光雷达又可分为单线束激光雷达与多线束激光雷达。

（1）**单线束激光雷达** 单线束激光雷达扫描一次只产生一条扫描线，其所获得的数据为2D数据，因此无法区别有关目标物体的3D信息。但由于单线束激光雷达具有测量速度快、数据处理量少等特点，因此多被应用于安全防护、地形测绘等领域。

（2）**多线束激光雷达** 多线束激光雷达扫描一次可产生多条扫描线。目前市场上多线束激光雷达产品包括4线束、8线束、16线束、32线束、64线束等，其细分可分为2.5D激光雷达及3D激光雷达。2.5D激光雷达与3D激光雷达最大的区别在于激光雷达垂直视野的范围，前者垂直视野范围一般不超过10°，而后者可达到30°甚至40°以上，这也就导致两者对于激光雷达在汽车上的安装位置要求有所不同。

图 3-19 所示为机械激光雷达和固态激光雷达以及 64 线束、32 线束和 16 线束的激光雷达。

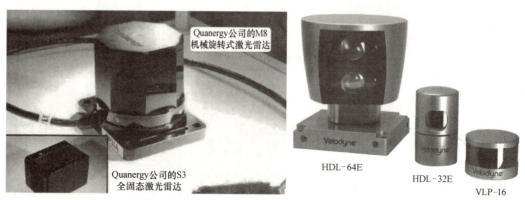

图 3-19　机械激光雷达、固态激光雷达及 64 线束、32 线束和 16 线束的激光雷达

3.4.6　激光雷达的应用

激光雷达具有高精度电子地图和定位、障碍物识别、可通行空间检测、障碍物轨迹预测等功能，如图 3-20 所示。

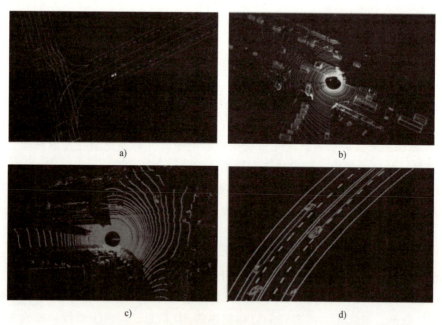

图 3-20　激光雷达的应用（见彩图）
a）高精度电子地图和定位　b）障碍物识别　c）可通行空间检测　d）障碍物轨迹预测

1）高精度电子地图和定位。利用多线束激光雷达的点云信息与车载组合惯导采集的信息，进行高精度电子地图的制作。无人驾驶汽车利用激光点云信息与高精度电子地图匹配，以此实现高精度定位。

2）障碍物识别。利用高精度电子地图限定感兴趣区域（ROI）后，根据障碍物特征和识别算法，进行障碍物检测与识别。

3）可通行空间检测。利用高精度电子地图限定ROI后，可以对ROI内部（如可行驶道路和交叉口）点云的高度及连续性信息判断点云处是否可通行。

4）障碍物轨迹预测。根据激光雷达的感知数据与障碍物所在车道的拓扑关系（道路连接关系）进行障碍物的轨迹预测，以此作为无人驾驶汽车规划（避障、换道、超车等）的判断依据。

IBEO LUX（4线）激光雷达是德国IBEO公司借助高分辨率激光测量技术推出的第一款多功能汽车智能传感器，如图3-21所示。它拥有110°的宽视角，0.3~200m的探测距离，绝对安全的一等级激光。

IBEO LUX（4线）激光雷达不仅输出原始扫描数据，同时输出每个测量对象的数据，如位置、尺寸、纵向速度、横向速度等，拥有远距离、智能分辨率、全天候等能力，结合110°的宽视角，在以下七个方面拥有出色的性能。

图3-21　IBEO LUX（4线）激光雷达的外形

（1）**行人保护**　当一个人出现在车辆行驶的前方路面上时，需要车辆提供保护的场合。IBEO LUX（4线）激光雷达能检测0.3~30m视场范围内的所有行人。通过分析对象的外形、速度和腿部移动来区分行人与普通物体。传感器在启动安全保护措施前300ms时发出警告，这样便可在发生碰撞之前保护行人。

（2）**自适应巡航控制系统的启和停**　基于IBEO LUX（4线）激光雷达的自适应巡航控制系统可在0~200km/h的速度范围内实现自动行驶，可在没有驾驶人帮助的情况下自动调整车速，若有必要，则制动停行。宽视场范围使得它能及时地检测到并线的车辆，并且快速判断它的横向速度。

（3）**车道偏离预警**　IBEO LUX（4线）激光雷达可以检测车辆行驶前方车道线标识和潜在的障碍，同时也可以计算车辆在道路中的位置。如果车辆可能会偏离航线，系统会立即发出预警。

（4）**自动紧急制动**　IBEO LUX（4线）激光雷达实时检测车辆行驶前方所有静止的和移动的物体，并且判断它们的外形。该系统仅在驾驶员不能避免碰撞的情况下才动作，因为它释放最大的压力直到车辆停止，它能充分地降低强烈速度冲击和由此带来的并发事故。

（5）**预碰撞处理**　通过分析所有的环境扫描数据，不管是即将发生什么样的碰撞（如擦碰），预碰撞功能都会在碰撞发生前100ms发出警告。IBEO LUX（4线）激光雷达能计算出碰撞的初始接触点并且采取措施以减小碰撞，提前启动安全系统。

（6）**交通拥堵辅助**　针对城市拥堵路况，IBEO LUX（4线）激光雷达能够消除频繁启停而带来的烦恼，驾驶人只需掌握好汽车转向盘即可。该功能在时速小于30km/h

的路况下显得尤为重要。缓和的加/减速度和可靠的行人保护功能,使车辆驾驶既安全又省心。

(7)低速防碰撞功能 行驶途中,哪怕是一小会的分神也有可能导致事故发生,引入低速防碰撞功能,使得以前在30km/h时速下时常发生的类似事故不再发生,IBEO LUX(4线)激光雷达能检测并分析前方的路况,车辆会在发生碰撞前自动停驶,驾驶人可安全到达目的地。

3.5 视觉传感器

3.5.1 视觉传感器的定义

视觉传感器主要由光源、镜头、图像传感器、模/数转换器、图像处理器、图像存储器等组成,如图3-22所示。其主要功能是获取足够的机器视觉系统要处理的原始图像。把光源、摄像机、图像处理器、标准的控制与通信接口等集成一体的视觉传感器常被称为智能图像采集与处理单元,如图3-23所示。其内部程序存储器可存储图像处理算法,使用计算机的专用组态软件编制各种算法并下载到视觉传感器的程序存储器中,视觉传感器将计算机的灵活性、PLC的可靠性和分布式网络技术结合在一起,用这样的视觉传感器和PLC可以更容易地构成机器视觉系统。

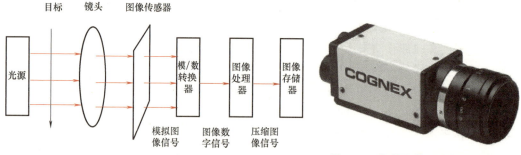

图3-22 视觉传感器的组成　　　　图3-23 智能图像采集与处理单元

3.5.2 视觉传感器的特点

视觉传感器具有以下特点。

1)视觉图像的信息量极为丰富,尤其是彩色图像,不仅包含视野内物体的距离信息,而且还有物体的颜色、纹理、深度和形状等信息。

2)在视野范围内可同时实现道路检测、车辆检测、行人检测、交通标志检测、交通信号灯检测等,信息获取面积大。当多辆智能网联汽车同时工作时,不会出现相互干扰的现象。

3)视觉信息获取的是实时的场景图像,提供的信息不依赖于先验知识(如GPS导航依赖地图信息),有较强的适应环境的能力。

4)视觉传感器应用广泛,在智能网联汽车中可以前视、后视、侧视、内视、环视等,如图3-24所示。以前视为例,夜视、车道偏离预警、碰撞预警、交通标志识别等要求视觉系统在各种天气、路况条件下,能够清晰地识别车道线、车辆、障碍物、交通标志等。

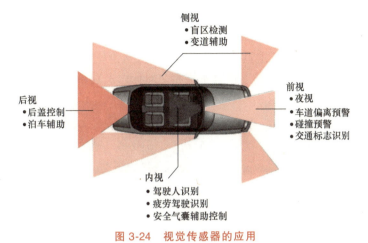

图3-24 视觉传感器的应用

3.5.3 视觉传感器的类型

视觉传感器在智能网联汽车上的应用是以摄像头方式出现的,主要用于车道偏离预警系统、车道保持辅助系统、盲区监测系统、自动制动辅助系统中的障碍物检测和道路检测等。

摄像头一般分为单目、双目、三目和环视等类型。

1. 单目摄像头

单目摄像头如图3-25所示,它一般安装在前风窗玻璃的上部,用于探测车辆前方环境,识别道路、车辆、行人等。先通过图像匹配进行目标识别(各种车型、行人、物体等),再通过目标在图像中的大小去估算目标距离。这就要求对目标进行准确识别,然后要建立并不断维护一个庞大的样本特征数据库,保证这个数据库包含待识别目标的全部特征数据。如果缺乏待识别目标的特征数据,就无法估算目标距离,导致ADAS的漏报。

图3-25 一个单目摄像头的外形

单目摄像头的优点是成本低廉,能够识别具体障碍物的种类,且识别准确;缺点是由于其识别原理导致其无法识别没有明显轮廓的障碍物,工作准确率与外部光线条件有关,并且受限于数据库,没有自学习功能。

2. 双目摄像头

双目摄像头是通过对两幅图像视差的计算,直接对前方景物(图像所拍摄到的范围)进行距离测量,而无须判断前方出现的是什么类型的障碍物。依靠两个平行布置的摄像头产生的视差,找到同一个物体所有的点,依赖精确的三角测距,就能够算出摄像头与前方障碍物的距离,实现更高的识别精度和更远的探测范围。使用这种方案,需要两个摄像头有较高的同步率和采样率,因此技术难点在于双目标定及双目定位。相比单目摄像头,双目摄像头没有识别率的限制,无须先识别,可直接进行测量;直接利用视差计算的距离精度更高;无须维护样本数据库。但因为检测原理上的差异,双目视觉方案在距离测算上相比于单目,其硬件成本和计算量都大幅增加。

图 3-26 所示是博世的双目摄像头系统,两个摄像头之间距离为 12cm,像素数为 1080×960,水平视角为 45°,垂直视角为 25°,最大探测距离为 50m,不仅可以用于自动制动系统,也可以用于车道偏离预警系统和交通标志识别系统等。

图 3-26 博世的双目摄像头系统

3. 三目摄像头

三目摄像头如图 3-27 所示。三目摄像头感知范围更大,但同时标定三个摄像头,工作量也更大。

4. 环视摄像头

环视摄像头如图 3-28 所示。它一般至少包括 4 个摄像头,实现 360°环境感知。摄像头分为红外摄像头和普通摄像头;红外摄像头既适合白天工作,也适合黑夜工作;普通摄像头只适合白天工作,不适合黑夜工作。目前车辆上使用的主要是红外摄像头。

图 3-27 三目摄像头

图 3-28 环视摄像头

3.5.4 视觉传感器的功能

视觉传感器具有车道线识别、障碍物检测、交通标志和地面标志识别、交通信号灯识别、可通行空间检测等功能。

1)车道线识别。车道线是视觉传感器能够感知的最基本的信息。拥有车道线识别功能,即可实现高速公路的车道保持功能。

2)障碍物检测。障碍物种类有很多,如汽车、行人、自行车、动物等,有了障碍物信息,无人驾驶汽车即可完成车道内的跟车行驶。

3)交通标志和地面标志识别。交通标志和地面标志可作为道路特征与高精度地图做匹配后辅助定位,也可以基于这些感知结果进行地图的更新。

4）交通信号灯识别。交通信号灯状态的感知能力对于在城区行驶的无人驾驶汽车十分重要。

5）可通行空间检测。可通行空间表示无人驾驶汽车可以正常行驶的区域。

3.5.5 视觉传感器的环境感知流程

视觉传感器的环境感知流程如图 3-29 所示，一般包括图像采集、图像预处理、图像特征提取、图像模式识别和结果传输等。根据具体识别对象和采用的识别方法不同，环境感知流程也会略有差异。

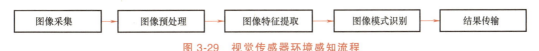

图 3-29 视觉传感器环境感知流程

1）图像采集。图像采集主要是通过摄像头采集图像。如果是模拟信号，要把模拟信号转换为数字信号，并把数字图像以一定的格式表现出来。根据具体研究对象和应用场合，选择性价比高的摄像头。

2）图像预处理。图像预处理包含的内容较多，有图像压缩、图像增强与复原、图像分割等，要根据具体实际情况进行选择。

3）图像特征提取。为了完成图像中目标的识别，要在图像分割的基础上，提取需要的特征，并对这些特征进行计算、测量、分类，以便于计算机根据特征值进行图像分类和识别。

4）图像模式识别。图像模式识别的方法有很多，从图像模式识别提取的特征对象来看，图像模式识别方法可分为基于形状特征的识别、基于色彩特征的识别以及基于纹理特征的识别等。

5）结果传输。结果传输是指将通过环境感知系统识别出的信息，传输到车辆其他控制系统或者周围的其他车辆，完成相应的控制功能。

利用视觉传感器进行道路识别的流程如图 3-30 所示。

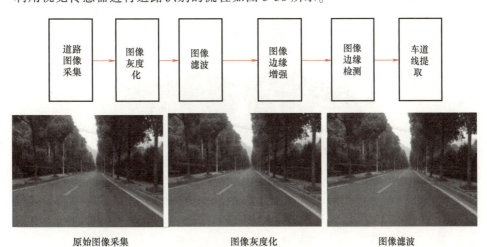

图 3-30 利用视觉传感器进行道路识别的流程（见彩图）

图像二值化(边缘增强+边缘检测)　　　车道线提取

图 3-30　利用视觉传感器进行道路识别的流程（见彩图）（续）

3.5.6　视觉传感器的应用

视觉传感器是智能网联汽车实现众多预警、识别类 ADAS 功能的基础，见表 3-4。

表 3-4　视觉传感器的应用

ADAS	使用摄像头	具体功能介绍
车道偏离预警系统	前视	当前视摄像头检测到车辆即将偏离车道线时发出警报
盲区监测系统	侧视	利用侧视摄像头将后视镜盲区的影像显示在后视镜或驾驶舱内
自动泊车辅助系统	后视	利用后视摄像头将车尾影像显示在驾驶舱内
全景泊车系统	前视、侧视后视	利用图像拼接技术将摄像头采集的影像组成周边全景图
驾驶人疲劳预警系统	内置	利用内置摄像头检测驾驶人是否疲劳、闭眼等
行人碰撞预警系统	前视	当前视摄像头检测到车辆与前方行人可能发生碰撞时发出警报
车道保持辅助系统	前视	当前视摄像头检测到车辆即将偏离车道线时，通知控制中心发出指示，纠正行驶方向
交通标志识别系统	前视、侧视	利用前视、侧视摄像头识别前方和两侧的交通标志
前向碰撞预警系统	前视	当前视摄像头检测到与前车距离小于安全车距时发出警报

根据不同 ADAS 功能的需要，摄像头的安装位置也有不同，主要分为前视、后视、侧视、内置和环视，如图 3-31 所示。

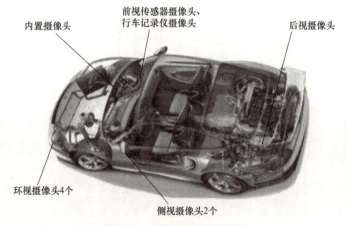

图 3-31　摄像头的安装位置

第4章 车云网技术

4.1 车云网概述

4.1.1 车云网的概念

车云网（Vehicular Cloud Networks，VCN）是近几年随着车联网和云计算的发展而新兴的技术。在车云网中，车辆及其基础设施的存储、计算等资源将被整合到虚拟资源池中，云系统根据资源池中可用的云计算资源为用户的服务请求分配存储与计算资源，并根据服务请求的变化，动态调整资源分配，以最大化资源的利用率，提高任务的处理速度。由于车辆的移动性，使得车云网中各种池化资源总量出现复杂的高动态性变化，这是以前云系统架构中未出现的新问题，给现有云计算的资源分配带来严重的挑战。

车云网也称车载云网络，VCN 的概念最早是由 Yu 等人以自主车辆云（AVC）的形式提出的。在 AVC 中，自主车辆将计算和通信资源动态地分配给授权用户。Kuawata 等人更进一步引入了一种平台，即服务（PaaS）模型，将数以百万计的用户整合到高度移动的环境中。他们为这个平台构建了一个体系结构，并讨论了这样复杂的应用场景将需要一个资源丰富的 PaaS。

4.1.2 车云网的研究进展

目前的车云网存在着各种不同的类型和架构。一般来说，车云网的资源不仅仅是指数据中心的资源，还包括 RSU 和 OBU 资源。车云网通过虚拟化技术整合相关的计算、存储、通信、传感等资源，并且通过"按需分配"的模式为车辆用户提供相应的服务。2012 年，Olariu 等人就引入了车辆云的形式，并且将计算、传感、通信、存储等资源动态分配给授权用户。与传统的云计算不同，车辆云利用了现有且空闲的车载资源。2013 年，Hussian 等人提出将云计算集成到不同的车联网应用中，该体系结构使车辆能够共享存储、计算和带宽资源。同年，Yu 等人提出了车辆云、基础设施云、远端云的三层架构，并基于该架构分析了车云网应用及安全方面的问题。2015，Li 等人提出了一种包括车辆云、使用云、混合云的车云网架构，在该架构下，车辆用户可以同时是消费者和资源提供者。2018 年，刘家希等人提出建立一个针对车辆云计算环境的共享失效检测器 VC-FD，用于解决车辆云计算中车辆的高度动态性对失效检测性能的影响，实现了动态无线频谱资源和云虚拟机资源的最优配置。同年，李云等人提出了一种移动云环境下的联合资源预留与分配算法，通过捕获移动用户的满意度，对移动应用的资源需求进行匹配。2020年,梁裕丞等人基于人工神经网络的连接时间预测方法,提出了一种车辆间的卸载任务分配策略,将部分计算密集型任务卸载至周围车辆协同处理。

4.2 车云网的体系架构和划分依据

有学者认为,车联网体系是一个集成系统,将信息、技术以及各种功能集为一体。在车联网系统中数据的获取途径以及处理方法多样,通信的需求无处不在,就将车联网按照交通云和WSN二元分类。其中WSN,是Wireless Sensor Network的缩写,即无线传感器网络,它是物联网的关键技术。而交通云的概念类似于车云网,车云网是一个云架构的车辆运行信息平台,它的生态链包含了ITS、物流、客货运、危特车辆、汽修汽配、汽车租赁、企事业车辆管理、汽车制造商、4S店、车管、保险、紧急救援、移动互联网等,是多源海量信息的汇聚,因此需要虚拟化、安全认证、实时交互、海量存储等云计算功能,其应用系统也是围绕车辆的数据汇聚、计算、调度、监控、管理与应用的复合体系。交通云也包括了云计算和服务平台（类似于生态链）内涵的功能。图4-1所示为云计算以及WSN二元架构。

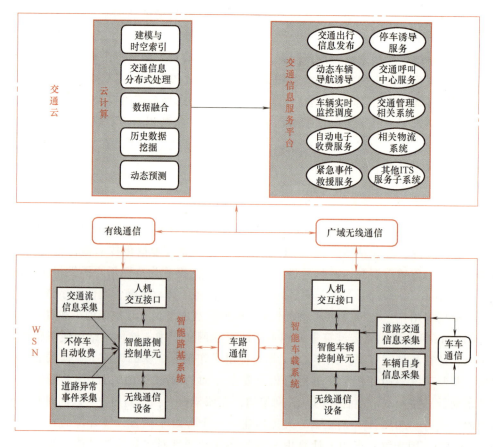

图 4-1 云计算以及 WSN 二元架构

车云网是随着车联网和云计算的发展而发展起来的新兴技术。与其相似的概念多。在笔者划分时发现，基于云计算的车联网架构（Vehicular Cloud Computing，VCC）和车云网（VCN）概念较为相似，此外，相似的还有"车联网移动云"。不同的人划分方式不同，根据划分方式，可以姑且认为 VCC、VCN 和"车联网移动云"具有相似的体系架构。

4.2.1 车联网云计算（VCC）的架构

Skondras 等人提出了 VCC 两层架构：第一层是基于互联网的云计算平台，主要为用户提供数据获取的云服务需求；第二层则是由多个车载云所构成，以满足用户对车载云服务的需求。在 VCC 中，车辆的快速移动使车载云的形成具有动态自主性，参与交互的实体也不断发生变化，同时，车辆既可以通过广播道路信息成为服务的提供者，也可以享受集中式的互联网云服务。

1. 车联网云计算平台的三层架构

XIE 等人详细阐述了 VCC 技术的发展及其特性。他们将 VCC 架构分成三层进行介绍，分别是车辆内部层、通信层和云计算层，分别对应于车内感知层、车车间和车路间的车联网网络层、基于车联网架构的应用层。车联网云计算平台的三层架构如图 4-2 所示。

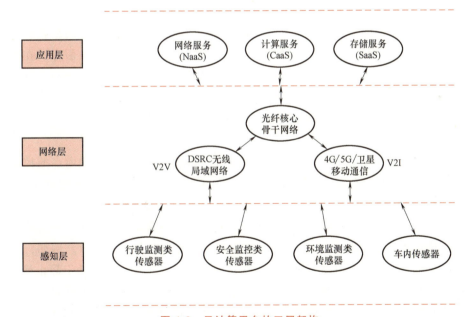

图 4-2 云计算平台的三层架构

（1）**感知层** 该层包括如下几类传感器：行驶监测类传感器；安全监控类传感器；环境监测类传感器。随着电子技术的不断进步，车内可供配备的传感器类型也在不断增加，例如，压力和温度传感器、惯导传感器（INS）和司机行为识别传感器（可用于预测驾驶人的反应和意识）等。传感器获取信息后，通过整理核对，相关信息将被送到云端存储或使用，这些信息将作为应用层软件的输入。例如，提供给健康情况评估和环境识别的应用程序作为输入源。假定每个车都配备了 OBU，其包括一个内置的导航系统、本地配有地图和周边 RSU 的位置信息。OBU 配有宽带无线通信设备，可以通过多种无线通信方式传输数据，如通过 WiFi、车载环境的无线访问或短距离通信（DSRC）。

（2）**网络层**　该层包括两部分：第一部分是通过 DSRC 的车辆间的通信（V2V）。若车辆在行驶过程中表现出异常举动，例如，大幅度逆转方向、突然限速或车辆的主要机械部件发生故障等信息、速度、加速度突然大幅度变化和违反规定的移动情况，通过 DSRC 的车辆间通信，使车辆间实现信息的及时互动交互，对表现异常车辆发出预警信号，并介入车辆转向和刹车等紧急时刻的避险操作，避免交通事故发生。第二部分是车与交通设施间的通信（V2I），主要负责在车辆和路侧基础设施之间通过无线网络通信技术（如 4G、5G 网络或卫星）传递信息。使用 V2I 将可以充分利用路侧基础设施的稳定性和位置的固定性等特点，更好地弥补移动自组织网络拓扑变化所带来的一系列问题。

（3）**应用层**　在该层中，系统将各种数据和功能进行统一部署并根据需要将搜集到的数据进行再处理，对其相关功能进行再利用。由于该层的内容与实际应用直接相关，因而这部分研究内容更加丰富。例如，随着平台的扩展，其可在较少的时间内完成平台的组织和构建，利用汇集起来的网络资源提供网络服务（Network as a Service，NaaS），利用车载单元空闲的计算能力提供计算服务（Compute as a Service，CaaS），利用汇集起来的存储资源提供存储服务（Storage as a Service，SaaS），利用车载影视设备采集沿途的图片/视频信息，还可以实现部分信息的个性化定制和推送服务。在静止的模式下，车联网云平台与传统云平台有着相同的功能和运行方式。然而由于车辆的可移动性带来了车联网云平台资源的动态可迁移性。下面将分析车联网云计算平台和传统云计算平台的异同点，以便更深刻地理解车联网云计算的架构。

2. 车载云计算的基本架构

车载云的形成主要是基于 V2V 与 V2I 通信。如图 4-3 所示，车辆内部的控制器局域网总线将物理资源进行整合并利用传感器收集车辆信息，之后通过车载单元（OBU）实现与其他车辆或路侧单元（RSU）的信息交互。而车载云是将底层设备的物理资源整合形成设施云，进而按需部署，在减少未充分利用车载资源的同时，为用户提供高效的云服务。根据 VCC 应用场景的不同，形成车载云的难度也会有所差异。例如，在大型停车场附近部署车载云会相对容易，因为在这类环境中，车辆会长期处于静止状态，这使得大量的物理资源被长时间搁置，因此这些车辆便可以成为云服务的提供者，利用专用短程通信将闲置资源进行汇总以形成自主云，从而进行高性能的存储与计算服务。但是，对于在城市道路或高速公路上的车辆来说，其高机动性使车载云的形成较为困难，车辆的快速移动使云成员不断发生动态变化，同时，车辆作为服务的提供者和服务的消费者的身份也在随时变换，这些都对车载云的性能提出了更高的要求。

互联网云则是基于传统意义上的云所构成的网络，它可以通过 RSU 等基础设施实现与车辆的通信交互。互联网云主要分为基础设施即服务（Infrastructure as a Service，IaaS）、平台即服务（Platform as a Service，PaaS）、软件即服务（Software as a Service，SaaS）三层。IaaS 中最主要的部分为虚拟化层，其包含了计算、存储等虚拟化资源；PaaS 主要是为了开发云上的应用程序，利用应用程序接口（Application Programming In-

第4章 车云网技术

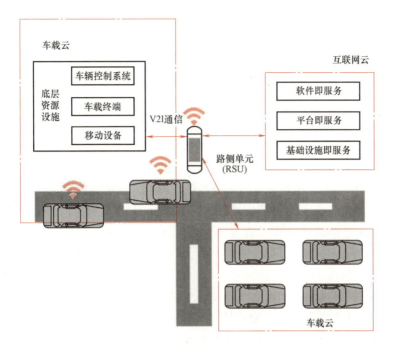

图 4-3 车载云计算基本架构

terface，API）来作为云服务提供商与用户之间的交互通道；SaaS 则是通过网络提供应用服务，来满足用户信息娱乐、互联网浏览等需求。

4.2.2 车载云网络（VCN）的基本架构

根据 Ahmad、Kazim、Adnane 等人的划分，车载云网络（VCN）可分为三个层级：车辆云、基建云和终端云，如图 4-4 所示。

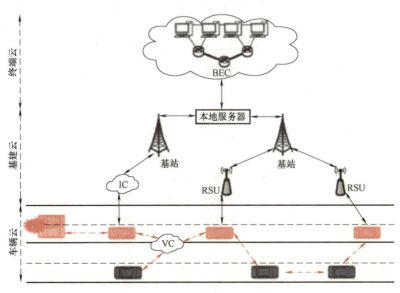

图 4-4 车载云网络系统架构

1. 车辆云（Vehicular Cloud，VC）

在车辆云中，车辆的物理资源（存储和计算）只在车辆之间共享，这使得网络的整体效率很高。在车辆自组织网（VANET）环境下，车辆云是局域网，车辆之间通过V2V通信共享信息。由于车辆网络的机动性能不同，因此形成VC的技术难度因车辆自组织网的不同环境而异。一般来说，适用于市中心、高速公路、停车场等不同的应用场景。

2. 基建云（Infrastructure Cloud，IC）

基建云主要由道路沿线相邻的路侧单元发起，车辆请求访问云提供的服务。该云的范围是路侧单元所在的一小片区域。不同基建云网络之间的通信通过专用的本地服务器进行。由于IC涉及静态实体（路侧单元）和移动实体（车辆），因此对于车辆自组织网的不同场景，IC形成的技术难度是不同的。VC和IC的结合有助于提高网络通信效率。

3. 终端云（Back End Cloud，BEC）

BEC是互联网领域中最大的传统车载云。BEC拥有更多的资源，车辆可以利用这些资源进行广泛的数据存储和高能计算。BEC的范围遍布整个地理区域，为车辆提供服务。BEC在带宽管理应用中扮演着重要的角色，它服务于高带宽需求的用户，例如提供车载多媒体。

4.3 车云网的关键技术

4.3.1 大数据处理技术

信息社会中信息量增速迅猛，随之带来的大量数据渗透于各行各业，成为各领域中一笔不小的财富。新兴的大数据概念成功引起了人们的注意。对于所谓的大数据，迄今并没有较为确定的定义。Gartner公司给出的大数据定义是，通过新的处理模式产生的更强大的决策力以及对流程进行优化的能力，应对海量、高增长率和多样化的信息资产。随着移动智能终端、社交网络等规模逐步扩大，新型信息技术平台诞生，而其中大数据已经成为信息技术产业中重要的加速剂，推动了科技的进步。在当今社会中，掌握最新的信息即抢占了先机，信息就是财富，大数据也从侧面推动了经济的发展。

大数据相较于传统型数据，通常被归纳了五个特点，也被称作五个V，即大容量（Volume）、高速（Velocity）、多种类（Variety）、难以辨识（Veracity）以及高价值（Value）。但是，大数据虽容量大但有价值的信息密度却不高，对处理速度和精确度都有较高的要求。目前，Google、Microsoft等互联网公司都推出了多种类型的大数据处理架构或系统并应用于不同环境，主要分为批量处理、流式数据处理以及交互式处理。借助上述高性能的处理平台，可以实现对海量数据中有价值信息的挖掘。大数据分析技术的发展满足了更多的用户需求，常用技术有机器学习、知识计算、可视化等。

有学者以上海中科深江电动车辆有限公司生产的纯电动汽车LF620为数据来源，车联网系统记录了这些车辆在七个月内每天的行驶数据，包括时间、电机类数据（瞬

第4章 车云网技术

时扭矩、转速、瞬时功率)、电池类数据(电池瞬时温度、瞬时电压、瞬时电流、电池荷电状态(State of Charge，SOC)、充电状态)、汽车行驶累积里程数、瞬时车速等。

基于制定出的 LF620 行驶道路拥堵等级分类标准，通过分析固定时间段内的车辆瞬时行驶速度集可以得出当前道路拥堵等级。将拥堵等级结合剩余电量、汽车驾驶功率消耗情况，能够推断出当前剩余电量可以支撑的剩余行驶里程，从而减缓电动车驾驶人关于是否需要立即充电的焦虑，有效提升使用舒适感。

基于内存计算的数据库管理技术的发展为内存计算技术的发展提供了推动力。内存计算(In-MemoryComputing，IMC)实现了分布式、可扩展、可靠的 NoSQL 数据存储，是一个具有一致性的应用平台中间件。应用程序基础设施的快速成熟以及半导体技术等硬件的成本急速下降，为使用内存计算技术提供了基础。Gartner 公司曾表示，虽然内存计算技术目前只适合于专业性极强的领域，例如金融交易、电信行业、军事国防部门、在线社交媒体等有足够的经济及硬件基础支撑其带来的高额成本和复杂性。但是 IMC 技术已经愈发成熟，那些不考虑引进内存应用基础设施技术的企业正面临着被淘汰的风险。

实现内存计算的应用程序框架一般包括内存数据库管理系统、内存数据网格、高性能消息传递架构、复杂事件处理平台、内存分析和应用程序服务。这些技术可以满足对执行速度、可扩展性以及深刻分析有需求的多种应用场景。它将完成批处理的时间从几小时降至几分钟甚至几秒，并且可以通过实时云服务将结果传递给用户、供应商等，同时，还可以用于相关性检测，从数百万事件中检测出随时面临机遇或威胁的事件。内存计算技术帮助用户开发出的应用程序可以在海量数据集上执行高级查询或复杂事务，并且具有更强的可扩展性。内存计算技术同样也面临一些瓶颈，如缺少统一的标准、缺少技能专业性、架构具有复杂性，以及安全问题、监控和管理方面的挑战。解决这些问题可以实现内存计算技术逐渐被主流采用。

4.3.2 多元数据预处理

现实生活中自然数据往往是不完善的，例如，机器故障、人为错误等原因会造成原始数据存在一些缺陷，从而在数据分析时可能会导致产生较大的误差或是结果缺失等问题。因此，在对数据进行分析之前，需要对原始数据进行清洗、集成、转换以及规约化等操作，以保证预处理后的数据达到可进行算法模型训练的最低规范和标准。

首先是对缺失数据进行插补，常见的处理方法主要有三类：第一类是将包含缺失值的数据集删除，这种方法实现简单，但这种盲目删除可能会导致模型误差；第二类是统计方法，通过对数据完整部分的模型参数进行估计，采样对缺失值进行插补，该方法实现过程复杂；第三类是基于机器学习方法的缺失值插补法。

4.3.3 云计算

云计算(Cloud Computing，CC)和多接入边缘计算(Multi-access Edge Computing，MEC)在车云网中起到了重要的作用。其中，CC 是指将丰富的存储、计算资源集中部署于远距离的云计算中心处。但由于数据传输需经过核心网而易导致数据拥塞，从而产生较大的时延。为了弥补云计算的不足，提出了 MEC，其核心思想是指将具有一定的存储、计算资源的服务器部署在基站附近，与用户只有"一跳"的距离，极大地降低了传输时延。随着研究人员对 MEC 的研究和应用场景的不断丰富，MEC 已经成为 5G 的核心技术之一。

车联网与云计算的融合成为交通信息化成功的关键。在云框架下，综合信息采集处理、道路交通状况监测、车辆监管与疏导、信号控制、系统联动以及预测预报、信息发布与诱导等，都必须做到与整体情报系统的融合、共享和统一决策。

通过将计算迁移应用于车联网中，可以较好地突破车载终端自身可用资源的不足，大大提高其智能性，对于提升用户体验、改善交通状况具有很重要的意义。但是，目前针对车联网中计算迁移的相关研究主要集中在将 MEC 与车联网结合，而忽略了 CC 强大的计算资源。CC 和 MEC 由于具有互补的优势，所以在车联网计算迁移的相关研究中不应将两者对立，相反，应该更好地将两者结合使用。

4.3.4 边缘云的信息调度

有学者针对车联网系统边缘云平台上的微服务资源调度问题进行研究。

1. 微服务概述

微服务是一个新兴的软件架构。现代软件工作平台并不是交付单一的、独立的应用程序，而是小的、离散的、可重用的、有弹性的、经过良好测试的软件组件。这种相互依赖的软件组件被单独构建为微服务，每个服务负责自己特定的小功能，如图 4-5 所示。

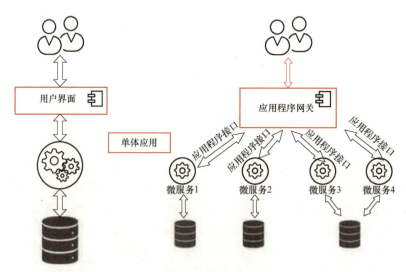

图 4-5 微服务架构

2. 微服务架构

微服务架构如图 4-6 所示。

（1）**车载与路侧终端** 通过传感技术进行车辆和路况信息感知，车载单元（OBU）可实现车与车（V2V）、车与路和车与云之间的通信。因此，将具有车载数据融合计算、位置定位、路况感知、周期性或事件性数据收发及支撑自动驾驶融合决策等功能的微服务部署到车载和路侧终端上。

（2）**边缘云**　边缘云平台作为车联网系统中靠近服务终端的数据处理中心和应用软件部署平台，将承载绝大部分的车联网应用微服务，如车路协同、车辆编队、安全预警、远程驾驶、交通信息服务等。由于其部署在网络边缘，因此能极大地缩短车联网应用的响应时间。

（3）**中心云**　负责全局算法，实现全局交通管控，故将交通区域决策与规划等全局性车辆网应用微服务部署在中心云。但由于其远离车辆终端，故许多对计算速度和时延要求高的车联网应用，无法部署到中心云中。

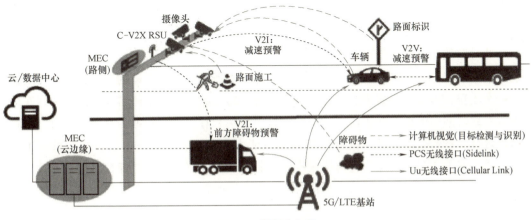

图 4-6　微服务架构

在本架构中，三层结构分工明确并协同配合，共同支撑车辆的智能驾驶及智能交通网络。在车联网环境中，基于容器的微服务的特性，按照不同应用的类型将微服务分配到各个层级，根据任务变化进行动态部署。可使用基于微服务架构的轻量级容器代替传统的虚拟机进行应用服务的部署，以减少架构中计算设备的开销、响应时间以及整体的能耗。

边缘云与传统的边缘节点相比，有更强的计算、存储及数据处理能力；与中心云相比，边缘云具有靠近服务对象、响应快速的优势。因此，边缘云技术是车联网系统的核心技术之一。将大部分车联网应用微服务部署到边缘云平台上，既可以降低响应时间、降低带宽成本、提升服务质量，又能满足系统的动态弹性的资源需求。因此，下面将聚焦在车联网边缘云平台中的微服务资源调度问题的研究上。

3. 微服务调度方法

智能网联汽车的驾驶人往往对车联网服务的 QoS 有很高的要求，由于资源过载造成驾驶人不可接受的应用 QoS，可能会导致交通信息更新不及时、交通拥堵甚至车祸等严重的交通问题，因此在车联网边缘云平台上部署微服务时，除了要考虑按照微服务满足日常需求而预估的资源需求量，进行资源的合理分配外，还应考虑面对突发状况时，对微服务所需硬件资源进行动态扩容，从而满足车联网用户的 QoS 要求。主流的公有云运营商如亚马逊、谷歌和微软，均采用反应性方法对微服务资源进行动态扩容。所谓反应性方法,是指预先对各个微服务的负载设置阈值,当某个微服务负载达到阈值时对其进行资源扩容。具体流程为:当发生突发状况,各应用中存在微服务的负载达到阈值,且还在呈上升趋势,则利用容器的秒级启动特性,增加该微服务实例;然后,将所有增加的容器实例按照边缘云微服务资源调度策略合理地部署到各个物理服务器上,并接入到原来的应用服务网络中,承载新接入用户的服务需求;当度过突发状况后,原来应用中微服务的负载降低到阈值之下,且等到新增加的实例中的用户处理完成之后,取消新增实例,新接入用户由原有微服务实例进行处理,以节约云平台的计算资源。

4.4 车云网的具体应用

1. 实现不停车收费

通过路侧的终端以及车载终端,交通云平台采集到丰富的信息,据此详细地了解车辆的实时位置、路径以及状态等各项信息。还可以通过与路侧终端的交互,进一步实现不停车收费,解决收费拥挤的问题,进而实现更有效的管理。不停车收费过程完成车辆与收费站之间的无线数据通信,进行车辆自动识别和有关收费数据的交换,通过计算机网络进行收费数据的处理,提高车辆的通行能力。车辆装了车载器后,当行驶至ETC车道时,安装在车道上方的检测器接收到车载器发射的信号后,栏杆自动抬起,让车辆通过。这样可以大幅提高出入口车辆的通行能力,改善车主的使用体验,达到方便、快捷出入的目的。

2. 交通预警与交通执法

可以利用数据融合技术,将所获得的交通信息进行有效的筛选与融合,选择其中有效的信息为车辆提供安全驾驶的服务。还可以通过预警避免车辆在换车道或者通过交叉口时出现车辆意外碰撞的现象。此外,还可以利用云系统资源来预测未来的交通状况,并能够检测一些交通事件,为相关部门做决策提供可靠的支持。同时,通过路侧终端以及车载终端所获取的车辆信息,还可以作为相关交通执法部门的取证依据,促使形成了一套传输更高效、覆盖更全面、取证更准确、抓捕更精准、处理更及时的道路交通巡逻执法新模式,进而为道路交通执法系统的优化提供科学依据。这对提高道路使用效率,减少交通事故发生率,保障行车安全具有重要意义。

3. 交通资源分配

依靠传统的动态交通流分配来提升整体交通网络的性能在新形势下面临诸多困难,如交通需求在时空上的快速变化、路网复杂程度的几何级上升、交通瓶颈位置的动态变化、突发事件的应变不足等,这些都给城市交通网络性能提升带来挑战。而借助移动互联网下的大数据,对交通信息平台中积累的大量交通数据进行分析处理与价值挖掘,提取数据背后潜藏的知识与规律,这些知识与规律进一步转换成预警和疏导交通拥堵的规则与方法,这将为提高路网整体性能提供有效支撑。通过路侧终端以及车载终端可获取车辆的相关信息,交通云平台可以根据这些数据信息进行科学的决策,进而判断详细的路况,在一定程度上有效地缓解城市巨大的交通压力。

4. 交通协调控制

在城市道路上行驶的车辆，其连续性在很大程度上取决于各路口信号的协调。利用交通云计算平台来处理各种通过车载终端以及路侧终端获取的交通数据信息，并从这些数据信息中有效判断车辆的具体状况，根据出行的需求以及交通状况来调整交通管理协调策略，实现交通管理的最优化。此外，还可以利用车联网中交通云平台有效地预测交通状态，为交通部门进行交通决策提供依据。这不但可以提高城市道路交通设施的效率、增强安全水平，还可以提高城市交通效率、改善交通环境、降低汽车污染排放等。

5. 视频监控

VCN 有助于执法机构使用高清视频追踪车辆或人员，以确保安全。高清视频的实时处理需要大量的存储空间，云计算的出现，推动了视频监控技术的发展，形成了一种视频监控即服务的全新的云计算服务模式，即云视频监控系统。云监控服务大幅降低了用户的建设维护成本，操作上也更加便捷。同时，云监控数据中心虚拟化的计算存储与日趋完善的安全管理模式，为系统提供了更强的可扩充与共享功能，也增加了视频数据的安全与可靠性，从而可以有效地解决当前视频监控所存在的问题。

6. 实时导航

在传统的车辆网络中，静态地图用于车辆导航。但是，对于精确的 3D 地图，车辆内的资源可能不够。VCN 是通过 IC 提供实时车辆导航的一个很好的应用。接收交通信息中心实时路况信息的动态导航系统能够获知车辆周边地区的实时交通状况，而且通过利用无线网络可以对车辆导航系统的数据进行更新。这种导航方式不仅可以有效地引导出行车辆避开拥堵、节约出行成本，而且交通信息中心与导航系统的数据交互能有效降低用户对自身车辆导航系统数据的维护工作。

7. 远程交通管控

为提高城市道路运行效率和服务安全，缓解城市道路拥堵和提升交通工作效能，需要发展远程交通管控系统。远程交通管控是 VCN 的重要应用之一。对于高速公路上排队的车辆，可以通过云提供信息和建议。例如，如果 M1 高速公路和 1 号出口因事故而拥堵，信息可以在 2 号出口传播到其他车辆，并通过 IC 和 BEC 进一步传播。这样，车辆就可以走不同的路线，减少拥堵。

8. 带宽资源分配

随着卫星通信技术的发展以及业务类型的多样化，如何高效地分配有限的带宽资源成为必须解决的重要问题。简单来说，在终端自主注册云端设备，注册后即可开启上传定位行驶信息，同时监控端根据这些信息生成监控地图，终端设备可向监控端上传异常情况，监控端根据上传异常等级进行报警。

4.5 车云网的优缺点和难点

1. 优点

网络接入具有广泛性；能够共享资源池，通过动态资源管理的方式为多个用户提供服务；可以基于效用更合理地进行定价，更高效地利用车联网环境下的资源，从而满足车联网应用和服务的需求。车云网通过虚拟化技术整合相关的计算、存储、通信、传感等资源，并且通过"按需分配"的模式为车辆用户提供相应的服务。车云网通常根据其地理位置被划分为多个本地云计算服务域，车辆用户可以通过 RSU 接入相应的本地云计算服务域从而获取云计算服务。车云网包括了本地云和中心云，与边缘计算相似的是本地云，但是本地云的资源除了本地服务器之外，还包括了车载设备的计算资源，这部分资源是随着车辆数量而变化的。

2. 缺点

1）投资规模大。根据规划，我国将在 2035 年实现高度自动驾驶。为了实现这一目标，不仅需要在技术上有重大创新，还需要有巨大的资金投入。截至 2020 年 9 月，我国机动车保有量达 3.65 亿辆，高速公路里程 14.26 万 km，无论是 DSRC 还是 C-V2X 作为我国车联网商用技术的标准，对于车载终端的安装和路侧单元的部署都是必不可少的，还有大量传感设备的安装，例如摄像头、定位雷达以及环境感知设备等，这些都需要成本和投入。

2）海量接入数据的价值难以挖掘。未来"车-路-人-云"感知高度协同统一的车联网生态体系，必将使网络体系中各个终端节点的数据交互在一起，而庞大的数据接入量不仅给存储空间带来挑战，数据的处理也将是一大难题。随着车联网业务应用功能的不断增加，如视频通话、车载远程会议以及远程车辆控制等新应用，既对数据传输速率有很高的要求，同时也要求有很强的数据处理能力。此外，哪些应用优先运行，哪些数据优先处理，如何进行无线资源分配，如何优化系统性能等，这些都是需要解决的问题。

3. 难点

（1）云资源管理　一方面，从车联网环境的特点来看，由于通信链路呈现间断性，需要在移动的拓扑结构中进行高速的数据传输，而不同 QoS 的请求对于资源需求又是不同的，特别是在车云网中，系统的资源量还会随着资源车辆的数量而发生变化，因而高效和动态的资源管理对于车云网来说尤为重要。区别于静态资源管理技术，动态资源管理技术对服务的需求更敏感，由于它更接近对服务的真正需求，所以可以更有效地减少因资源过度分配而造成资源浪费的现象。同时，有效的资源预留技术也能减少服务的响应时间。

另一方面，从资源的角度来看，由于车云网中包含了计算存储、通信等多域的资源，而这些资源之间并非完全孤立的关系，往往还存在一定的置换关系，所以，对于如何在多域资源之间进行合理置换，也是车云网资源管理较为关注的一个问题。

（2）服务质量　车云网的目标是根据用户不同的服务水平协议（SLA），为用户提供相应质量级别的服务。服务提供者应该保证云资源的可用性、可靠性等性能。而由于车云网存在一些不稳定因素，特别是车辆的高速移动性和网络拓扑的动态性，往往会使服务质量也会随之受到影响。因此，在整个服务执行过程中，SLA 规范的定义和 SLA 评估有待进一步的研究。

（3）通信与协作　车云网可分为静态云和动态云两种类型，而这两个子模型之间的通信和协调，也是车云网研究的一大难点。车辆节点在云网络中的生存时间是有限的，因而需要有一些策略去保证车辆节点间通信、车辆与云端通信的连续性和高效性。

同时，还需要研究适用于在车云网组件内部或组件之间进行数据交换的通信协作。

（4）**隐私和安全** 车云网的安全性和隐私问题应该集中在完善可信度机制、确保数据的完整性、控制数据访问、防止数据丢失、保护用户的隐私数据等方面。例如，车辆在通信中需要交换车辆的位置和身份信息，而如果这些信息被恶意节点所利用，车辆用户的安全和隐私就会受到威胁。目前已有一些研究提出了利用假名和加密技术来保证车辆用户身份的安全。

（5）**数据的感知和聚合** 在车云网中，还面临着一个难题，即对于传感器采集数据的感知和聚合。车云网提供了传感即服务的业务，这类服务通过使用车辆的各类传感器和用户携带的数字设备采集数据。因而需要研究新的解决方案来有效地感知和聚合各种类传感器所采集的数据，包括交通数据、驾驶人的健康信息、环境信息、道路上车辆以及行人的行动等。利用车载传感器和路侧传感器，车辆可以获取许多有用的信息，如路况、服务点位置、天气等。通过 V2V 通信，车辆按需发出请求，其他车辆通过车载传感器对自身状态（加油、停车、堵车等）进行判断，将有用信息传回给发起请求的车辆。文献提出了一种数据协同感知和压缩的方法，通过利用车辆传感网络（Vehicle Sensor Networks，VSNs）实现对城市环境的监测。

（6）**节能环保** 云数据中心每年都会消耗大量的能源，所以，车云网的另一个主要问题就是提高能源效率。针对节能的问题，一方面需要提高数据中心本身的资源利用率，如文献［61］为了降低云服务平台的能耗，提出了一种通过对系统能耗进行监控，并对任务进行调度的任务集整合算法（TSC）。该算法对负载进行了整合，从而使得服务器数量得到了缩减，进而减少了数据中心的能源开销。另一方面，云服务提供商可以通过一些替代服务器（如车载计算机）减少数据中心的能耗成本。由于车辆节点都是自供能的，所以使用这些移动资源，与完全依赖数据中心的资源相比，能耗也会有一定程度的降低。

4.6 车云网的安全需求和风险

4.6.1 车云网的安全需求

1. 完整性

基于车辆内部的完整性主要是针对车载数据与车载通信两部分。对车载数据而言，完整性应防止未经授权的实体对 OBU 上的本地数据进行更改，并且应保证用户对车辆内部软件进行更新升级操作的真实性。而针对车载通信的完整性，OBU 应验证经车载网络传输的消息数据是否发生未经授权的更改，同时，位于车载平台中的所有实体都应该向除自身以外的其他车辆证明其内部资源的真实性和完整性。

基于无线网络通信的完整性，应防止未经授权实体对位于无线通信信道上的数据进行修改、删除等操作，同时，经无线网络传输而收到的消息也应进行完整性验证。基于云的完整性则是针对云系统的虚拟化资源、云数据信息的安全防护需求，尤其是防止内部人员的恶意篡改。

2. 可用性

VCC 的形成主要是基于 V2V 与 V2I 通信，由于云的多租户性特点，无线通信信道的共享面临着极大的安全挑战。尤其是针对可用性的安全威胁，很容易导致网络通信的中断，从而影响信息数据的安全传输。因此，针对可用性需求，主要是保证无线网络通信处于稳定安全的工作状态，从而使用户能够随时访问云资源，享受云服务。

3. 机密性

存在于 VCC 中的信息数据通常涉及用户的敏感信息。例如，有关交通状况的广播通信一般与车辆位置信息相关，基于车载软件的数据容易分析出驾驶人的行车轨迹、生活喜好等隐私信息。因此，在 VCC 中保证机密性至关重要。机密性安全需求首先应防止恶意人员对车载数据或通信进行篡改和泄露；其次，应对无线网络通信中的数据进行安全加密，只有授权实体才可进行访问。

同时，应对车辆的身份和位置信息实施匿名隐私保护。此外，应识别验证云实体的合法身份，仅允许对已授权的云实体公开数据信息，实现对系统资源的访问限制，并且应根据云实体的不同分别设置其特定的访问控制权限。

4. 不可抵赖性

不可抵赖性则适用于车辆发生冲突的情况，保证数据的发送方和接收方诚实地面对自身行为，从而对发送和接收的数据不可否认。因此，不可抵赖性的实现保证了对信息源头的可追溯性，并且验证数据的真实性。同时，不可抵赖性还包括云实体与其他任何实体存在有交互的不可否认性。

5. 可认证性

采用认证方式确保信息发送者的合法性和真实性，防止恶意实体的侵入。基于车辆的高机动性特点，有必要对其位置信息进行验证，从而保证所接收信息的真实性和与当前环境的关联程度。

4.6.2 车云网的安全风险

1. 针对完整性的攻击

1）数据篡改：攻击者对通信信道上的数据进行恶意删除、修改等操作，以达到破坏数据完整性的目的。同时，还可能在通信网络中广播伪造信息，如发送虚假的安全消息，营造出一个良好的行车环境，从而使驾驶人做出错误判断。此外，攻击者还可能对云数据进行未经授权的更改，并且由于云服务对 API 的高依赖性，针对云中的软件应用程序，一旦攻击者对 API 进行恶意控制，会导致用户数据、软件程序的破坏。

2）伪装攻击：攻击者冒充合法车辆的身份信息，在无线网络通信中向目标车辆发送恶意消息，使合法车辆做出错误判断。中间人攻击：攻击者参与合法车辆之间的正常通信，使车辆双方误以为都在与对方通话，实则是与攻击者进行通信，从而可以达到监听的目的。此外，攻击者还可能在通信中进行插入或删除信息等操作，实现通信控制。

2. 针对可用性的攻击

1）拒绝服务（Denial of Service，DoS）攻击：攻击者在 V2V、V2I 通信网络中发送过量的虚假信息，使网络中的资源被不必要地消耗，OBU 无法与 RSU 进行交互，从而造成严重的后果。此外，攻击者可能会发送大量的垃圾邮件、广告信息等，致使通信带宽达到饱和状态，其目的在于信道被大量占用，造成安全信息的延迟传输。针对云服务，当授权用户请求访问时，攻击者通过控制消耗大量的车载云资源，致使合法访问受限，从而降低云服务质量。例如，因软件应用程序自身存在的漏洞，攻击者可能会发送大量假数据包，同时禁止授权用户享受云服务。

2) 恶意软件攻击：此类攻击通常是利用安装在 OBU 或 RSU 设备上的恶意组件来渗透实体，一般以病毒形式感染无线通信信道，以此破坏正常通信。

3. 针对机密性的攻击

1) 窃听：由于车辆的高机动性，在 VCC 中共享的数据资源，其加密和解密过程一般存在延迟，因此攻击者可能会对通信信道实施监听，收集有用信息并加以分析从而破坏数据的机密性。

2) 位置跟踪：攻击者可以利用路边的基础设施或者连接 WiFi 获取车载云通信过程中的完整移动视图。此外，攻击者还可能部署位置跟踪设备，当定位系统持续不断地自动跟踪车辆时，会产生大量隐私信息，从而收集敏感数据。

3) 信息窃取：基于云上的软件应用程序，一般以加密方式处理敏感数据，但由于程序设计本身可能存在漏洞，导致攻击者实现未经授权的访问，从而窃取数据信息。

4. 针对不可抵赖性的攻击

此类攻击就是指车辆对发送或接收到的信息持否认态度，从而形成争议事件。尤其在紧急情况下，攻击者往往会挑起事端，从而占用资源，致使交通系统的混乱。

5. 针对认证的攻击

1) Sybil 攻击：攻击者会创建大量的假名，通过传输这些伪造实体的恶意信息，致使网络通信受到阻塞，同时会误导车辆做出错误判断。并且网络中的合法用户无法识别恶意车辆的真实身份信息，也无法获知其所在位置，因此这类攻击很难防范。

2) 假冒攻击：在 VCC 中，为识别通信车辆的身份，每辆车都有其唯一的 ID。而在这类攻击中，攻击者会冒充合法车辆的身份，然后在网络通信中发送恶意信息，从而造成交通秩序的混乱。

4.6.3 车云网的防护对策

尽管在 VCC 中，快速移动的车辆、动态变化的通信网络、自组织形成的车载云都会给 VCC 的安全带来极大的威胁，但研究表明一些针对 VANET 与云计算的防护对策同样适用于 VCC。

1. 基于完整性的防护对策

1) 针对数据篡改。主要解决方法就是对通信中的信息进行加密操作，并使用消息认证码来查看其完整性。Koscher 等人提出了一种基于椭圆曲线加密技术的端对端认证安全方案，为通信过程提供机密性、完整性、可用性三位一体的安全服务。

2) 针对伪装或中间人攻击，防护对策主要是基于加密和认证技术的安全协议，保证信息传输的可靠性。同时，利用证书吊销列表对通信中的恶意节点进行检测并及时广播，从而减少此类攻击的危害性。

2. 基于可用性的防护对策

1）针对 DoS 攻击。Groza 等人提出了一种恶意无关包检测算法，通过验证数据包的源节点，锁定 Sybil 攻击的源头。若发送恶意数据包，则该车辆节点会被跟踪，以便进行后续操作。此外，缓解 DoS 攻击的方法可以依赖于 OBU。当发生攻击时，OBU 可以换信道或使用跳频技术来保证通信信道的可用性。

2）针对恶意软件攻击，通常情况下使用反恶意软件来防止。然而在软件更新时，防范这类攻击会更加困难，因此应提前对更新进行签名并验证，以保证操作的真实性，从而缓解此类攻击。

3. 基于机密性的防护对策

1）针对机密性攻击的防护对策主要是基于非对称密码加密和公钥基础设施的假名方案。除此之外，还有基于身份加密、群签名等。

2）针对位置跟踪，Holle 等人提出使用动态假名信任管理系统，一旦车辆完成规定的初始化操作，便可以自主地生成假名，从而缩短假名的有效期，最终实现对隐私数据的保护。此外，针对内部人员对云数据的窃取行为，Groza 提出了一种攻击诱饵技术。通过监控用户行为来发现恶意内部人员，进而云会向攻击者发送大量诱饵信息，以此防止真实数据被窃取。

4. 基于不可抵赖性的防护对策

在 VCC 中，不可抵赖性、完整性和车辆隐私保护是通信安全的基本要求。但就以往相关研究来看，这些防护需求的实现往往又存在一定的矛盾性。白莉等人则提出了一种新的条件性隐私保护与不可抵赖框架。通过将公钥加密进入假名机制，保证合法的第三方能获得车辆的真实身份，从而实现其不可抵赖性。

5. 基于认证的防护对策

1）针对 Sybil 攻击，Murvay 等人提出了一个基于动态证书生成技术的系统模型来限制 Sybil 攻击，同时利用邻近信息来检测 Sybil 节点。Woo 等人总结了检测 Sybil 攻击的关键技术。

2）针对假冒攻击，于海峰等人提出了一种高效安全的 V2V 数据传输协议，通过使用单向哈希函数在接收端快速发送有价值的信息来避免攻击。Larson 等人提出了一种基于身份的签名协议，通过使用 VANET 中批验证的概念，减少通信过程中的计算时间，并验证了其抵抗攻击的有效性。

第5章 自动驾驶技术

自动驾驶汽车将会对汽车行业、交通运输行业以及人们用车方式产生革命性的影响，极大地推动智能交通的发展。自动驾驶技术结合智能交通管理将有效改善交通拥堵，提高道路通行效率，减少交通事故和人员伤亡，提高车辆的运行效率，降低能源消耗，改善空气污染。自动驾驶技术的应用将有效解决目前城市交通中存在的许多顽疾。同时，自动驾驶技术的安全性面临挑战。随着科技的发展，自动驾驶技术将会不断进步，其功能与安全性也将得以完善。

5.1 自动驾驶技术概述

1. 自动驾驶技术的含义

自动驾驶技术是一种通过计算机系统实现无人驾驶的智能技术，如图5-1所示，它依靠人工智能、视觉计算、雷达、监控装置和全球定位系统协同合作，让计算机可以在没有任何人类主动的操作下自动安全地操作机动车辆。自动驾驶需要多种技术的支撑，其中主要涉及传感器、高精度地图、V2X、AI算法，并且需要将这些技术集成到汽车中，如图5-2所示。

图5-1 自动驾驶概念图

图5-2 某型自动驾驶车辆

2. 自动驾驶技术的分级

自动驾驶技术分多个等级，目前国内外产业界采用的是美国汽车工程师协会（SAE）和美国高速公路安全管理局（NHTSA）推出的分类标准。

1）按照SAE的标准，自动驾驶汽车视智能化、自动化程度水平分为6个等级：无自动化（L0）、驾驶支援（L1）、部分自动化（L2）、有条件自动化（L3）、高度自动化（L4）和完全自动化（L5）。

L0：车辆完全由驾驶人掌控，驾驶人拥有绝对控制权，且车上不存在任何自动驾驶技术。

L1：驾驶人依然需要驾驶车辆，只不过出现了像自适应巡航（ACC）等安全系统，对驾驶人的驾驶起到一个辅助的作用，手不得离开转向盘，眼不得离开周围路况。

L2：自动驾驶技术可短暂接管一些驾驶任务，驾驶人的眼和手可短暂获得休息，但是仍需做好随时接管驾驶任务的准备，因为该级别的自动驾驶技术还不足以应对变化的交通路况。

L3：在某种意义上可以算作自动驾驶，也可以把这个级别称为真正自动驾驶的开端。驾驶人可以将手离开转向盘，脚离开踏板，系统几乎可以独立完成全部的驾驶操作。

L4：该等级可以说是自动驾驶了，不需要驾驶人随时接管，也不需要驾驶人的干预，但是需要限定固定的环境。

L5：完全的自动驾驶，不限于任何路况与环境。

2）NHTSA标准分类中的五级分别代表了无自动化、驾驶支援、部分自动化、有条件自动化和高度自动化即无人驾驶，见表5-1。

L0：辅助驾驶系统，如ADAS驾驶系统，主要有LDW、FCW、PCW、MOD等，这些都是起到辅助驾驶、提醒和警示作用，不干涉驾驶员的驾驶。

L1：干预性辅助驾驶，如AEB检测前方的障碍物，并提供刹车制动，如ACC跟随模仿前方车辆驾驶，保持安全距离。

L2：半自动驾驶，如LKA车道保持辅助系统，人在良好交通状况下选择性地启动自动驾驶，这个阶段以人驾驶为主，车自动驾驶为辅助。

L3：人车交互驾驶，人参与指挥车辆驾驶，车自动驾驶为主，人驾驶为辅助。

L4：全自动驾驶，人不做任何指挥或控制车辆驾驶，由车辆全自助驾驶。

表5-1 自动驾驶技术分级标准

自动驾驶 （NHTSA）	分级 （SAE）	名称 （SAE）	定义 （SAE）	主体			系统作用域
				驾驶操作	周边监控	支援	
0	0	无自动化	由驾驶人全权操作汽车，在行驶过程中可以得到警告和保护系统的辅助	驾驶人	驾驶人	驾驶人	无
1	1	驾驶支援	通过驾驶环境对转向盘和加/减速中的一项操作提供驾驶支援，其他的驾驶动作都由驾驶人进行操作	驾驶人/系统	驾驶人	驾驶人	部分
2	2	部分自动化	通过驾驶环境对转向盘和加/减速中的多项操作提供驾驶支援，其他的驾驶动作都由驾驶人进行操作	系统	驾驶人	驾驶人	部分
3	3	有条件自动化	由无人驾驶系统完成所有的驾驶操作，根据系统要求，驾驶人提供适当的应答	系统	系统	驾驶人	部分
4	4	高度自动化	由无人驾驶系统完成所有的驾驶操作，根据系统请求，驾驶人不一定需要对所有的系统请求做出应答，限定道路和环境条件等	系统	系统	系统	部分
4	5	完全自动化	由无人驾驶系统完成所有的驾驶操作，驾驶人在可能的情况下接管，在所有的道路和环境条件下驾驶	系统	系统	系统	全域

3. 自动驾驶技术的优势

（1）**有效提高道路安全性** 自动驾驶技术可以避免一些因为驾驶人的失误而造成的交通事故，并且可以减少酒后驾驶、恶意驾驶等行为的出现，从而有效提高道路交通的安全性。

（2）**缓解交通压力** 首先，自动驾驶技术可以大幅减少交通事故的发生，从而降低因为事故而导致的交通拥堵出现的概率。其次，自动驾驶技术可以通过卫星导航监控实时的路况，从而规划出最优的路线，避免出现车辆扎堆的现象。

（3）**驾驶人有更多自由支配时间** 即驾驶人无须紧张地注视着道路状况，而是可以将这部分时间进行自由支配，做自己想做的事情。

（4）**方便老年人、残疾人出行** 依靠自动驾驶汽车，行动不便的老年人、残疾人这样的弱势群体也无须担心出行的不便，有助于社会福利事业的进一步发展。

（5）**改善环境质量** 尽管燃油车不是造成环境污染的全部因素，但仍是核心因素之一，这是全球的共识，燃油车在高车速、制动、重新加速的情况下都会释放更多的排放物。自动驾驶汽车最佳的实现路径是电气化，包含了纯电或燃料电池，虽然不是真正意义上的零排放，但实际排放量仍将大大降低。

4. 自动驾驶汽车的检测方法

由于自动驾驶技术尚未成熟，目前自动驾驶汽车检测方法与现有的车辆检测方法相同，分为传统车辆检测方法与现代车辆检测方法。传统车辆检测方法：人工计数法、浮动车法和背景差分法等。现代车辆检测方法：视频检测方法、超声波检视频检测方法、激光检测方法、红外线检测方法、磁力检测方法以及线圈检测方法等。

5.2 自动驾驶技术的发展

5.2.1 国内外发展情况

1. 国外发展情况

发达国家从 20 世纪 70 年代开始进行自动驾驶技术的研究，目前在可行性和实用性方面，美国和德国走在前列。美国是世界上研究自动驾驶技术最早、水平最高的国家之一。由美国交通部组织开展的智能城市挑战赛，是以交通运输领域的新技术运用为概念开展的城市间比赛。该项目旨在鼓励灵活运用自动驾驶车辆、车联网、车路间通信等技术，解决相关技术难题。IBM 宣布其科学家获得了一项机器学习系统的专利，可以在潜在的紧急情况下动态地改变驾驶人和车辆控制处理器之间的自主车辆控制权，从而预防事故的发生。2016 年 10 月，特斯拉发布 Autopilot 2.0，Autopilot 2.0 版硬件包括 8 个摄像头、1 个毫米波雷达、12 个超声波雷达以及 VIDIA Drive PX2 计算平台，在固件更新后，可以开启全自动驾驶功能。截至 2016 年特斯拉工厂生产的所有车型都已具备了进行完全自动驾驶的硬件基础。美国第一大网约车服务商已在匹兹堡、坦佩、旧金山和加州获准进行无人驾驶路测，第二大网约车服务商也于 2016 年 9 月公布自动驾驶汽车三阶段发展计划，2017 年也已在匹兹堡开展测试。苹果公司也于 2017 年 4 月获得加州测试许可证。2018 年 3 月，美国亚利桑那州颁布了新行政命令，规定没有驾驶人操控的纯自动驾驶汽车允许在公共道路上行驶。在此之前，就已经有超过 600 辆自动驾驶汽车在这个州的公共道路上行驶。2018 年，通用汽车也在纽约州首次测试 L4 级自动驾驶汽车。2018 年 10 月，美国交通部还取消了原本全国指定的 10 处测试点的申报程序，为企业测试自动驾驶提供了方便。在实验方面，谷歌旗下自动驾驶部门 way Mo 研制的自动驾驶汽车实际行驶上路累计已突破 800 万 mile⊖。截至 2018 年 12 月，美国已经有 20 多个州允许自动驾驶车辆在公共道路上测试。

德国的自动驾驶专利数量一直排在全球第一。2016 年，德国联邦经济和能源部牵头组织了官产学研 17 个团体启动了 PEGASUS 研究项目，其目的是为了进一步提高自动驾驶系统性能，确定技术评价标准，通过明确安全认证程序，确立德国在全球自动驾驶技术领域的领先地位。德国博世集团（Bosch）和英伟达（NVIDIA）正在合作开发一个人工智能自动驾驶系统，NVIDIA 提供深度学习软件和硬件，Bosch AI 将基于 NVIDIA Drive PX 技术以及该公司即将推出的超级芯片 Xavier，届时可提供 L4 级自动驾驶技术。

日本 2020 年致力于最后一公里自动驾驶验证、高速公路卡车编队行驶验证实验，同年新设了"服务车协调 WG"和"次期项目 WG"两个工作组，其中"次期项目 WG"工作组总结了面向社会实施无人驾驶服务的"次期项目工程表"，提出了 2021 年—2025 年 5 年期间应致力解决的 4 个课题；2021 年 2 月 22 日，日本实现了卡车后车无人编队行驶技术测试。

韩国现代汽车集团已经商用了 L2 级自动驾驶技术，计划在 2022 年推出 L3 级自动驾驶汽车，到 2027 年之前投入 1.1 万亿韩元（9.74 亿美元）来加速 L4 级自动驾驶技术和促进其他相关技术的发展。

2. 国内发展情况

工业和信息化部 2016 年在上海开展智能网联汽车试点示范；在浙江、北京—河北、重庆、吉林、湖北等地开展"基于宽带移动互联网的智能汽车、智慧交通应用示范"，推进自动驾驶测试工作。2016 年，北京出台了智能汽车与智慧交通应用示范 5 年行动计划。江苏于 2016 年 11 月与工业和信息化部、公安部签订三方合作协议，共建国家智能交通综合测试基地。

我国自动驾驶技术较为领先的是百度公司。2015 年，百度大规模投入自动驾驶技术研发；2017 年 4 月，百度对外宣布研发自有自动驾驶技术阿波罗平台（Apollo）；同年 7 月，发布 Apollo 1.0，主要是完整的封闭场地循迹自动驾驶；同年 9 月，发布 Apollo 1.5，支持昼夜定车道自动驾驶，可实现夜间环境下的障碍物识别，以及非典型交通场景下的异性障碍物识别，新增障碍物感知、决策规划、云端仿真、高精地图服务、端到端的深度学习；2018 年 1 月，发布 Apollo 2.0，增加障碍物行为标注数据、2D 障碍物

⊖ 1 mile = 1609.344 m。

标注数据、日志提取仿真场景数据；2018 年 3 月，发布了 Apollo 数据及前沿技术品牌 Apollo Scape，正式开放 Apollo Scape 大规模自动驾驶数据集。2019 年 9 月，基于 Apollo 开放平台的自动驾驶出租车队 Robotaxi 在湖南长沙正式开启试运营。截至 2019 年底，北京、上海、浙江等省市先后发布了地方性自动驾驶汽车支持性政策和实施方案，从自动驾驶路测、产业基础以及网络建设等方面支持自动驾驶的发展；截至 2020 年底，江苏、广东、浙江、湖南、河南和海南六个省发布了省级自动驾驶测试政策。2021 年 5 月 2 日，百度无人驾驶出租车 Apollo Robotaxi 在北京首钢公园启动并运营。用户可以通过应用程序寻找附近的 Robotaxi，通过扫描二维码和健康码验证身份即可使用。

5.2.2 自动驾驶技术存在的问题

1）人工智能的成熟度还有待发展，其远没有达到人类的期待和通过图灵测试的水平，目前还没有一种像人类思考的通用型人工智能算法。自动驾驶汽车面临的最核心问题是路况识别感知，即通过各种传感器替代驾驶人的眼睛和耳朵的功能，使车辆对车辆周边的障碍物、交通信号、行人以及其他车辆状态和操作进行正确识别。到目前为止，谷歌、特斯拉等顶级自动驾驶研究机构仍难以达到当前自然人的识别水平。以人工智能中的深度学习为例，在图像识别、语音识别和文本识别方面确实取得了突破，但是也不能忽视其对数据的苛刻以及不可解析性，同时还很难应付新情况，其可靠性和安全性也有待验证。

2）传感器也没有达到理想的状态，每一种用于自动驾驶的传感器都有局限性和缺点。多线激光雷达精度高，抗干扰能力强，但是价格过高，不适合用于民用车；毫米波雷达的横向精准度不是很高，有可能漏检静止物体；摄像头的检测能力和可靠性高度依赖算法的水平，还易受光照强度和雨雾天气的影响。

3）网络安全问题。随着智能算法和架构软件的大量应用，汽车领域的代码量在前所未有地快速增加，很多借鉴的代码并没有在汽车上进行严格的验证。自动驾驶汽车的网络化、信息化程度极高，一旦程序错乱或者被入侵，如何继续保证自身车辆以及周围其他车辆的行驶安全，是未来急需解决的问题。

4）自动驾驶汽车的道德伦理和法律法规问题。自动驾驶车辆面对复杂的路况所做出的决策均由自动驾驶系统的中央处理器做出。那么，车辆在不同的情况下做出何种决策可能涉及伦理道德问题。如果一款全新型号的机动车想要进入市场，首先需要符合一系列环保标准，并通过稳定性以及安全性测试。对于自动驾驶汽车，要想进入市场，首先应该具备完成自动驾驶、处理行人乱穿马路、汽车闯红灯以及软件智能突发问题的能力。制定自动驾驶汽车的市场准入标准，对政府也是一项重大的挑战，因为不仅要制定自动驾驶汽车机械方面的标准，还要制定车载电子系统的标准。其次，责任认定问题。自动驾驶汽车在绝大部分时间里都是由汽车上的自动驾驶系统控制，一旦自动驾驶汽车发生事故，车上人员、汽车生产企业和软件生产企业三者责任如何认定，亟待有关部门制定出合理的法律法规。

5.2.3 自动驾驶技术的发展趋势

虽然现在还有很多问题亟待解决，但自动驾驶汽车已经成为未来汽车发展的必然趋势。自动驾驶技术的发展方向有以下几个方面。

1) 互联网企业和传统汽车企业相结合，两种技术路线相融合，互为补充。互联网企业在高精度地图和大数据方面拥有得天独厚的优势，而传统汽车企业在制造和布局方面有着丰富的经验，并且传统汽车企业牢牢控制着汽车市场。未来自动驾驶汽车绝不是简单地在车上加一些传感器，而是需要重新考虑总体布局，考虑总体安全性，汽车上的一些经典的操作机构可能会消失。两种技术路线各有优缺点，将车联网技术应用于基于传感器探测与控制的高级驾驶辅助系统（ADAS）上，不仅可以让汽车有了"眼睛"和"耳朵"，还可以让汽车提前预知传感器探测范围以外的车辆、行人和信号标志等道路情况，相当于自动驾驶系统的"大脑"里有一张即时更新的高精度地图，对周围物体的位置和运动状态以及路况了如指掌，可以提前对可能发生的突发情况做出预处理，减轻 ADAS 处理器所需要处理的运算量，提高自动驾驶汽车对突发情况的应对能力，同时，还可以提前规划出最优路线，减缓拥堵。车联网对网络传输速度有着较高的要求，在无线通信环境中，难以保证信息传递的及时性。当网络环境不佳时，自动驾驶汽车可以通过 ADAS 中的激光雷达、摄像头等设备感知周边环境，识别关键地理信息与运动物体，并对之进行标注与追踪，实现自动驾驶。

2) 自动驾驶技术和新能源汽车相结合。新能源汽车也是未来汽车发展的重要方向之一。由于化石燃料的有限且不可再生，以及化石燃料燃烧对环境的污染，新能源汽车必将取代传统燃油汽车。自动驾驶技术和新能源汽车的结合，也是未来汽车发展的必要趋势。电动汽车与自动驾驶技术有着很高的契合度。首先，自动驾驶系统中使用了大量的传感器和高性能处理器，这些装置的耗电量极大。传统内燃机汽车的蓄电池不仅难以满足电量需求，还会增加能量转换中的能量浪费；而电动汽车无须能量转换，容易满足自动驾驶系统的电量需求，节省能源。其次，内燃机的底层控制算法相比于电动机要复杂得多，从效率和开发难度方面考虑都不如电动机。自动驾驶技术和电动汽车控制技术更容易相互统筹协调，融为一体。自动驾驶的电动汽车才应该是未来汽车的"成熟"形态。

3) 将自动驾驶技术与 5G 车路协同技术相结合。充分利用 5G 的高带宽、低时延、高可靠性、海量互联的特点，同时，利用北斗的高精度定位、精细化导航、精准度授时特点和 V2X 的人、车、路、网相融合等领域的优势。通过车内、车与车、车与路、车与人、车与服务平台的全方位连接和数据交互，提供综合信息服务，形成汽车、电子、信息通信、道路交通运输等行业深度融合的新型产业形态。未来的 5G 车路协同自动驾驶示范区将推进智能网联汽车与智慧交通、智慧城市的融合发展，形成涵盖下一代汽车研发设计、智能终端制造、智慧交通和智慧城市应用的完备产业体系。5G 车路协同系统如图 5-3 所示。

第5章 自动驾驶技术

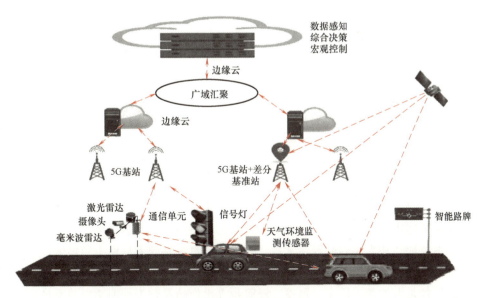

图 5-3 5G 车路协同系统

5.3 自动驾驶技术的构成

5.3.1 自动驾驶技术三大系统

自动驾驶技术包含三大系统，分别是感知系统、决策系统和控制执行系统。

1. 感知系统

感知系统是实现自动驾驶的前提和基础。自动驾驶汽车的感知系统中常配备多种传感器，传感器相当于自动驾驶汽车的眼睛，通过传感器，自动驾驶汽车能够识别道路其他车辆、行人、障碍物和基础交通设施。感知系统以多种传感器捕获的数据以及高清地图的信息作为输入，经过一系列的计算和处理，来预估车辆的状态和实现对车辆周围环境的精确感知，为下游的决策系统提供丰富的信息，使计算机得以进行准确、恰当的决策。

传感器分别有激光雷达、毫米波雷达、超声波雷达和视觉传感器等。

激光雷达是自动驾驶不可或缺的传感器。激光雷达成本较高，大约近 1 万美元，这依然是自动驾驶车辆的瓶颈。

毫米波雷达成本较于激光雷达要便宜很多。可以对目标进行有无检测、测距、测速以及方位测量。一般与视觉传感器配合使用。

超声波雷达常被用到倒车辅助系统中，告知驾驶人周围障碍物的情况，解除驾驶人倒车时的视野死角，提高驾驶安全性。

视觉传感器是整个车辆视觉信息的直接来源。大多数视觉传感器识别可见光图像，也有部分传感器识别红外光的图像。视觉传感器的低成本和易用性已吸引机器设计师和

93

工艺工程师将其集成到各类光电传感器中。

2. 决策系统

智能决策技术是指融合多传感信息、根据驾驶需求而进行的控制决策,包括行为预测、任务决策、路径规划、行为决策等多个方面,是汽车实现自动驾驶的"大脑"。

动态的车道级路径规划是智能决策的基本需求。从空间尺度上看,路径的规划可分为全局路径规划和局部路径规划。目前传统的路径规划属于全局路径规划,以道路为最小单元,而不考虑车道的方向、宽度、曲率、斜率等信息。自动驾驶在全局规划下还需要车道级的局部路径规划,以提供车道级别的行驶路线。从时间尺度上看,路径规划可分为静态规划和动态规划。传统路径规划已经能够实现实时性不强的动态规划功能,例如躲避拥堵、路线调整等,而自动驾驶需要更具实时性的路径规划能力。此外,行为预测能力成为智能决策技术的重大短板。在技术发展路线上,行为决策是自动驾驶必然要具备的基本技能。从人类驾驶经验来看,行为预测也是驾驶人从新手到熟练过程的必备技能。从自动驾驶体验来看,尽管自动驾驶能够提供更加安全可靠的驾驶方式,但舒适性很差,更像是人类新手驾车,急停、慢起步等操作凸显行为预测能力的不足。在技术的成熟度上,在深度学习等人工智能算法的快速发展下,目标的检测识别技术已经逐渐成熟,对目标行为的理解和预判成为下一阶段的重要挑战。

任务决策使自动驾驶的汽车融入整个交通流。自动驾驶中任务规划结构描述了道路、车道和行驶三级任务分工,在道路级进行全局的任务规划,当探测到道路阻塞时,要求重新规划任务,并做分解调整。轨迹规划是根据局部环境信息、上层决策任务和车身实时状态信息,规划决策出局部空间和时间内车辆期望的运动轨迹,并将规划输出的期望车速以及行驶轨迹等信息传递给下层的控制执行系统。轨迹规划层应能对任务决策层产生的各种任务分解做出合理规划。

异常处理作为预留的智能驾驶系统安全保障机制,一方面在遇到复杂路面容易造成车辆损坏、部件失效等问题时,通过预警和容错控制维持车辆安全运行;另一方面在由于决策过程某些算法参数设置不合理、推理规则不完备等原因导致自动驾驶汽车在行为动作中出现某些错误时,能够建立错误修复机制使自动驾驶汽车自主地修正错误,以减少人工干预解决问题,这是提高车辆智能化水平所必需的。

3. 控制执行系统

控制执行系统主要包括两个模块:控制模块和执行模块。其中,控制模块主要负责将决策系统的输出信息转换为各个执行模块的控制指令;执行模块在接收到指令之后,根据指令准确地控制各个底层对象(转向、制动、加速、档位)。与其相关的控制理论可分为经典控制理论和现代控制理论两类。

(1) **经典控制理论**　对于实际的工程问题,应用最多的控制方法就是比例-积分-微分(PID)控制。经典控制理论主要是 PID 控制,因其结构简单、工作可靠、稳定性好、参数调整便利,PID 控制成为工业控制的主要工具。当不能精确掌握被控对象的数学模型和控制参数时,其他控制理论的适用受到很大局限,需要依靠经验和现场调试来确定控制器结构和控制参数,此时,PID 控制器是一个有效的解决方案。

PID 控制主要包含三个过程：比例控制、积分控制、微分控制。比例控制的输出与输入的误差值成比例关系。比例控制是 PID 控制中最简单的控制方式。但仅有比例控制时，系统的输出一般存在稳态误差。对于一个控制系统来说，如果系统在进入稳态后仍然存在一定的稳态误差，就称其为有差系统。为了消除这部分稳态误差，必须在控制器中引入"积分项"。积分控制的输出与输入误差值的积分成正比关系。对误差求关于时间的积分，随着时间的增加，积分项的值会随之增大。因此，即使误差很小，随着时间的增加，积分项也会越来越大。积分控制使控制器的输出增大的同时，使稳态误差进一步减小，直到误差完全消除。因此，比例控制与积分控制相结合，可以使系统快速进入稳态，并且无稳态误差，一般称为 PI 控制。微分控制的输出与输入误差值的微分（即误差变化率）成正比关系。控制系统在消除误差的过程中可能会出现频繁振荡甚至失稳现象，其原因是系统中存在较大惯性或滞后的环节，使得消除误差的环节的变化总是滞后于误差的变化。解决该问题的方法是使消除误差的环节的变化"超前"，也就是在误差接近零时，消除误差的环节已经是零。因此，在控制器中只采用比例控制往往是不够的，因为比例项的作用是放大误差的幅值，而这种情况下需要增加的是微分控制，因为它能够预测系统误差的变化趋势。对具有较大惯性和滞后特点的控制对象，比例控制和微分控制能改善系统在动态调节过程中的系统特性。

综上所述，PID 控制就是根据系统的误差，通过比例、积分、微分三个过程计算出控制量，然后输入到被控对象。一般的 PID 控制的结构如图 5-4 所示。

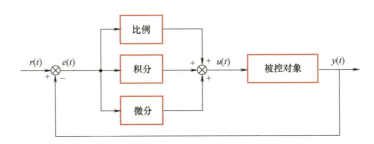

图 5-4　PID 控制结构简图

（2）**现代控制理论**　现代控制理论主要有 7 种：线性二次型最优控制、模糊控制、自适应控制、模型预测控制、神经网络控制、滑模控制和鲁棒控制。

1）线性二次型最优控制。

线性二次型最优控制器也称为线性二次型调节器（Linear Quadratic Regulator，LQR），是应用线性二次型最优控制原理设计的控制器，如图 5-5 所示。它的作用是当系统状态因为某种原因导致偏离了平衡点时，在不消耗多余能量的情况下，使系统状态

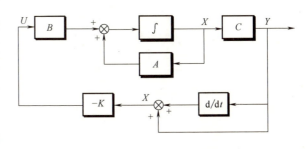

图 5-5　典型的 LQR 调节器结构

仍然保持在平衡点附近。线性二次型最优控制的控制对象是具有线性或可线性化特点的且性能指标是状态变量和控制变量的二次型函数的积分。

2) 模糊控制。

模糊控制器（Fuzzy Controller，FC）。也称为模糊逻辑控制器（Fuzzy Logic Controller，FLC）。模糊控制器使用的模糊控制规则是由模糊集合论中的模糊条件语句来构成的。因此，模糊控制器属于语言型控制器，故常被称为模糊语言控制器（Fuzzy Language Controller）。模糊控制系统的核心是模糊控制器。模糊控制系统性能的优劣取决于模糊控制器的结构、模糊规则、合成推理算法和模糊决策方法等因素。模糊控制器的一般结构包括系统输入、模糊化、数据库和规则库、模糊推理、清晰化以及系统输出七部分。

3) 自适应控制。

自适应控制系统需要不断地测量系统本身的状态、性能、参数，并对系统当前数据和期望数据进行比较，再做出改变控制器结构、参数或控制方法等的最优决策系统不断地测量输入和扰动，与参考输入对比，根据需要不断地调节自适应机构，保证系统的输出满足要求，还要保证系统的稳定性。

4) 模型预测控制。

模型预测控制（Model Predictive Control，MPC）是一种特殊的控制方法。在每一个采样周期，通过求解一个有限时域开环最优控制问题来获得其当前的控制序列。系统的当前状态被视为最优控制问题的初始状态，求得的最优控制序列中，只执行第一个控制动作。这是其与使用优先求解控制律的控制方法的最大区别。而且相较于经典的 PID 控制，它具有优化和预测的能力。也就是说，模型预测控制是一种致力于将更长时间跨度，甚至无穷时间的最优化控制问题，分解为若干个更短时间跨度，或者有限时间跨度的最优化控制问题，并且在一定程度上仍然追求最优解。本质上，模型预测控制是要求解一个开环最优控制问题，它的思想与具体的模型无关，但是，实现的过程则与模型有关。

模型预测控制原理如图 5-6 所示，k 轴为当前状态，左侧为过去状态，右侧为将来状态。也就是说，模型预测控制实际上是一种时间相关的，利用系统当前状态和当前控

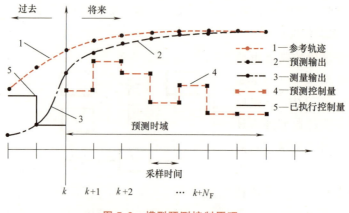

图 5-6　模型预测控制原理

制量来实现对系统未来状态的控制，而系统未来的状态是不定的，因此在控制过程中要不断地根据系统状态对未来的控制量做出调整。

5）神经网络控制。

神经网络控制是指应用神经网络技术，对控制系统中难以精确建模的复杂非线性对象进行神经网络模型辨识，可以作为控制器，可以对参数进行优化设计，可以进行推理，可以进行故障诊断，或者同时兼有以上多种功能。通常，神经网络直接用作误差闭环系统的反馈控制器，神经网络控制器首先利用其已有的控制样本进行离线训练，而后以系统的误差的均方差为评价函数进行在线学习。神经网络控制示意如图5-7所示。

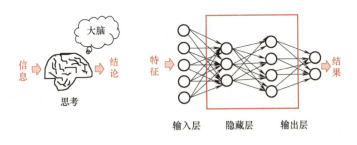

图 5-7 神经网络控制示意

随着被控系统越来越复杂，人们对控制系统的要求也越来越高，特别是要求控制系统能适应不确定性、时变的对象与环境。传统的基于精确模型的控制方法难以适应要求。现在关于控制的概念已更加广泛，它包括一些决策、规划以及学习功能。神经网络由于具有上述优点而越来越受到人们的重视。神经网络控制就是利用神经网络这种工具从机理上对人脑进行简单结构模拟的新型控制和辨识方法。神经网络在控制系统中可充当对象的模型，还可充当控制器。常见的神经网络控制结构：①参数估计自适应控制系统；②内模控制系统；③预测控制系统；④模型参考自适应系统；⑤变结构控制系统。

6）滑模控制。

滑模控制（Sliding Mode Control，SMC）也叫滑模变结构控制，其本质是一种特殊的非线性控制方法，但其非线性表现为控制序列的不连续性。这种控制方法与其他控制方法的区别在于系统结构不是固定不变的，而是能够在动态过程中，根据当前的系统状态（例如偏差以及偏差的各阶导数等）有目的地变化，使系统能够按照预定的滑动模态的轨迹运动。滑动模态需要提前设计且与控制对象参数和外界扰动无关，使得滑模控制具备响应迅速、参数变化平稳、外界扰动影响小、无须系统在线辨识、控制动作实现方式简单等优点。滑模控制主要表现为控制的不连续性，也就是系统结构随时间变化的特性。该控制特性能够使系统在一定条件下沿着预设的状态轨迹做小幅度、高频率的运动，即滑动模态或者"滑模"运动。滑动模态是可以预设的，而且与系统的参数及外界扰动无关。因此，滑模控制的系统具有较好的鲁棒性。

如图5-8所示，从切换面穿过的A点为通常点，从切换面向两边散发在切换面上的运动点B点是起始点，从两边向切换面逼近的且在切换面上的C点为终止点。在滑模观测器的研究中，针对的很多都是终止点，然而对于通常点和起始点基本没有用到。如果在切换面上的某一区域内，全部的点都是终止点，那么当运动点接近该区域时，就会被局限在该区域内。因此，一般称在切换面 $S=0$ 上的全部运动点均都为终止点的那些区域为滑模区，也称为滑动模态区。系统在滑动模态区内所做的运动称为滑模运动。

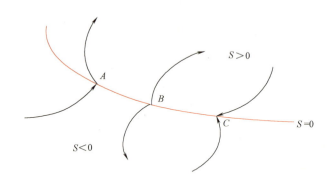

图 5-8 滑模控制示意图

7）鲁棒控制。

鲁棒性是指控制系统在一定的参数摄动下，维持某些特性的能力。根据对性能的不同定义，可分为稳定鲁棒性和性能鲁棒性。以闭环系统的鲁棒性作为目标设计得到的固定控制器称为鲁棒控制器。

鲁棒性也称为系统的健壮性，它是系统在异常扰动情况下保持稳定的关键。例如，自动驾驶汽车的软件平台在输入错误、磁盘故障、网络过载或有意攻击的情况下，能不宕机、不崩溃，就是该平台的鲁棒性。鲁棒控制适用于稳定性和可靠性作为首要目标的应用，系统的动态特性已知，而且不确定因素的变化情况可以预估。在控制过程中，某些控制系统可以使用鲁棒控制，尤其是对那些不确定因素变化范围大且稳定裕度小的系统。

系统的分析方法和控制器的设计大多是基于数学模型而建立的，而且各类方法已经趋于成熟和完善。然而，系统总是存在这样或那样的不确定性。例如，在系统建模时，有时只考虑了工作点附近的情况，造成了数学模型的人为简化；再如，执行部件与控制元件存在制造容差，系统运行过程也存在老化、磨损以及环境和运行条件恶化等现象，使得大多数系统存在结构或者参数的不确定性。这样，用精确数学模型设计出来的控制器常常不满足工程要求。

5.3.2 自动驾驶工作原理

自动驾驶汽车主要依靠车内以计算机系统为主的智能驾驶仪来实现无人驾驶，它一般利用车载传感器感知车辆周围环境，并根据感知所获得的道路、车辆位置和障碍物信息，控制车辆的转向和速度，从而使车辆能够安全、可靠地在道路上行驶。自动驾驶的工作原理如图 5-9 所示。

第5章 自动驾驶技术

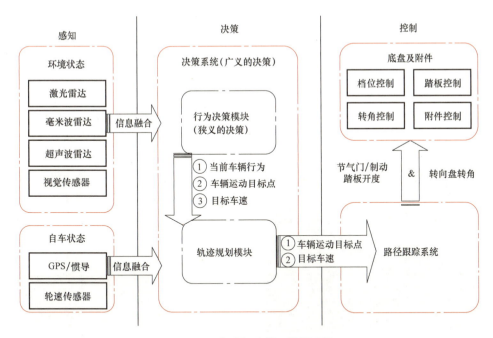

图 5-9 自动驾驶的工作原理图

5.3.3 自动驾驶关键技术

1. V2X

V2X 技术指的是车辆与周围的移动交通控制系统实现交互的技术，X 可以是车辆，可以是交通信号灯等交通设施，也可以是云端数据库。V2X 技术最终目的都是为了帮助自动驾驶汽车掌握实时驾驶信息和路况信息，结合车辆工程算法做出决策，是自动驾驶汽车迈向无人驾驶阶段的关键。V2X 可以提供非视距的传感途径，安全性有非常大的提升。例如，在交叉路口，通过其他传感手段，可能看不到横穿车辆，特别是在有建筑物遮挡时，如果有 V2X，每辆车都能实时播报自身的位置和状态，如图 5-10 所示。

图 5-10 V2X 示例图（见彩图）

2. 高精度地图

高精度地图可以通过车辆定位，将车辆准确地还原在动态变化的立体交通环境中。

99

自动驾驶技术对于车道、车距、路障等信息的依赖程度极高,需要更加精确的位置信息。高精度地图对于自动驾驶技术至关重要,如图 5-11 所示。

3. AI 算法

AI 算法是支撑自动驾驶技术最关键的部分,如图 5-12 所示。目前,主流自动驾驶技术都采用了机器学习与人工智能算法来实现。通过传感器、V2X 设施和高精度地图信息所获得的数据,以及收集到的驾驶行为、驾驶经验、驾驶规则、案例和周边环境的数据信息,通过不断优化的算法,从而进行最终决策,规划路线,操纵驾驶。

图 5-11　高精度地图

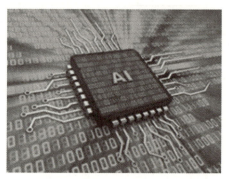

图 5-12　AI 算法

4. 5G 技术

在自动驾驶或者无人驾驶车辆与车联网通信的过程中,需要运用云计算、大数据、地图等工具进行海量、实时的数据交互。4G 网络的时延以秒计,4.5G 网络的时延可缩短至 100ms,而 5G 网络的理想时延则低于 1ms,让通过云计算遥控自动驾驶汽车成为可能。

第6章

智能网联汽车测评技术

6.1 测试评价流程

测评流程主要研究内容包括：应用场景（测什么）、测试场景（在什么环境下测）、测试方法与技术（用什么方法和手段测）、评价体系（如何评价）。基于此原则，提出构建智能网联汽车产品测试评价流程，如图 6-1 所示。

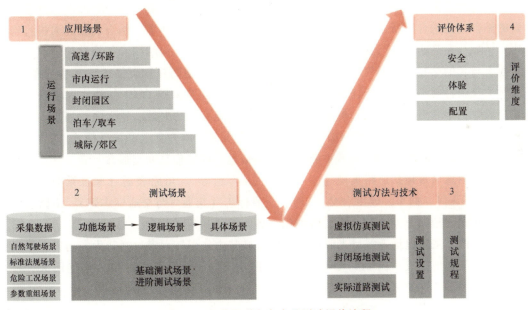

图 6-1 智能网联汽车产品测试评价流程

（1）**应用场景** 测评流程优先重点考虑五大连续运行场景：高速/环路、市内运行、封闭园区、泊车/取车和城际/郊区。其中，高速/环路为封闭道路，城际/郊区为半封闭道路，都是具有连接性的道路。不同的应用场景具有相对应的测评场景、测试方法和评价方法。

（2）**测试场景** 通过自然驾驶场景、标准法规场景、危险工况场景和参数重组场景等数据来源构建测试场景库。测试场景包括基础测试和进阶测试场景，满足基础测试和优化引导的需求。

（3）**测试方法与技术** 采用虚拟仿真测试、封闭场地测试、实际道路测试相结合的测试方法，通过设置测试条件、测试规程、测试通过条件等，搭建可实现自动驾驶功能与ODD全覆盖的测试方法。

（4）**评价体系** 通过安全、体验和配置三大维度对智能网联汽车产品的能力进行评价。这三大评价维度和其对应的评价指标包括基础指标和进阶指标，满足基础测试和优化引导的需求。

6.2 测试场景的构建

自动驾驶测试场景是支撑智能网联汽车测试评价技术的核心要素与关键技术。通过场景的解构与重构对智能网联汽车进行封闭场地测试和虚拟测试已成为业内公认的最佳测试手段，得到广泛关注。自动驾驶测试场景具有无限丰富、极其复杂、不可预测、不可穷尽等特点，下面主要介绍构建测试场景库的方法。

6.2.1 测试场景的设计方法及要求

自动驾驶测试场景是一定时间和空间范围内车辆ODD元素、OEDR元素、自车元素的综合信息融合。所述自动驾驶测试场景应根据五大运行环境，结合场景元素进行构建。例如，在高速公路行驶时的功能场景需要描述道路的几何结构和拓扑结构、与其他交通参与者的交互以及天气状况等，而在地下停车场行驶则只需要描述建筑物的布局，此时天气条件则不需要进行详细的描述。另一方面，需要识别ODD各种使用场景下的安全风险，即基于安全分析，根据系统内部识别可能存在的失效，建立失效场景。

综上，场景元素主要包含ODD元素、OEDR元素、自车元素和失效模式。

（1）**ODD元素** ODD元素主要包括道路信息、环境信息和交通参与者。

道路信息通常包括道路类型（主车道、主从车道等）、道路表面（摩擦系数、材质等）、道路几何（曲率、坡度、交叉口）、交通标志（交通灯与交通标志牌）、道路设施元素（包括隧道、车站、立交桥、收费站、施工路段）等。

环境信息主要包括天气、光照和连接性等。其中，天气元素包括晴天、雨天、雪天等不同天气类型以及不同能见度等信息；光照指不同光照度下的环境，如艳阳天、夜晚、黄昏、不同灯光照射下的环境等；连接性指车辆所处环境的网络连接性、V2X连接性，以及是否支持高精地图等特性。

交通参与者主要包括机动车、非机动车、行人、障碍物、动物等。

（2）**OEDR元素** OEDR是指相应测试场景下自动驾驶系统需要探测的物体或者事件以及应做出的响应。作为仿真测试场景的关键考察方面，其主要包括交通参与者的类型及运动等信息。例如，在车辆左前方的行人正在横穿、车辆前方的机动车减速等。

（3）**自车元素** 自车元素主要包括自我车辆的类型、性能特性和驾驶行为等例如，自车为乘用车，最高车速为110km/h，正在进行变道操作。

（4）**失效模式** 为保证自动驾驶的安全性，需测试车辆的失效响应。通过设置一些失效模式，如故障注入、超出ODD、传感器失效等，设置超过ODD的参数取值等来验证车辆的失效响应能力。例如，按照感知系统失效（由于安装、环境、车辆等因素导致的感知系统无法准确识别环境中的风险）、复杂交通场景（交通流与道路的组合导本车处于危险的交通环境)、车辆控制失效（如由于载荷、路面或侧风等原因导致的车辆无法跟随控制指令）等进行分类。

对智能网联汽车进行基于场景的各项测试时，构建场景的数据来源多种多样。按数据来源进行分类，可将场景分为四大类：自然驾驶场景、危险工况场景、标准法规测试场景以及参数重组测试场景。自然驾驶场景可包含智能网联汽车所处的人-车-环境-任务等全方位信息，能够很好地体现测试的随机性、复杂性及典型性区域特点，为测试场景构建中的充分测试场景。危险工况场景是智能网联汽车测试过程中进行自动驾驶控制策略验证的关键部分，为场景构建中的必要测试场景。标准法规测试场景通过现有的标准、评价规程等构建测试场景，为场景构建中验证自动驾驶有效性的基础测试场景。参数重组测试场景通过对静态要素、动态要素以及驾驶人行为要素之间不同排列组合及遍历取值，进而补充大量未知工况的测试场景，有效覆盖自动驾驶功能测试盲区，为场景构建中的补充测试场景。

针对某项特定自动驾驶功能设计测试场景，需定义自动驾驶系统的 ODD，即明确系统在不同类型的道路上、道路的不同位置上、不同的速度范围及其他环境条件下的功能表现，应确保对自动驾驶系统使用场景的充分覆盖。

如图 6-2 所示，根据不同自动驾驶系统的设计运行范围，将测试场景分为高速/环路、市内运行、泊车/取车、封闭园区和城际/郊区五种典型应用场景。在每种应用场景下，可在不同抽象程度上基于 ODD 运行设计域、OEDR 事件探测及响应、自车行为及失效模式等元素，提取各类型典型场景，进行场景参数标注及统计分析，形成逻辑场景，而后基于逻辑场景的参数分布，大规模生成具体场景，并以通用场景格式存储，构成数万级测试用例的场景库。

同时，对于场景的评价也可以从 ODD、OEDR、自车行为及失效模式这四个维度进行量化，从而对场景进行分级，形成基础测试场景和进阶测试场景，分别实现对智能网联汽车产品准入的支撑，以及对市场上智能网联汽车产品测评优化的引导。

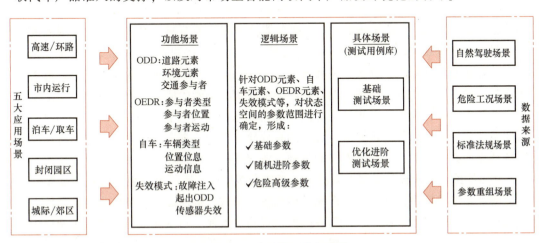

图 6-2 测试场景设计示意图

6.2.2 场景库的构建流程及要求

图 6-3 所示为不同数据来源（自然驾驶、危险工况、标准法规、参数重组）的场景

用例设计流程。首先语义描述其操作场景得到功能场景，然后通过参数化定义操作场景的状态空间得到逻辑场景，接着对操作场景的状态空间参数赋值得到具体场景，最后通过软件建模复现具体场景得到测试用例。

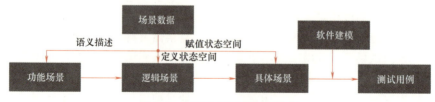

图 6-3　测试场景用例设计流程

自动驾驶测试场景对自动驾驶技术的研发和测试工作起着重要作用。场景库是场景的载体平台，通过场景数据采集、分析挖掘、测试验证等步骤，实现内容闭环。通过上述场景元素、场景数据来源和场景设计方法得到自动驾驶测试场景。对自动驾驶场景进行测试验证主要是将场景库内已经构建好的场景抽取出来，用虚拟场景验证、实车场景验证等方法进行验证，确认场景的真实性、代表性和有效性，从而更好地服务于研发和测试工作，包括模型在环、软件在环、硬件在环仿真测试，以及实车场地和道路测试等。将与场景相关的测试结果反馈给场景库，对场景的分析挖掘方法等进行修正，或者根据需要重构生成场景，更新补充完善场景库。场景库进一步有效支撑研发和测试工作，从而形成场景库构建与应用的正向循环。

6.3　测试技术分类

场景建设及功能划分与智能网联汽车仿真测试、场地测试、道路测试密不可分，如图 6-4 所示。虚拟仿真测试应覆盖 ODD 范围内可预测的全部场景，包括不易出现的边角场景，覆盖 ODD 范围内全部自动驾驶功能；封闭场地测试应覆盖 ODD 范围内的极限场景，如安全相关的事故场景和危险场景，覆盖自动驾驶系统正常状态下的典型功能，验证仿真测试结果；真实道路测试覆盖 ODD 范围内典型场景组合的道路，覆盖随机场景及随机要素组合，验证自动驾驶功能应对随机场景的能力。

总体上来说，虚拟仿真测试是加速自动驾驶系统研发过程和保证安全的核心环节，封闭场地测试是自动驾驶系统研发过程的有效验证手段，真实道路测试是检测自动驾驶系统性能的必要环节，也是实现自动驾驶商业部署的前置条件。

图 6-5 给出了审核与虚拟仿真测试、封闭场地测试、实际道路测试的测试流程图。

测评车型确定后，首先进行审核与虚拟仿真测试。根据是否具备仿真测试条件，进行虚拟仿真测试或者审核。如果具备虚拟仿真测试条件，则在虚拟仿真测试用例库中依据虚拟仿真测试流程进行验证全部声明的 ODD 和自动驾驶功能；如果不具备虚拟仿真测试条件，则依据评价指标审核全部声明的 ODD 和自动驾驶功能。并且根据评价体系（安全、体验、配置）进行综合的审核与仿真测试评价。

其次，进行封闭场地测试。封闭场地测试用例围绕五大应用场景建设：高速/环路、市内运行、城际/郊区、泊车/取车、封闭园区。封闭场地测试依据声明的 ODD 和自动

第6章 智能网联汽车测评技术

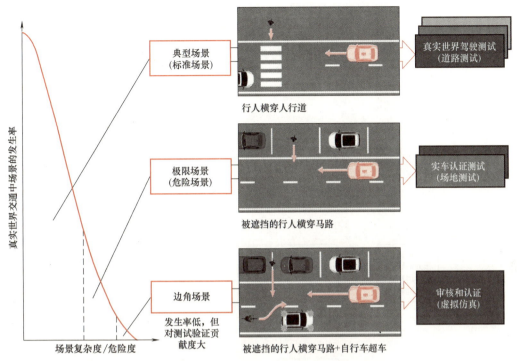

图 6-4 不同测试类型验证不同场景功能示意图

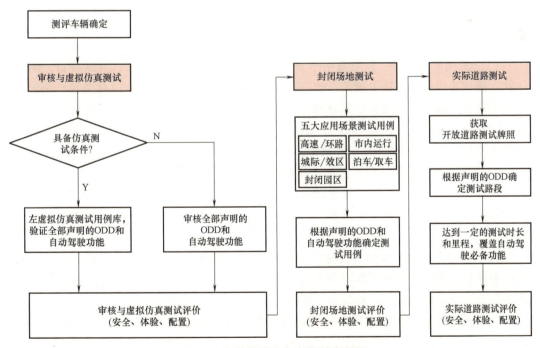

图 6-5 智能网联汽车产品测试流程

驾驶功能在五大应用场景测试用例库中选取确定测试用例。并且根据评价体系（安全、体验、配置）进行综合的封闭场地测试评价。

最后，进行实际道路测试。首先需要获取开放道路测试牌照，然后根据产品声明的ODD确定测试路段。在测试过程中，必须达到一定的测试时长和里程，覆盖自动驾驶必备功能，充分验证自动驾驶的功能和性能表现。并且根据评价体系（安全、体验、配置）进行综合的实际道路测试评价。

6.3.1 虚拟仿真测试

1. 虚拟仿真测试的流程

如图 6-6 所示，针对智能网联汽车自动驾驶功能的虚拟仿真测试，典型的测试流程包括：测试需求分析、测试资源配置、接口定义、设计测试用例、执行测试、出具测试报告以及形成评价结论等主要环节。

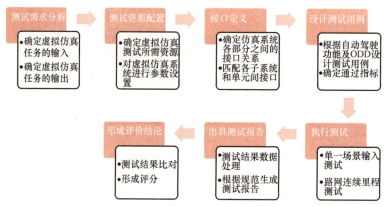

图 6-6 智能网联汽车自动驾驶功能的虚拟仿真测试流程

（1）**测试需求分析** 针对自动驾驶功能，规范对应的测试对象、测试项目、测试方法、测试资源配置、接口规范、数据存储、评价方案和结果展示的具体要求，确定虚拟仿真任务的输入（如虚拟仿真测试对象的数学模型、驾驶自动化系统指标、自动驾驶功能要求以及相应文档），确定虚拟仿真任务的输出（如仿真数据、仿真结果分析以及相应文档），指导测试工作的开展。

（2）**测试资源配置** 根据自动驾驶功能确定虚拟仿真测试所需资源，如人员需求、人员的责任、仿真模型要求、场地要求、设备需求等；对虚拟仿真系统进行参数设置，包括车辆模型配置、静态场景配置、动态场景配置、传感器模拟配置、控制器配置等主要过程。

（3）**接口定义** 根据模拟仿真测试对象确定用软件或者实物来实现驾驶自动化系统的各部分，确定仿真系统各部分之间的接口关系，匹配各子系统和单元间接口，包括车辆模型、环境模型、传感器模型、执行器和控制器之间的接口等。

（4）**设计测试用例** 根据自动驾驶功能及ODD（五大应用场景）设计测试用例，确定测试方案，确定虚拟仿真测试平台依据的测试规则，先基础后进阶高级增加测试场景，确定通过指标。

（5）**执行测试** 虚拟仿真测试包括单一场景输入测试和路网连续里程测试，通过单一场景输入测试后进行路网连续里程测试。当发现某测试场景结果为不通过时，可终止单项测试或者重启虚拟仿真测试流程。

（6）**出具测试报告** 通过软件进行自动化测试结果的数据处理，并根据规范生成测试报告。报告应包括测试对象、测试人员、测试时间、测试结果和测试数据等内容。

（7）**形成评价结论** 测试结果应对比标准值和历史数据，形成对评价结果的评分。

2. 虚拟仿真测试的基本要求

（1）测试要求

1）所有的测试项目都应由驾驶自动化系统和算法完成，测试期间不应对系统和算法进行任何变更与调整；应说明测试系统的组成及工作原理、自动驾驶功能及设计运行范围ODD、风险减缓策略及最小安全状态等。

2）依据自动驾驶功能的定义及范围设计测试用例，应至少包括设计运行范围测试、动态驾驶任务测试、目标事件检测和响应测试、故障保护响应、风险减缓策略测试等。

3）应保证单一场景输入测试中同一场景重复测试的高度一致性，并在测试报告中详细记录所有测试场景中的数次重复测试详细的关键过程数据及结果。在多个相同场景下，通过在封闭场地和道路测试中获取实车决策输出，验证虚拟仿真结果的有效性。

4）路网连续里程测试应参照文献［69］第4章场景库测试场景设计要求，遍历预期ODD内的测试场景，验证驾驶自动化系统的ODD边界，验证驾驶自动化系统应对极限场景的能力和鲁棒性，验证驾驶自动化系统的高里程通过性。通过路网连续里程测试发现驾驶自动化系统存在的风险项，应对其在封闭场地进行复现确认，经确认一致后，应将风险项在测试报告中进行说明。

（2）通过指标

1）单一场景通过指标包括合规性指标和安全性指标。重点考察驾驶自动化系统运行时能否遵守道路交通法律法规、道路标识规则等相关规定；驾驶自动化系统是否能够避免碰撞等安全事故。单一场景通过指标见表6-1。

表6-1 虚拟仿真单一场景通过指标

一级指标	二级指标	三级指标	四级指标
合规性	遵守交通规则	不压线	车辆与标线的相对位置
		按照道路指示标志行车	指示标志识别性、距离/速度/加速度值、车道线识别及相对位置
	满足在用的其他标准法规的要求	如AEB、LKA等	
安全性	不发生交通事故	不与车辆发生碰撞	本车与周边车辆的相对速度和位置
		不与行人发生碰撞	本车与行人的相对速度和位置

2）连续场景通过指标包括场景覆盖度和安全运行里程。重点考察驾驶自动化系统应对多功能、连续性场景时的系统性能。

6.3.2 封闭场地测试

1. 封闭场地测试项目

封闭场地测试用例围绕五大应用场景建设：高速/环路、市内运行、城际/郊区、泊车/取车、封闭园区。根据智能网联汽车声明的设计运行范围 ODD 及自动驾驶功能，在五大应用场景测试用例库中选取确定测试用例，测试智能网联汽车的真实表现。

表 6-2 举例说明了智能网联汽车自动驾驶功能典型测试用例。其中测试用例设计元素可参考文献 [69] 附录 1 高速公路应用场景下安全评价指标示例。

表 6-2 智能网联汽车自动驾驶功能典型测试用例示例

序号	智能网联汽车自动驾驶功能典型测试用例	序号	智能网联汽车自动驾驶功能典型测试用例
1	跟车行驶	15	停车场通行
2	循线行驶	16	坡道停/走
3	变道行驶	17	匝道汇入/汇出
4	障碍物检测及响应	18	施工区域通行
5	对动物的识别及响应	19	收费站通行
6	行人和非机动车识别及避让	20	通过隧道
7	对交警指挥手势检测和响应	21	通过公交车站
8	应急车辆避让	22	通过学校区域
9	超车	23	特殊天气行驶（雨、雪、雾）
10	交通标志和标线识别及响应	24	夜间行驶
11	道路尽头调头	25	自动泊车
12	靠路边停车	26	路径规划
13	交叉路口通行	27	驾驶人状态监控
14	环形路口通行		

原则上，针对高级别智能网联汽车，应在连续运行场景中针对自动驾驶功能进行测试，以评价其真实的使用性能和体验。但实际上，封闭场地的连续场景测试，对测评机构的硬件设施能力要求较高，因此在现有测评能力不足的情况下，连续场景也可以拆分为单一测试场景进行测试。

2. 封闭场地测试场景设计

根据企业申报的智能网联汽车设计运行范围 ODD 及自动驾驶功能，选取封闭场地测试项目，针对每个测试项目，设计封闭场地测试场景、测试方法与评价标准。封闭场地测试场景和测试用例设计原则上充分考虑场景的典型性、危险性以及对法律法规的符合性。测试车辆应在不进行软/硬件变更的条件下通过所有规定的测试用例，验证产品驾驶自动化系统、人机交互功能的合规性和安全性。

下面以城市道路场景中交通标志识别及响应测试为例，说明自动驾驶功能封闭场地测试场景、测试方法及通过标准。

(1) 测试场景设置 测试道路为至少包含一条车道的长直道，并在该路段设置各类交通标志牌，测试车辆对于标志牌的识别能力并做出相应执行，如图 6-7 所示。

(2) 测试方法

1) 禁止掉头标志识别及响应测试方法。测试车辆在自动驾驶模式下，在距离禁止通行标志 100m 前达到 30km/h 的车速，并匀速沿车道中间通过标志；标准要求车辆能

第6章 智能网联汽车测评技术

图 6-7 交通标志识别及响应测试示意图

够识别禁止掉头标志牌。

2）禁止通行标志识别及响应测试方法。测试车辆在自动驾驶模式下，在距离禁止通行标志 100m 前达到 30km/h 的车速，并匀速沿车道中间在禁止通行标志处停车；标准要求测试车辆能够识别禁止通行标志牌。

3）停车让行标志识别及响应测试方法。测试车辆在自动驾驶模式下，在距离停车让行线 100m 前达到 30km/h 的车速，并匀速沿车道中间驶向停车让行线，测试中停车让行线前无车辆、行人等；标准要求测试车辆应在停车让行线前停车，测试车辆的停车时间不超过 3s。

4）限速标志识别及响应测试方法。测试车辆在自动驾驶模式下，在距离限速标志 100m 前达到限速标志所示速度的 1.2 倍，并匀速沿车道中间驶向限速标志；标准要求测试车辆到达限速标志时，车速不高于限速标志所示速度。

(3) 通过标准 智能网联汽车实际道路测试国际范围内暂无可借鉴的成熟的法规、标准、评价规程等。根据汽标委智能网联汽车分标委"自动驾驶功能实际道路测试标准化需求研究"项目组的研究成果，实际道路测试拟采用主、客观评价相结合的方式，以安全（本车和其他交通参与者的安全）、及时（本车执行动作是否及时）、准确（本车执行相关驾驶行为是否精准）、顺畅（本车执行动作是否连贯、通畅）为通过原则，测试人员结合车辆测试表现调整通过系数。

第7章

智慧道路系统

7.1 智慧道路分级

7.1.1 按照交通基础设施系统分类

美国高速公路安全管理局（NHTSA）和国际自动机工程师学会（SAE）分别制定了自动驾驶汽车分级标准。与自动驾驶汽车有业界相对统一标准相比，智能网联道路目前为止业界还没有相对统一的标准。欧洲道路运输研究咨询委员会（European Road Transport Research Advisory Council，ERTRAC）在 INFRAMIX 项目和 ITS World Congress 2018 paper by AAE and ASFINAG 发布了自动驾驶的基础设施支持级别（Infrastructure Support levels for Automated Driving，ISAD）。

E 级别最低，无数字化信息，不支持自动驾驶的传统基础设施，完全依赖于自动驾驶车辆本身；D 级别支持静态道路标识在内的静态数字化信息，而交通信号灯、短期道路工程和可变信息交通标识牌需要自动驾驶车辆识别；C 级别支持静态和动态基础设施信息，包括可变信息交通标识牌、告警、事故、天气等；B 级别支持协同感知，即可感知微观交通情况；A 级别支持协同驾驶，数字化基础设施可以引导自动驾驶车辆的速度、间距和车道等。

2019 年 9 月 21 日，中国公路学会自动驾驶工作委员会、自动驾驶标准化工作委员会发布了《智能网联道路系统分级定义与解读报告》（征求意见稿）。从交通基础设施系统的信息化、智能化、自动化角度出发，结合应用场景、混合交通、主动安全系统等情况，把交通基础设施系统分为六级，见表 7-1。

表 7-1 交通基础设施系统分级

分级	信息化（数字化/网联化）	智能化	自动化	服务对象
I0	无	无	无	驾驶人
I1	初步	初步	初步	驾驶人/车辆
I2	部分	部分	部分	驾驶人/车辆
I3	高度	有条件	有条件	驾驶人/车辆
I4	完全	高度	高度	车辆
I5	完全	完全	完全	车辆

I0（无信息化/无智能化/无自动化）为传统道路信息管理方式，即交通基础设施

第7章 智慧道路系统

与单个车辆系统之间无信息交互。主要特征为交通基础设施无检测和传感功能，由驾驶人全程控制车辆完成驾驶任务和处理特殊情况。

I1（初步数字化/初步智能化/初步自动化）仍为传统道路信息管理方式。主要特征有：道路系统能够采集数字化交通基础设施的静态数据并进行更新和储存，交通基础设施感知设备能实时获取连续空间的车辆和环境等动态数据，自动处理非结构化数据，并结合历史数据实现车辆行驶的短时、微观预测；各种类型数据之间无法有效融合，信息采集、处理和传输的时延明显；交通基础设施感知信息和预测结果可实时提供给车辆，辅助车辆自动驾驶，如提供信息服务和主动交通管理服务；交通基础设施向车辆系统进行单项传感。

I2（部分网联化/部分智能化/部分自动化）为交通基础设施具备复杂传感和深度预测功能，通过与车辆系统进行信息交互（包括I2X），可以支持较高空间和时间解析度的自动化驾驶辅助和交通管理。除I1中提供的功能外，还可以实现基础设施等静态数据在时空上的连续监测和更新；具备更高精度的车辆和环境等动态非结构化数据的检测传感功能；实现数据的高度融合，信息采集、处理和传输的时延低；支持部分数据在车与车之间、车与基础设施之间的实时共享，提供深度分析和长期预测；有限场景内可以实现对自动驾驶车辆的接管和控制，实现限定场景的自动化驾驶和决策优化。其局限为：遇到特殊情况，需要驾驶人接管自动驾驶车辆进行控制；无法从系统层面进行全局优化；主要实现驾驶辅助，需在有限场景内完成自动驾驶。

I3（基于交通基础设施的有条件自动驾驶/高度网联化）被定义为高度网联化的交通基础设施可以在数毫秒内为单个自动驾驶车辆（自动化等级大于或等于1.5）提供周围车辆的动态信息和控制指令，可以在包括专用车道的主要道路上实现有条件的自动化驾驶。主要特征有：交通基础设施具备高度的网联化和有条件的智能化；在交通基础设施覆盖的道路上可以支持单个自动驾驶车辆的部分自动化驾驶功能；交通基础设施系统可实现对自动驾驶车辆的横向和纵向控制；可运行在包括具有专用车道等的主要道路的限定场景；遇到特殊情况，需要驾驶人接管。

I4（基于交通基础设施的高度自动驾驶）被定义为交通基础设施为自动驾驶车辆（自动化等级大于1.5）提供了详细的驾驶指令，可以在特定场景/区域（如预先设定的时空域）实现高度自动化驾驶；遇到特殊情况，由交通基础设施系统进行控制，不需要驾驶人接管。主要特征有：具备高度的信息化和智能化；可为单个自动驾驶车辆提供周围车辆的动态信息和纵/横向控制指令；可对自动驾驶车辆（自动化等级大于1.5）进行横向和纵向的控制；交通控制中心可更优调配所覆盖的车辆，达到全局最优化；在特定场景/区域混合交通场景下可实现高度自动化驾驶；遇到特殊情况，由交通基础设施系统实施控制，不需要驾驶人接管。但是仍局限于试验场和园区、自动泊车/停车场等封闭区域、高速公路、城市快速路、部分城市主干网络和公交专线。

I5（基于交通基础设施的完全自动驾驶）被定义为交通基础设施可以满足所有单个自动驾驶车辆（自动化等级大于或等于1.5）在所有场景下完全感知、预测、决策、控制、通信等功能，并优化部署整个交通基础设施网络，实现完全自动驾驶；完全自动驾驶所需的子系统无须在自动驾驶车辆设置备份系统；提供全主动安全功能；遇到特殊情况，由交通基础设施系统进行控制，不需要驾驶人参与。

7.1.2 按照感知—决策—控制进行分类

道路分级需要考虑"感知—决策—控制"三方面，如图 7-1 所示。其中，感知层需要解决的是道路基础设施的数字化、网联化和协同化。在数字化方面，静态基础设施信息（静态道路标识等）和动态基础设施信息（交通信号灯信息、可变信息交通标识牌、道路交通事故、道路施工信息、天气信息等）实现数字化；在网联化方面，基础设施系统依托 I2X（I2V、I2I、I2P）通信能力，实现道路基础设施数字化信息和车辆、行人、其他道路基础设施之间的互联互通；在协同化方面，道路基础设施数字化信息之间，以及和车辆、行人、其他道路基础设施的数字化信息之间，进行融合，实现协同化感知，例如摄像头数据和毫米波雷达数据、激光雷达数据进行数据转换、数据关联和融合计算。

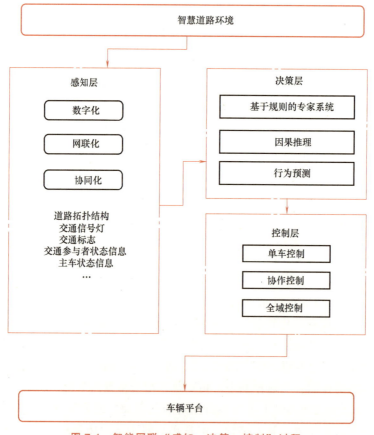

图 7-1 智能网联"感知—决策—控制"过程

决策层按照层级分为基于规则的专家系统、因果推理和行为预测。在基于规则的专家系统中，知识库和规则执行组件是核心模块，可针对特定场景进行精准分析决策；由于实际道路和自动驾驶车辆情况错综复杂，根本无法穷举，因此提出了基于因果推理的决策机制，如基于增强学习的决策框架，其目标是实现基于复杂场景的实时决策；行为预测是实现自动驾驶最具挑战性的课题之一,即基于道路基础设施和自动驾驶车辆,去理解并预测周围道路参与者的行为,其目标是实现超前决策。

控制层按照层级分为单车控制、协作控制和全域控制。单车控制主要实现的是加速、转向和制动控制。线控节气门(电子节气门)系统相对简单,由车身稳定控制系统(ESP)中的ECU来控制电动机,进而控制节气门的开合幅度,最终控制车速;线控转向系统是通过给助力电动机发送电信号指令,从而实现对转向系统进行控制;车辆制动系统经历了从真空液压制动(HPB)到电控和液压结合(EHB),再到新能源汽车阶段逐步转向纯电控制的机械制动(EMB)和更智能化的线控制动。协作控制主要实现的是多车协同控制。例如,主车在行驶过程中需要变道,将行驶意图发送给相关车道的其他车辆和路侧RSU,其他车辆进行加/减速动作或者由路侧基础设施根据主车请求统一协调,使得车辆能够顺利完成换道动作。全域控制主要实现的是对所有交通参与者的全路段、全天候、全场景的自主控制。

7.2 5G 时代的路侧设备

5G智能网联路侧基础设施如图7-2所示。它主要包括:①通信基础设施,如4G/5G蜂窝基站;②C-V2X专用通信基础设施,如多形态的RSU;③路侧智能设施,包括交通控制设施(交通信号灯、标志、标线、护栏等)智能化,以及在路侧部署的摄像头、毫米波雷达、激光雷达和各类环境感知设备;④MEC(多接入边缘计算/移动边缘计算)设备;⑤路侧气象设备;⑥路侧道路环境监测设备。

图 7-2 5G 智能网联路侧基础设施(见彩图)

7.2.1 通信基础设施

5G+B(北斗)+AICDE 技术的组合,服务于工业互联网、智能电网等 14 个垂直行业，实现了超过 100 种应用场景和超过 100 个标杆示范的应用落地。5G 时代将是各类高新技术百花齐放、各显神通的时代，5G 的建设势必会带来资源共享、合作共赢的新型生态。对于自动驾驶，需解决四个方面的问题：看得见（定位、避障）、听得着（决策、控制、执行）、讲得出（路径规划、行车方式）、有大脑（边缘计算）。5G 车路协同自动驾驶，就是充分利用 5G（高带宽、低时延、高可靠性、海量互联）、北斗（高精度定位、精细化导航、精准度授时）、V2X（人、车、路、网融合）等领域的优势，强强联手，互惠互利。早期的车路协同存在一定的局限性，例如过分强调车的能力而忽视交通领域的融合等，致使车路协同进展缓慢。在车联网领域，网联智能是未来车路协同的趋势，特别是在融入 5G 技术后，5G 车路协同成了新的方向。

截至 2019 年，我国共有 558 万个 4G 基站，而 5G 基站（图 7-3）建设会采取先城区再郊区、先热点再连片、先低频再高频、先室外再室内、先宏站再小微基站的模式，积极、稳妥地分布推进，初期大多数情况下强调对 4G 的依赖，以降低组网成本，

图 7-3　5G 基站

保证用户体验。除了宏站投资，5G 发展还涉及大量小微基站、光传输、核心网、多接入边缘计算等投入。截至 2021 年 2 月，我国已建设 80 万个 5G 基站，5G 用户超过 2 亿。预计中国 5G 投资周期为 10 年，总投资金额达 1.6 万亿。

7.2.2　C-V2X 专用通信基础设施

RSU（Road Side Unit）为 C-V2X 技术的路侧单元，是车路协同系统的重要组成部分，也是突破车路协同技术的关键。其主要功能是采集当前的道路状况、交通状况等信息，通过通信网络，将信息传递至指挥中心或路侧处理单元进行处理，并裁定相关信息通过网络传递到有相应信息请求的车载终端，避免或减少交通事故，提升交通通行效率。

C-V2X RSU 是部署在路侧的通信网关，解决的是感知层面的网联化。RSU 的基本功能包括业务功能、管理功能和安全功能。业务功能主要包括数据收发、协议转换、定位、时钟同步等。RSU 具有不同的产品形态：

1）基础版本支持 LTE-V2X PC5 通信能力，汇集路侧智能设施和道路交通参与者的信息，上传至云平台，并将消息广播给道路交通参与者。

2）RSU 还有 LTE Uu+LTE-V2X PC5 双模版本。

3）5G 时代到来后，RSU 产品形态将更加多样化，如 5G Uu+LTE-V2X PC5 版本、LTE-V2X PC5+5G NR-V2X PC5 版本、5G Uu+LTE-V2X PC5+5G NR-V2X PC5 版本。

4）交通部主推的 ETC 路侧设备、公安部主推的汽车电子标识路侧设备，甚至是交通信号灯都存在和 V2X 合一的产品形态。

5）RSU 产品形态除了丰富通信能力外，还有一种可能，就是向智能化 RSU 演进，即 RSU 上集成智能化边缘计算能力，除了网联化能力外，还将具备决策和控制能力。

2020 年 5 月，江苏省开始建设"公交优先"车联网（C-V2X）示范应用路段，即点对点（V2I）通过 LTE-V2X 专网支撑，蜂窝（V2N）通过 5G 网络或者已有的 4G 网络支撑。

7.2.3 路侧智能设施

路侧智能设施包括智能化交通控制设施（交通信号灯、标志、标线、护栏等）和摄像头、毫米波雷达、激光雷达以及各类环境感知设备。

1. 交通信号灯

交通信号灯信息可以通过信号灯控制中心平台传递到车联网云平台，再传递给 RSU，然后通过 RSU 广播给车载 OBU。但是，由于信号灯控制中心平台处于公安内网，需要跨越边界网关传递信息，存在十几秒的时延，无法及时向通过路口的车辆推送红绿灯信息。较好的方式是在每个路口，都由信号灯路口控制器分出一路信号给 RSU，直接由 RSU 广播给车载 OBU。

2. 多传感器融合

采用单一传感器存在诸多挑战，例如，摄像头没有深度信息、受外界条件影响大；毫米波雷达没有高度信息、行人探测效果弱（多适用于高速公路）；激光雷达距离有限（16 线约 100m、32 线约 200m）、角分辨率不足（识别小动物能力远弱于视觉方式）、环境敏感度高（受大雪、大雨、灰尘影响）等。因此，路侧可以考虑采取多传感器融合的方式，例如，大于 200m 采用毫米波雷达，200m 以内采用激光雷达+毫米波雷达，80m 以内采用摄像头+激光雷达+毫米波雷达。毫米波雷达和激光雷达实时采集环境信息，分析路面所有大机动车、小机动车、非机动车、行人等的位置、速度、角度和距离，判断障碍物的危险系数，有效提前预警；雷达和摄像头安装得越近越好，有利于激光雷达三维坐标标定到图像上，这样摄像头可以为雷达检测到的障碍物提供融合识别数据，并能提供障碍物真实的图像信息。例如车道线检测，先在摄像头图像中检测出车道线，然后再将激光雷达生成的点投射到图像上，找出落在车道线上的点在激光雷达坐标系中的坐标，通过这些坐标生成激光雷达坐标系中的车道线。

7.2.4 MEC 设备

5G 网络两大核心技术多接入边缘计算/移动边缘计算（Mobile Edge Computing，MEC）和网络切片（Network Slicing）将与车联网深度融合，为 C-V2X 提供灵活性高、鲁棒性强的网络能力。MEC 或者部署在路侧，或者由运营商部署在其主数据中心边缘（DC）和综合接入机房。

5G 车联网 MEC 需要具备多设备连接能力，接入 RSU、OBU、智能化交通控制设施（交通信号灯、标志、标线、护栏等）、摄像头、毫米波雷达、激光雷达、各类环境感知设备的信息,同时向上连接云平台;MEC 需要具备多传感器融合处理能力,如摄像头+激光雷达+毫米波雷达的融合分析算法;MEC 还需要具备 ITS 相关协议处理能力,例如,针对交叉路口防碰撞预警业务,在车辆经过交叉路口时,MEC 通过对车辆位置、速度及轨迹的分析与研判,分析出可能存在的碰撞风险,通过 RSU 传输到车辆 OBU,起到预警的目的。

MEC 与 C-V2X 融合可以支持多类车联网应用场景,由于接入 MEC 的终端类型不同其所能支持的场景也不完全统一。按照目前业界对于接入 MEC 终端类型以及 MEC 系统架构的理解,应用场景可按照"车路协同"水平以及"车辆间协同"水平这两个维度进行分类。当没有路侧智能化设备(如路侧雷达、摄像头、智能化红绿灯、智能化电子标志标识等)接入 MEC 时,部署在 MEC 上的边缘应用可通过 C-V2X 收集附近车辆和行人的数据信息,并提供低时延、高性能的服务;当路侧部署了智能化设备并接入 MEC 后,边缘应用可进一步借助路侧信息为车辆和行人提供更全面、更高级的应用服务。当没有车辆间协同时,边缘应用可为接入 MEC 的单个车辆提供特定服务;当多台车辆同时接入 MEC 并能产生数据交互时,边缘应用可基于多台车辆的状态信息,提供更智能的服务。面向 LTE-V2X 的 MEC 业务可基于灵活的网络架构实现,LTE-V2X 车载终端(OBU)、路侧单元(RSU)及摄像头、雷达等其他路侧智能化设备可灵活地选择通过各种接入方式接入 MEC 平台。同时,MEC 平台也可以灵活选择部署位置,例如路侧单元(RSU)后、演进的 B 节点(eNodeB)后等。此外,系统中可部署多级 MEC 平台,下级 MEC 平台可作为上级 MEC 平台的接入端。MEC 与 C-V2X 融合的总体架构如图 7-4 所示。

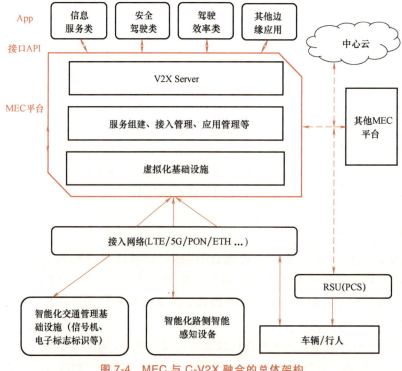

图 7-4　MEC 与 C-V2X 融合的总体架构

7.2.5 路侧气象设备

微气象监测系统是一种集气象数据采集、存储、传输和管理于一体的无人值守的气象采集系统。气象监测系统由气象传感器、气象数据采集仪和计算机气象软件三部分组成，可同时监测大气温度、大气湿度、风速、风向、气压、雨量、能见度等气象要素。

7.2.6 路侧道路环境监测设备

道路环境监测系统是一种集数据采集、存储、传输和管理于一体的无人值守的监测系统，由路面状况传感器、环境数据采集仪和通信模块等部分组成。该系统可监测实时路面状况，包括路面温度、湿滑程度、积水厚度、覆冰厚度、积雪厚度等。

7.3 提升设备覆盖率方法论

5G智能网联路侧设备的投资规模巨大，投资建设主体碎片化。提升5G智能网联路侧设备的覆盖率，需积极探索：①路侧设备的投资和运营模式，初期政府购买服务、长期数据开放和运营；②路侧设备的场景化应用模式，特定商用场景先行先试、重点关注高速公路方案/城市交叉路口方案/一体化智慧杆产品；③路侧设备的部署节奏，网的覆盖率和车的渗透率二者相辅相成。

7.3.1 投资和运营模式

车联网运营商需要整合所有合作伙伴的能力来保证业务的可靠性及安全性，从电信级的平台层面来保证数据传输的可靠性。降低成本要提高车联网络的复用能力以及公共信息的分享能力，这需要跨行业、跨领域的商业模式创新来驱动，甚至包括行业数据的交换标准的建设。为解决最终用户的隐私忧虑，车联网服务运营商必须通过设置严格的数据搜集授权和数据使用、分发权限来加以解除，并带动国内管理部门的相关法规及政策出台，从制度上解决问题。车联网服务的优先级设置要严格按照车辆用户的细分需求来把握，例如政府的应急救援指挥应用的优先级就要最高。所有这些需要考虑的因素构成了车联网运营商服务管理模式的决定因素。5G智能网联路侧设备，除了4G/5G蜂窝基站明确由运营商投资建设外，RSU、路侧智能设施、MEC涉及的投资规模巨大，投资建设主体碎片化。

截至2018年，中国高速公路里程14.26万km，国道里程36.30万km，省道里程37.22万km，农村公路里程403.97万km，城市道路超过40万km，50多万个城市路口。以每公里智能化改造费用100万保守测算，仅高速公路智能化改造投入即高达1400多亿元。如果需要覆盖全国高速公路和城市道路，基础建设投资预计在3000亿元以上。如此巨额的投资存在回报不确定、需承担法律安全责任风险等问题。到底由谁来投资，是考验产业发展的关键因素之一。

我国道路基础设施建设和运营主体具有多元特点。一般城市道路的智能化基础设施由公安交警负责建设和运营；国省干线、农村公路的智能化基础设施由交通局负责建设和运营；高速公路的智能化基础设施由省交投集团和各地市交投公司分别负责建设和运营，涉及高速交通违法的智能化基础设施由高速交警或委托交投集团采购。业主多元化直接造成了车联网路侧基础设施建设和运营主体碎片化的特点。

车联网存在几种不同类型的运营主体，包括政府独资或合资的企业、高速公路服务商、运营商、铁塔公司等。不同的运营主体均有各自的优劣势，但这几类运营主体都面临运营模式不清晰的挑战，即怎么从使用方收到钱。可能存在的方式包括运营主体向交管和交委提供相关的大数据分析服务，收取相关费用。以公安交警为例，其主要工作是保障交通安全和提升通行效率，因此对能够减少交通事故、提升交通运行效率的车联网是有需求的，就可以针对车联网提升城市道路交通通行效率进行服务收费。再以交通局为例，它需要保障营运车辆的运输安全，因此，对提升营运车辆安全性的车联网服务是有需求的。除此之外，运营主体还可以向车主收取智能网联接入服务费，向车企收取智能网联接入服务费，向行业客户收取智能网联接入服务费和大数据分析服务费等。从短周期看，车联网运营主体还需要依赖政府购买服务，才能获得发展空间。车联网商用模式示意图如图 7-5 所示。

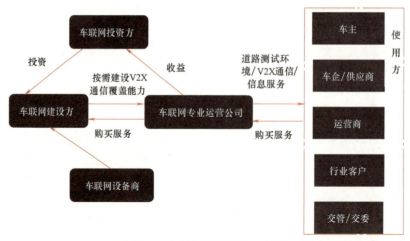

图 7-5　车联网商用模式示意图

车联网路侧基础设施覆盖率和车载终端渗透率的提升将产生大量路侧数据和车端数据。在理清数据所有权问题的基础上，在新的智能交通环境下，长期来看，探索数据开放和运营，建立面向智能网联汽车和智慧道路的一体化开放数据公共服务平台将成为大趋势。最终的目标是让车端和路侧产生的海量数据能够产生价值。一方面可以探索"数据+管理"模式，以交通信息共享服务为核心，连通道路基础设施，对交通环境信息做整合管控，建立统一的信息交换标准，消除交通信息孤岛；另一方面可以探索"数据+金融"模式，即拓展面向 C 端车主和 B 端行业客户带有支付能力的服务，这时候买单的主体不仅仅是车主和行业客户，各类金融机构也可以共同参与。例如，2019 年下半年呈现爆发式增长的 ETC 业务，各大银行和微信、支付宝均积极参与，如图 7-6 所示；再如，基于 ADAS（安全驾驶辅助系统）的 DMS（疲劳驾驶预警系统）获得了各保险机构的青睐。

图 7-6　各个银行推出 ETC 业务

7.3.2　场景化应用模式

要实现普遍意义的自动驾驶，将是一个长周期过程，可能需要二十年，甚至三十年的发展历程。但是从短周期看，针对特定商用场景的自动驾驶将很快出现。例如，出租车自动驾驶、公交车自动驾驶、物流车自动驾驶、特定封闭园区和社区自动驾驶、矿用货车自动驾驶、港口车辆自动驾驶等。从商业逻辑上看，车联网面临和自动驾驶同样的发展路径。也就是说，车联网首先解决和部署的将是特定商用场景。例如：

1）在特定区域部署车联网路侧基础设施，在特定出租车辆上部署车联网车载终端，实现在这些区域的自动驾驶出租车（Robo-taxi）业务。

2）在城市公交车专用道和公交站场部署车联网路侧基础设施，在公交车上部署车联网车载终端，可以实现公交车信息服务、交通安全、交通效率、自动驾驶等各类业务应用。

3）在某些高速公路路段部署车联网路侧基础设施，在物流卡车上部署车联网车载终端，可以实现物流卡车在这些路段的车辆编队行驶或者单车自动驾驶。

4）在特定封闭园区和社区部署车联网路侧基础设施，在专用末端物流车上部署车联网车载终端，可以实现园区和社区的低速自动驾驶物流配送业务。

5）和干线物流、Robo-taxi 等场景相比，矿山和港口道路相对更加封闭，场景相对简单、路线相对固定、不受公开道路交通法规限制。因此，在矿山和港口部署车联网路侧基础设施，在相关车辆上部署车联网车载终端，可以实现矿山和港口车辆自动驾驶和远程驾驶等业务。

从路侧基础设施产品和方案的角度看，需要重点关注高速公路方案、城市交叉路口方案和一体化智慧杆产品。

7.3.3　部署节奏

路网密度用于反映区域路网的地面覆盖率。道路网密度定义为：建成区内道路长度与建成区面积的比值（道路指有铺装的宽度为 3.5m 以上的路，不包括人行道板，计算公式为 L/S，单位为 km/km^2）。具体表现形式有面积密度（km/km^2）、人口密度（km/

万人)、车辆密度(百辆车拥有道路里程数)等。路网的覆盖率和车的渗透率决定了车联网的商用速度,二者相辅相成。对整体商用节奏预测的顺序如图 7-7 所示。

图 7-7　商用节奏预测顺序

1)首先在商用车型,如出租车、公交车、物流重型货车、矿用货车、港口车辆等,和部分乘用车型上部署 C-V2X 车载终端,实现 V2V 业务场景,如前向碰撞预警、盲区预警/变道辅助、车辆编队行驶等。

2)其次在特定商用场景先行先试,如特定出租车区域、城市公交车专用道和公交站场、某些高速公路路段、特定封闭园区和社区、矿山和港口等部署 C-V2X 和 5G 网络,实现 V2I 业务场景,如闯红灯预警、绿波车速引导等。

3)更进一步在高速公路和城市交叉路口等场景部署 C-V2X 和 5G 网络。随着路网的覆盖率达到一定程度,将带动车载终端安装渗透率的提升。

4)当车载安装渗透率达到 30% 临界值的时候,会进一步拉动路网的部署。

7.4　智慧高速合流区

智慧公路是一种基于实时交通信息来改变交通态势的交互式智能系统,主要依靠部署在人、车、路、环境中的传感器和执行器等信息交互处理组件,实现智慧设施、智慧决策、智慧管控、智慧服务等多种功能,是大数据时代的高速公路新形态。它基于智慧理念,运用物联网、云计算等先进技术,通过对高速公路核心系统各项关键信息的感知、分析和挖掘,响应高速公路使用者和管理者的各类需求,从而实现高速公路的健康、和谐、可持续发展。智慧公路诞生于 20 世纪 60 年代,美国提出自动公路系统(AHS),其目的是为了实现未来道路交通系统的安全、高效、环保和舒适。多年来,智慧公路的研究积累对于公路智慧化的发展和推进做出了重要贡献。在新一轮的人工智能发展背景下,智慧公路的发展对象已从早期的概念设计、通信技术、智能车辆-公路系统转向了车路协同及自动驾驶等方面,利用仿真模拟、网络设施、多智能体、自适应巡航等先进技术手段,提升公路的通行能力,改善交通的运行状态,减少交通拥堵和交通事故,从而实现道路交通的安全性和灵活性,提高公路交通流的稳定性和整体性能。

智慧公路研究现已成为当前智能交通系统研究的热点。然而对于合流区自主车辆冲突解脱过程尚存较多不足,并且会导致一定的安全隐患。因此,需要建立合流区车辆通过交互规则与逻辑,协调合流区车辆通过调节方式,对于提高合流区车辆通过的安全性和智能性具有重要意义。目前,关于智慧公路在高速公路入口匝道自主车辆合流方面的研究以意图估计、在线协调、优先级控制等方面为主,以解决自主车辆在通过合流区过程中的效率性、经济性及均匀性等问题。

7.4.1 合流区车辆控制设计框架

智慧高速公路合流区协调控制设计组成主要包括控制区域、协调中心和合流区域三个部分,如图 7-8 所示。

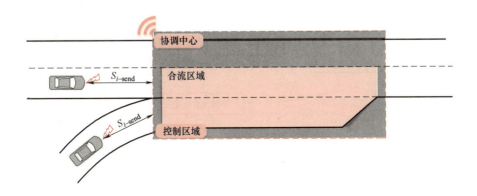

图 7-8 智慧高速公路合流区设计组成示意

自主车辆 i 通过合流区的全过程主要包括:①车辆在距控制区域 $S_{i\text{-send}}$ 处时,即刻向合流区发送通过请求;②协调中心考虑合流区内车辆冲突风险,协调合流区所有通过请求,确定并反馈各车辆的行驶状态调整计划;③车辆接收调整计划后,按计划通过合流区。

自主车辆通过合流区时,要求车辆在进入控制区域前仅能与合流区通信一次,且车辆一旦确定了调节方式,将不再发生改变。其中,协调中心处理合流区内所有车辆通过请求确定车辆行驶状态是智慧高速公路合流区车辆冲突避险设计的关键。研究拟建立如图 7-9 所示的协调规则和逻辑,先后根据车辆时间需求强度、车辆类型及自主车辆行为调整意图判定冲突行驶车辆的冲突解脱顺序,确定冲突解脱顺序排列靠前的车辆保持原有行驶状态不变,然后根据自主车辆调整意图及解脱排列顺序靠前的行驶状态和趋势确定冲突解脱顺序排列靠后车辆的调节方式。若两行驶车辆的时间需求强度、车辆类型均相同,协调中心则对车辆调整意图进行提取,利用合作博弈理论对车辆的调整方式提出决策方案。

7.4.2 自主车辆意图协调过程

合作博弈理论被广泛用于解决最大化某方利益或整体利益的实际问题研究,其求解方法主要包括占优解法和以 Shapley 值为代表的估值解法。在实际应用中,占优解法由于其本身的缺陷而使用较少;而 Shapley 值由于其唯一性、计算方法的规范性、分配方式的合理性等原因,因此被广泛应用。

选取 Shapley 值作为本次合作博弈的主要理论过程,其总代价函数的表达式为

$$c(x_1,x_2,\cdots,x_n)=(\alpha_1 x_1+\alpha_2 x_2+\cdots+\alpha_N x_n)(1+e^{-0.2(x_1+x_2+\cdots+x_n)}) \quad (7\text{-}1)$$

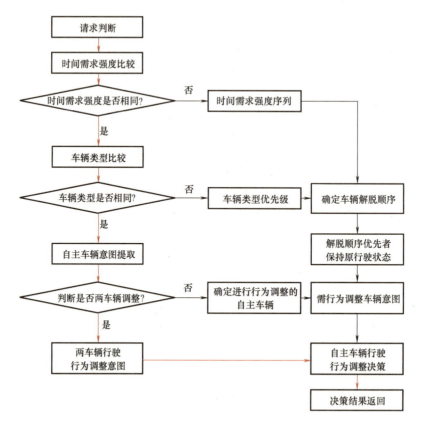

图 7-9 协调规则和逻辑

式中，c 为系统所需支付的总代价；x_1，x_2，$\cdots$，x_n 表示系统 n 个参与者的支付代价；α 指各参与者的支付代价；$(1+e^{-0.2x})$ 为 Shapley 值的合作博弈因子。

在所有参与者的排列集合为均匀分布的情况下，Shapley 值把期望的边际贡献分配给博弈中的每一个参与者。

$$\Delta c_{(x_1,x_2,\cdots,x_n)} = \alpha_m x_m (1+e^{-0.2(x_m)}) - \frac{c}{n}, (m=1,2,\cdots,n) \tag{7-2}$$

其中，$\Delta c_{(x_1,x_2,\cdots,x_n)}$ 指各参与者的联盟贡献值。

以合作博弈理论中 Shapley 模型为基础，将自主车辆意图融入虚拟成本总函数中作为各支付成本的支付系数，利用车辆当前位置距离潜在冲突点的长度及各自行驶速度确定车辆进行行为调整时所需支付的虚拟成本。在虚拟成本总函数方程的基础上计算各联盟组合的总成本，确定最小联盟支付成本，并确定最小联盟支付成本所对应的调整方案。若车辆均需要行驶行为调整，协调中心将比较各车辆在该调整方案中的贡献程度，令贡献程度较小的车辆优先确定调节方式，另一车辆随之确定调节方式。若只需其中单个车辆进行行驶行为调整，则按照协调规则和逻辑中的步骤进行即可。整个自主车辆调整意图协调过程如图 7-10 所示。

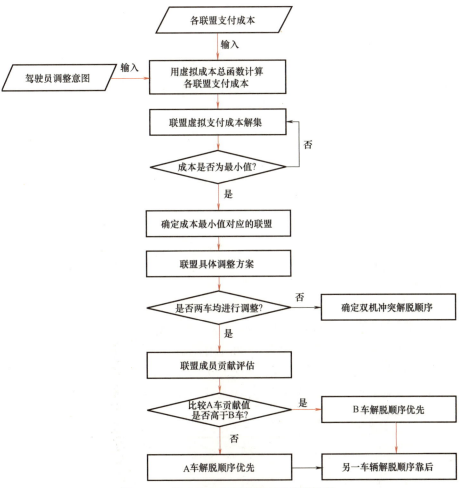

图 7-10　整个自主车辆调整意图协调过程

第8章

智能车路协同系统

8.1 车路协同系统简介

车路协同系统（Cooperative Vehicle Infrastructure System，CVIS）：基于无线通信、传感探测等技术进行车路信息获取，通过车车、车路信息交互和共享，以实现车辆和基础设施之间智能协同与配合，从而达到优化利用系统资源、提高道路交通安全、缓解交通拥堵的目标。

车路协同是人、道路、车辆和技术的有效集成，以实现车辆和车辆、车辆和道路、人和车辆以及车辆和网络之间的实时数据交互，帮助出行者和车辆选择更好的出行方案，全面实现人、车、路的有效协同，并在全时空动态交通信息采集与融合的基础上开展车辆主动安全控制和道路协同管理，以充分实现人、车、路的有效协同管控，确保交通安全，提高交通效率，形成安全、快速、高效、环保的道路交通体系。车路协同系统体系架构如图8-1所示。

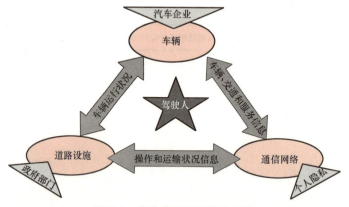

图8-1 车路协同系统体系架构

智能车路协同系统综合应用信息、通信、传感网络、新一代互联网、可信计算和计算仿真等领域的新技术，实现车辆与道路设施的智能化和信息共享，保证交通安全，提高通行效率。智能车路协同系统通过提高车辆控制智能化水平以及人、车、路与交通环境之间的信息交互能力，实现车辆自主驾驶以及列队控制，通过提高车速、减少自治车队行驶过程中的车间距离，将道路交通流调整到最佳状态，提高路网通行能力和道路安全。其相关研究领域涉及先进的车辆控制和安全系统、车队协同驾驶系统结构、车车通信技术、车队协作策略以及相关交通仿真与试验技术等方面。智能车路协同系统结构如

图 8-2 所示。

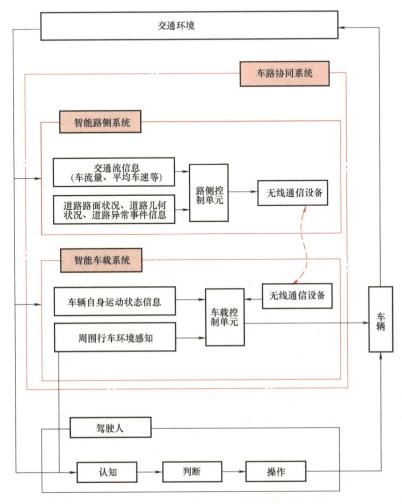

图 8-2 智能车路协同系统结构

智能车路协同系统集成了车辆、道路、信息等领域的前沿技术，是智能交通和智能车辆领域的研究热点。该系统包括智能车辆技术（车辆精准定位与高可靠通信技术、车辆行驶安全状态及环境感知技术、车载一体化系统集成技术）、智能路侧系统关键技术（多通道交通信息采集技术、多通道路面状态信息采集技术、路侧设备一体化集成技术）、车路/车车协同信息交互技术以及车路协同系统集成与仿真测试技术等。

我国对车路协同技术的研究是基于交通发展战略的需要，着眼于提高道路安全和运输效率，同时还考虑了节能环保。通过对车路协同系统关键技术的研究，实现了智能车道协同系统的创建和车路协同控制，提高了行车效率，确保了行车安全。美国车路协同系统通过信息和通信技术实现汽车与道路设施的整合，并以道路设施为基础，实现动态路线规划和驾驶指导，从而提高安全性和效率。欧盟对车路协同技术的研究方法是充分利用先进的信息和通信技术，加快安全系统的开发和集成应用，并为道路交通提供全面的安全解决方案。

8.2 车路协同系统的功能和架构

8.2.1 车路协同系统的功能

对于交通流的研究目的在于缓解交通压力，解决城市频繁出现的交通拥堵现象。目前，主要应用的方法有交通控制和交通诱导。这两种方法都需要对城市道路交通信息进行实时的采集、准确的预测和有效的发布；或者说，只有建立了完善的交通信息服务系统，才能使交通控制和交通诱导得以充分发挥。

近年来，随着无线通信技术的发展，国内外学者开始逐步将传感器网络技术应用于交通系统，探讨移动环境下动态全时空交通信息的采集、融合、分析及交通控制和诱导技术，车路协同系统应运而生。车路协同技术改变了传统的交通信息采集和交通控制方法，已经成为当今国际智能交通领域研究的技术热点和前沿，主要发达国家和地区都在致力于建立基于车路协作的智能人-车-路协调系统，以实现更高效、安全和环保的目标。

车路协同系统的定义就是基于无线通信、传感探测等技术进行车路信息的获取，通过车车、车路信息交互和共享，实现车辆和基础设施之间智能协同与配合，达到优化利用系统资源、提高道路交通安全、缓解交通拥堵的目标。当交通流理论基于车路协同来研究，其研究将进入新的层面，并且真正进入智能化交通的研究层面，将为人们的出行安全及交通安全带来前所未有的进步。车路协同系统的基本目标是确保在任何时刻、任何路段都能实时感知到车路情况，确保在任何条件下都能提供必要的信息和便捷优质的交通综合服务，确保整体路网能够协调、畅通、安全、高效，最大限度地减少交通事故和交通拥堵的发生，从而达到提高道路通行能力的目的。为此，车路协同系统的主要功能应该包括以下内容。

(1) **感知车辆、环境和道路信息** 实时感知车辆运行状态及驾驶行为，实时感知车外道路上其他运行的车辆、行人或周边的静止物体等信息，实时感知和准确采集全路网的车辆位置、速度、行程时间和交通流信息，实时感知或检测道路沿线的冰雪雨雾冻等气象与路况信息。

(2) **交通数据的传输** 车与车、车与路侧设备之间的短距离通信及数据传输，将采集到的交通数据或车载计算机处理后的交通异常信息实时、可靠地传送给交通监控中心，或将交通控制方案下传到控制设备，实现车路与监控中心之间的远距离数据传输。

(3) **数据处理与智能决策** 对上传后的海量交通数据应能够实现快速、精确的分析与综合数据处理；根据上传的气象、交通数据，分析各路段和区域路网的交通状态，为制定科学合理的管理决策提供依据；根据车辆对车况、路况的感知信息，分析单车工况和运行状态，提供个性化服务和安全行驶服务。

(4) **交通状态显示和交通异常预警或报警** 在监控中心，实时分析和判定全路网各监测路段上所发生的交通异常或发现潜在的交通异常现象，及时发出预警或报警提示,并在电子地图上显示有关目标和采取的管制方案;实时监控路网中特定车辆的行驶轨迹或判定其违章行为,及时发出预警信息。

(5) **信号控制与信息发布** 根据检测到的道路交通异常状况,及时启动控制预案,能够面向路网中的特定车辆实时发布有针对性的预警信息,规避不安全的交通隐患;面向特种车辆发布实时引导信息,指引其快速通行;面向路段或路网中的群体车辆实时发布道路交通信息、路况信息和交通控制与诱导信息。

8.2.2 车路协同系统的系统架构

1. 系统的物理架构

车路协同系统总体上由车载感知子系统、路侧感知子系统、数据传输子系统、数据处理及预警子系统、交通控制与信息发布子系统五部分组成。该系统的物理构架如图8-3所示。

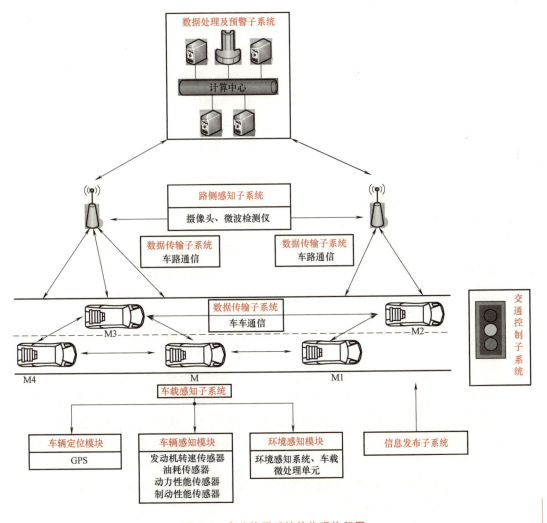

图8-3 车路协同系统的物理构架图

（1）**车载感知子系统**　车载感知子系统是由安装在车辆上的各种车载传感器、车载摄像头和雷达、GPS卫星定位装置以及车载微处理单元等组成。该子系统又分为车辆感知模块、环境感知模块和车辆定位模块三部分。

车辆感知模块主要通过各种车载传感器实现对车辆自身发动机转速、油耗、动力性能、制动性能等一系列动态运行参数的采集，从而感知车辆自身的运行状态。车辆感知模块具有两大功用：第一，在车辆运行过程中，它会实时向驾驶人显示或报告车辆运转的工作状况，一旦出现车辆运转异常状况，系统会及时发出预警或报警信息，提醒驾驶人密切注意车辆自身的运转情况并采取应急措施；第二，车辆感知模块也可以通过车载通信模块及车联网的其他通信设施，实现监控中心对车辆各种工况的远程监测，并提供定期的维护与保养服务信息。

环境感知模块主要用于感知车辆在运行过程中的道路交通信息及路况信息，以确保行车的安全性和高效性；还可以通过车与车之间的相互感知，在较高的行驶速度下及在一定的距离范围内，及时对前后及周边的车辆进行识别、车速与车距判定，相互接收并发送部分周边交通环境信息，并由车载微处理单元根据这些信息做出简单的处理，将"决策"后的信息提供给驾驶人，作为建议性参考。

车辆定位模块主要用于实现对车辆运行位置、行车时间、行驶速度等数据的采集。车载接收机所获得的车辆位置与速度等数据，一方面，直接经由车载计算机处理后，实现单车运行状态的监测，一旦发生单车交通异常，即刻通过GPRS将车辆运行异常信息及时传输给交通监控中心；另一方面，将采集的数据不经车载计算机处理，按一定的时间间隔，以同样的GPRS方式传输给交通监控中心，由监控中心进行全路网或各路段的宏观交通流监控和单车监控。

此外，车载感知子系统还具有监测驾驶人行为等功能。

（2）**路侧感知子系统**　路侧感知子系统是由安装在道路上的微波、视频检测器等组成。其主要通过各种道路交通检测器采集交通流量、速度、占有率、车头时距等交通流参数数据及车辆运行状况信息，也可以采集车辆的行程时间、行程速度等交通参数数据。其主要功能是通过获取道路上的交通流信息，实现对交通流的宏观监控。

（3）**数据传输子系统**　车载通信模块、路侧通信模块、移动通信基站以及其他通信设施共同组成了数据传输子系统，用于实现短距离无线通信及远距离有线或无线通信与数据传输。

车载通信模块主要用于车车通信和车路短距离通信与数据交换。

路侧通信模块则主要用于车路、路路间的信息通信以及与基站间的数据传输。通过车车通信可以将前车行驶状态的突变信息实时传送给后车，提醒后面的跟驰车辆及时减速并保持安全距离。通过车路通信可建立车辆与路侧设备之间的联系。首先，便于实现车辆对前方道路交通与环境路况等信息的实时获知，即车辆能及时接收到路侧设备发送的前方路况信息；其次，能够将车辆自身感知的交通环境信息有选择性地反馈给路侧设备。通过路路通信可以实现将前方的交通与路况信息逐个向后方的路侧通信模块传递，继而显示在路侧信息发布装置上或传输给后方的其他车辆。通过路侧设备与基站间的通信,或车辆与基站间的直接通信,可将道路交通及路况信息上传至监控中心,或把监控中心的控制和诱导指令下传给路侧设备或道路上的行驶车辆。

移动通信基站是无线通信网络中的重要节点,其主要功能就是接收与发送无线信号,以及将无线信号转换成易于传输的光/电信号。它既可以接收车载通信模块或路侧通信模块的信号,将其传输给监控中心,也可以将监控中心传来的信号发送给路侧通信模块或车载通信模块,从而建立前端与中心之间的通信联系与数据交换。

(4) **数据处理及预警子系统** 在交通管理中心,各种信息处理设备及显示、报警装置等组成了数据处理和预警子系统。该子系统分为数据处理模块、预警和报警模块。

数据处理模块主要用于海量交通数据的处理,通过云计算,综合分析交通与空间、气象与道路等信息以及与GIS(地理信息系统)匹配等,及时发现道路上的交通异常或潜在的交通危险,实现对道路交通状态的实时监测;通过对区域交通数据的综合分析,提出科学合理的交通组织与优化对策,实现对全路网交通的有效组织与疏导;通过对单个车辆运行轨迹和运行参数的分析,实现对个别违章车辆的预警或交通事故车辆的报警;通过对特定车辆监视及行驶参数的分析,实现最优路径的诱导;通过对气象条件与道路路况信息的综合分析,实现对道路路况条件与恶劣气象条件的提前预警;通过对交通数据的存储、管理、编辑、检索、查询和分析等综合应用,实现各子系统间的信息协同、数据共享与互通,提高交通信息的综合利用度。

预警与报警模块主要用于对道路交通异常状态、单车运行异常状况、恶劣天气与路况异常变化等情况提前预警和实时报警,以便最大限度地减少交通异常所造成的损失。交通监控中心可根据监测目标数目的多少采用单屏多窗口或者多屏幕显示方式,分别监测不同的目标和区域。一旦发现或预测到可能发生的交通异常或交通危险,则以声光报警方式发出预报或报警信息,并锁定和显示报警目标,提示中心工作人员及时处理警情。

(5) **交通控制与信息发布子系统** 交通控制与信息发布子系统是由安装在道路沿线的信号控制装置、可变信息板、路侧广播以及车载信息提示与发布装置等组成。该子系统能够通过通信装置自动接收来自监控中心的交通控制信息,实现对道路上车辆的交通信号实时控制;也可接收来自监控中心的各种预警、报警信息或交通诱导信息,实现对特定路段或特定区域的各种预警、报警和交通诱导信息的发布。信息发布的对象可以是该路段或区域内的群体车辆,也可以是指定车辆;信息发布的途径可以通过路侧各种信息发布装置,也可以直接传送到车载信息发布装置上。

上述五个子系统紧密联系,相互协调,将人、车、路、环境和谐统一,从而实现车路协同系统的总体目标与功能。

2. **系统的逻辑架构**

车路协同系统在逻辑上就是各个模块之间进行数据的交互,以达到数据的实时监测和共享。该系统的逻辑构架如图8-4所示。该图表明了该系统的主要功能、技术手段、各模块之间的信息交换方式及数据流方向。

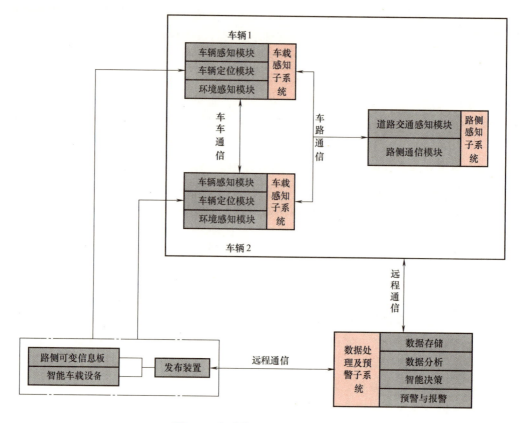

图 8-4 车路协同系统的逻辑构架

8.3 车路协同关键技术分析

通过联合交通中不同的终端、网络、技术及服务，协同安排后使整体的功能优于每个组成部分的功能之和，让它们合作产生独立运作时并不具备的能力，这就是协同机理。通过协同技术，系统功能将大于各个组成部分的总和，能够发挥出异构终端或网络融合后的强大能力。随着国民经济的高速发展和城市化进程的加快，我国机动车拥有量急剧增加，人们对交通服务的需求量也不断上升，单一技术无法满足用户的所有需求。因此，需要通过协同技术来综合调度交通中的各项资源，使用户收获更好的服务体验。

车路协同系统的研究主要包含以下两方面的内容：一是单一交通网络内部不同的车载终端、网络、服务器等之间的协同，以增强交通管理系统的性能，并提供优质的服务；另一内容则是指异构车载网络之间的协同，使其拥有异构交通网络的无缝对接和个性化用户体验。基于协同机理的交通系统的目标是联合现有车载网终端和数据，防止出现交通网络信息孤岛，将所有节点有效地协调集成在一起，形成一个完整的智能车载信息系统，从而使得信息在不同车载终端间共享。通过建立协同的智能交通环境，改善信息交流的方式，减少或消除时间或空间上被分隔的问题，从而提高交通终端群体工作的效率。

协同系统必须正确地实现协作机制才能够支持协作活动。合作机制是交互式终端的协议，可以完成分配资源和并发进程处理等任务。设计协同机制要考虑的因素比较多，其中需要优先考虑的是：体现用户需求的差异性，响应实时、高速、准确，处理合作过程中的意外事件，整合各要素成统一的有机体。

车路协同的主要目的可分为图 8-5 所示的两个方面。

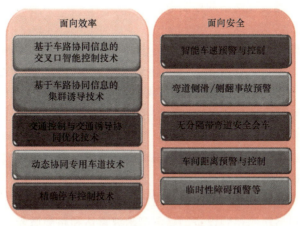

图 8-5　车车/车路控制技术

车路协同系统涉及多方面、多层次、多领域的技术。下面从应用的角度重点分析车路协同关键技术。

8.3.1　智能感知技术

智能感知技术分为智能车载感知技术和智能路侧感知技术。

1. 智能车载感知技术

智能车载感知技术包括车辆运动状态感知技术、车辆定位信息感知技术和行车环境信息感知技术等。

车辆运动状态感知技术主要表现在两个方面：一是利用各种加装的独立的传感器获取车辆的发动机转速、油耗、车速、加速度、爬坡能力、转向角等车辆的运动状态和工作状态数据；二是通过 CAN 总线读取车辆中各种车载传感器的有关工作状态的信息和数据。

车辆定位信息感知技术包括绝对定位信息感知和相对定位信息感知。对于较高精度的车辆绝对定位信息，可以利用 GPS 及其差分基站以及加装在车辆上的陀螺仪、转向盘转角传感器、加速度传感器等设备与技术联合获取，并与 GIS-T 相匹配，确定车辆在道路上的准确位置，进而为车辆安全预警和控制、交通分析与诱导提供基础数据。对于精确的车辆相对定位信息，主要通过车载传感器进行检测，一类是距离传感器，如激光、雷达、声呐传感器等，用于测量车与车之间的距离和车与障碍物之间的距离；另一类是视觉传感器，主要用于车辆在车道上的位置识别。

行车环境信息感知技术主要用于道路线形、行人及非机动车、路面状态等信息的感知。道路线形感知可以利用具有详细线形信息的 GIS-T 查询获得，也可利用模式识别技术通过车载设备实现线形的在线识别。

此外,通过射频识别系统(RFID)可以实现对车辆的自动识别和远程监控。RFID 是利用感应、无线电波或微波进行非接触双向通信,从而实现特征识别及数据交换的自动识别技术。利用 RFID 可对车辆及道路环境进行基础交通信息采集,同时接收网络传送来的控制信息,完成相应的执行动作。通过 RFID 可以实现对车辆的感知功能,既可向网络上传信息,又能接收网络的控制命令。

2. 智能路侧感知技术

路侧感知技术即交通信息采集技术。传统的交通信息采集技术有固定型采集技术和移动型采集技术。固定型采集技术又包括磁频采集技术、波频采集技术、视频采集技术;移动型采集技术包括基于 GPS 的交通数据采集技术、基于电子标签的交通数据采集技术和基于汽车牌照自动识别的交通数据采集技术。然而,随着车路协同技术的不断发展,交通信息采集技术将发生质的变化。首先,可以利用路侧设备和车路通信技术实现对路网中车辆信息的采集,从而实时获得道路上的交通信息;其次,所采集到交通信息又可以通过车路通信和车车通信及时地传递给附近的车辆;最后,通过路侧设备和通信装置可有效地实现路段或路网的区域交通组织与优化。

路侧感知设备包括路侧视频设备、路侧毫米波雷达和路侧激光雷达等。

(1) **路侧视频设备**　此类设备包括高清摄像机、枪形摄像机、全景摄像机、视频雷达一体机等。其中,高清摄像机可完成目标检测功能,具有检测数据封装和发送功能,主要由智能摄像头、终端服务器、外场工业交换机、光纤收发器、开关电源、防雷器等设备组成;枪形摄像机被广泛应用于城市道路监控,实现混行车道场景全目标的属性识别和捕获;全景摄像机可同时提供全景与特写画面,兼顾全景与细节,实现区域入侵、越界等行为的检测功能;视频雷达一体机可以实现动态跟踪和采集车辆、行人数据。

(2) **路侧毫米波雷达**　对道路上行驶的车辆、行人、动物、抛洒物体进行实时跟踪与定位检测,并及时将所感知的路况信息、交通状态信息、车辆实时信息分析汇总后通过车路协同通信设备与道路上行驶的车辆进行数据交互,来满足车辆实现全速智能驾驶的定位要求。

(3) **路侧激光雷达**　通过路侧激光雷达对道路的完整扫描,可以得到基于点云数据的道路动态环境 4D 重建,将道路信息,包括车辆、行人、非机动车及其他物体全部纳入到 V2X 的数据网络,再利用 RSU 向周边或者更远距离接近的车辆进行广播,为解决智能网联汽车的超远视距和非视距信息感知提供有力支撑。

8.3.2　车路协同通信技术

车路协同系统需要多种通信技术的支持实现其短距离通信和远程通信,如图 8-6 所示。

根据系统功能的需求,车路协同系统主要采用有如下三种通信技术。

1. WiFi 及 WiFi Direct 技术

WiFi 技术是基于 IEEE 802.11 的无线局域网通信技术,具有易用性、便捷性特点。

图 8-6 车路协同通信技术

WiFi 使用 2.4GHz/5GHz 的 ISM 公用频段，原始标准于 1997 年提出。WiFi 工作方式一般为 AP（Access Point，接入点）-Client 方式和 Ad-hoc 方式。AP-Client 方式适用于 V2I 通信，Ad-hoc 反式适用于 V2V 通信。2010 年，WiFi 联盟推出了 WiFi Direct 技术，允许 WiFi 设备间无须通过 AP 直接连接，从而丰富了 WiFi 在个域网的应用。从 Android 4.0 开始，终端操作系统即开始支持 WiFi Direct。使用 WiFi Direct 作为车路协同通信技术可以不需要额外的 OBU。

2. Zig Bee 技术

Zig Bee 技术是基一种于 IEEE 802.15.4 的无线通信技术，具备低速率、低功耗、组网方便、网络容量大等特点，在无线传感网络得到了广泛应用。Zig Bee 工作频段为 868/915MHz 和 2.4GHz，最高速率 250kbit/s。Zig Bee 的速率远低于 WiFi 等其他无线通信技术，但 Zig Bee 的建立连接时间一般仅为 30ms，在 350m 范围内丢包率小于 15%，在小于 70km/h 的速度下丢包率基本不受车速影响。在模拟的车辆信息收集和碰撞预警两种应用场景下，在 2Hz 的数据发送频率下，同网络可容纳 200 个设备。

3. 专用短距通信（Dedicated Short Range Communications，DSRC）技术

1999 年，美国开始将 5.9GHz 频段的 75MHz 谱分配用于智能交通服务，后来形成了基于 IEEE 802.11p 和 IEEE 1609 的完整通信架构。DSRC 标准统一后，形成了 OCB（Outside of the Context of BSS，脱离基本服务集）的工作方式，即不需要建立以 AP 为中心的服务集，无须连接和认证过程，并且定义了多信道协同工作。DSRC 的通信特点是视距传输，最大通信距离可达 1km。

4. 移动通信网络技术

移动通信网络的发展经历了 GSM（2G）、GPRS（2.5G）、EDGE（2.75G）、UMTS（3G）、HSDPA（3.5G）、LTE（4G）、NR（5G）。3G 包括之前的几代通信技术还不适用于车路协同当中；4G 通信的标准则提供了极大的通信容量，在高速移动的环境下仍

智能网联汽车与交通

然可以达到 50Mbit/s 的上行速率和 100Mbit/s 的下行速率，并且能在 500km/h 的相对速度下正常通信；5G 继承了 4G 的通信机制，同时又提升了网络的可靠性和低时延。

8.3.3 智能信息处理技术

车路协同系统的重要任务之一是对海量的感知信息进行汇总、共享和分析，并依据处理结果进行智能决策。然而，当今许多信息处理技术已经不能满足对大容量信息处理的需求，于是云计算应运而生。云计算（Cloud Computing）是一种分布式计算技术，其基本工作流程为：通过网络将庞大的需要分析处理的程序自动拆分成无数个较小的子程序，再经众多服务器所组成的庞大系统搜寻、计算分析，最后将处理结果返回给用户。云计算借助高速网络将各种计算能力联结起来，为交通信息提供了几乎无上限的可伸缩的计算能力。

云计算在车路协同系统中主要用于分析计算道路交通状态、大规模车辆诱导策略、智能交通调度等。云计算的应用，一方面可以实现业务的快速部署，在短期内为交通用户提供系统的 Telematics 服务；另一方面，平台具有的强大运算能力、最新实时数据和广泛的服务支持，能够对综合交通服务起到强大的支撑作用，例如基于云计算的"云导航"可以实现"实时智能导航"。云平台则可以根据用户的需求及道路交通的实际情况、异常交通因素等，进行大范围交通数据的分析、计算与规划，从而实现宏观区域的交通组织与优化，并通过服务整合为路网中车载终端提供更丰富、更富有价值的综合交通服务等。

多传感器信息融合也是车路协同系统关键技术之一。信息融合是利用计算机技术将来自多个传感器或多源的观测信息进行分析、综合处理，从而得出决策和任务所需信息的处理过程。信息融合的基本原理是：充分利用传感器资源，通过对各种传感器及人工观测信息的合理支配与使用，将各种传感器在空间和时间上的互补与冗余信息依据某种优化准则或算法组合起来，产生对观测对象的一致性解释和描述。车路协同系统需要处理大量的源自路网的各种车载感知信息和路侧感知信息，运用数据融合技术对其进行数据级融合、特征级融合以及决策级融合，有利于通过对信息的优化和组合获得更多的有效信息。

8.3.4 智能车载系统技术

智能车载系统技术主要包括车辆精准定位与高可靠通信技术、车辆行驶安全状态及环境感知技术、车载一体化系统集成技术。

1. 车辆精准定位与高可靠通信技术

基于 GPS、激光、雷达、图像数据、传感器网络等多种手段的环境感知技术，以及高精度多模式车载组合定位、惯性导航和航迹推算、高精度地图及其匹配等技术，实现车辆的无缝全天候高可信精准定位，将是车辆精准定位技术发展的主流方向。多信道多收发器通信技术、基于自组织网络和双向数据通信技术、WLAN 通信技术、RFID、DSRC、WiFi、1X 等无线传输技术，以及高可靠车载通信技术，实现车路/车车之间稳定有效的数据实时通信与传输是智能汽车发展的必然趋势。

2. 车辆行驶安全状态及环境感知技术

车辆行驶安全状态及环境感知技术包括车辆制动、转向、侧倾等自身运行安全状态参数的实时获取和传输技术，驾驶人危险行为的在线监测技术，基于多传感器的行驶环境（其他车辆信息、障碍物检测等）检测技术。实时监测、获取与感知复杂路况下车辆危险状态信息、驾驶行为和行驶环境状态，从而能更有效地评估潜在危险并优化智能车载信息终端的功能。

3. 车载一体化系统集成技术

车载一体化系统集成技术包括基于本车传感器、临近车以及路侧或控制中心的多种数据的处理和融合技术，基于车载一体化终端和车辆总线的信息通信和数据共享技术等。

8.3.5 智能路侧系统技术

智能路侧系统旨在利用道路设置的各种监测系统，向驾驶人提供道路状况、路面状况、交通堵塞情况、行程时间等信息，如图8-7所示。

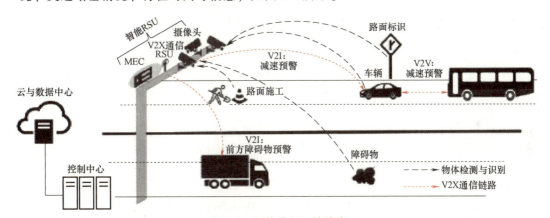

图 8-7 智能路侧系统技术

1. 多通道路面状态信息采集技术

路面状态良好是保证车辆安全运行的基础条件之一。路面状态需要采集的信息主要包括：道路路面状况（积水、结冰、积雪等）、道路几何状况（车道宽度、曲率、坡度等）、道路异常事件信息（违章车辆、发生会车、碰撞事故、非法占有车道的障碍物）等。单一的传感器无法满足多通道路面状态信息实时采集的要求，必须通过融合多传感器信息，如雷达、超声波、计算机视觉以及无线传感器网络等，在车辆间、车路间进行信息交换，才能实现多通道路面状况信息的实时采集。

2. 路侧设备一体化集成技术

实现路侧设备无线通信和数据管理一体化功能，智能道路基础设施涉及路况信息感知装置、道路标识电子化装置、基于道路的各种车路协调装置和信息传送终端。

3. 多通道交通信息采集技术

主要采集的动态交通信息包括车流量、平均车速、车辆定位、行程时间等。采用的采集方式有感应线圈检测、微波检测、红外线检测、视频检测，以及基于GPS定位的采集技术、基于蜂窝网络的采集技术、基于 RFID 的采集技术等。

8.4 车路协同技术应用

8.4.1 交叉口车路协同技术应用

交叉口车路协同技术示意图如图 8-8 所示。

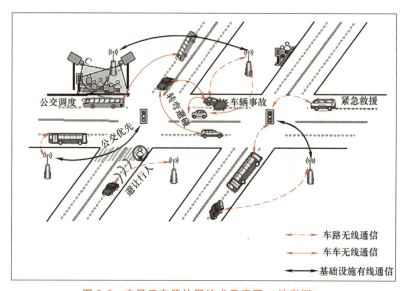

图 8-8 交叉口车路协同技术示意图（见彩图）

车路协同技术在交叉口的应用主要有以下几个方面。

1）交通信号信息发布系统通过车路通信，向接近交叉口的车辆发布信号相位和配时信息，判断在剩余绿灯时间内是否能安全通过交叉。

2）提醒驾驶人不要危险驾驶（如闯红灯），并协助驾驶人做出正确判断，避免车辆陷入交叉口的"两难区"，防止信号交叉口的直角碰撞（Right Angle）事故。

3）盲点区域图像提供系统通过车路通信，向交叉口准备转弯或者准备在停止标志前停车的车辆提供盲点区域的图像信息。

4）防止由转弯车辆视距不足引起的事故和无信号交叉口的碰撞事故。过街行人检测系统通过车路通信，向接近交叉口的车辆发布人行道及其周围的行人、自行车的位置信息，防止机动车和非机动车之间的事故。

5）交叉口通行车辆启停信息服务通过车车通信，前车把启动信息及时传递给后车，减少后车起步等待时间，从而提升交叉口的通行能力。

6）在同向行驶中，前车把紧急制动信息快速传递给后车，避免追尾事故的发生。

7）先进的紧急救援体系在车辆发生故障或交通事故时，会自动向急救中心及管理机构发出有关事故地点、性质和严重程度等求助信息，通过车路通信调度信号灯优先控制，让急救车辆先行，及时救援受伤人员。

第8章 智能车路协同系统

★车路协同行人"鬼探头"预警系统

随着出行需求量的爆发式增长,公路基础设施资源难以满足公众出行需求,交通事故频发,其中相当一部分的交通事故是由于交通盲区造成的。驾驶人盲区的人车冲突事故如图8-9和图8-10所示。设计一种将AR信息融合技术与智能网联技术联合的监测系统,系统通过显示屏及语音报警的形式将紧急路况行人信息告知驾驶人,让汽车的"眼睛"延伸到人的视野以外,使汽车具有"透视功能",能够准确检测到盲区内的行人,防止"鬼探头"交通事故的发生。

图8-9 驾驶人视觉盲区

图8-10 行人过路盲区

该系统基于AR技术进行交通"鬼探头"问题预警,主要由交通数据采集模块、AR信息融合技术模块(图像融合立体化处理)、V2X车联网通信模块、三维显示和提醒模块四大模块组成。

1. 交通数据采集模块

由车辆前方的摄像头和雷达采集车辆前方行人的动态信息。摄像头采用OV7670摄像头进行图像提取,该设备体积小,工作电压低,提供单片VGA摄像头和影像处理器的所有功能。通过SCCB总线控制,可以输入整帧、子采样、取窗口等方式的各种分辨率8位影像数据。JSN-SR04T雷达可精确地测量车前以及车后车辆的相对速度,结合车辆的相对车速计算出相对地面的车速,结合OV7670摄像头采集图像进行图像识别,准确地识别出车前行人及车辆。

采集设备的安装方法如下:

1)安装高度:摄像头一般安装在距离地面60cm左右,可根据不同车型调整安装高度。雷达安装于车辆雷达原始位置即可。

2)安装位置:OV7670摄像头安装于车前车标处(如图8-11所示),JSN-SR04T雷达安装在车前防撞梁周围前侧。摄像头安装与地面平行,可最大化对车辆前方实现行人图像的提取,避免提取图像不完整或导致后期图像识别失败。

3)设备识别范围:OV7670摄像头与车辆前进方向垂直,理论上可以对

图8-11 车辆摄像头(参考位置)

车辆前方左右90°的范围进行图像识别,识别范围大、精度高。

2. AR信息融合技术模块

AR信息融合和处理主要是将采集的多个源头的图像信息进行拼接,利用SIFT特征提取分析算法对特征点追踪提取,将图像信息特征化与真实视频数据虚实融合,为三维立体成像创造条件。

在AR识别应用中,根据识别出的特征点,判断它们之间的相对位置、旋转、缩放,对比特征图,得出识别图在实际空间中的位置,在对应的识别图上显示虚拟三维模型。

虚实融合是AR功能实现的核心内容,将虚拟三维物体注册到真实环境中,与真实物体叠加在同一个场景里面,在真实的世界中显示三维信息,从而实现对现实世界信息的补充,如图8-12所示。云数据中心在三维建模软件3D MAX中把每一帧图像信息导出为FBX文件,同时导出纹理文件,并将这两个文件和AR程序开发包同时导入Unity引擎中。通过Mixed Reality Toolkit与Unity驱动,利用5G车联网技术实现车与云数据中心的互通互联,将三维模型与车辆图像采集相融合,实现虚实融合这一关键技术环节。

图8-12　AR透明显示屏(见彩图)

3. V2X车联网通信模块

V2X是车联网的关键技术,重在实现车与外界的信息交互,而AR信息融合技术的实现需要以V2X为基础,通过构建通信平台,将行驶车辆一定范围内所有车辆的视线进行融合拼接,实现网络平台、车辆和环境三部分的互联互通。依托V2X技术后,功能域所需的数据可以高速、低延时、高可靠地进行交互,行人和非机动车也可以通过车辆与路侧设备进行识别,并通过V2X将行人和非机动车的位置广播给周围车辆,车辆可以根据各自情况做出安全响应。

4. 三维显示和提醒模块

三维显示提醒模块即把汽车前挡风玻璃变成AR透明显示屏,借鉴军用战斗机上的显示系统,使前方交通信息直观地传达给驾驶人,从而提高行车安全性,也体现了车路协同的智能交通理念。通过车辆雷达对驾驶人进行语音提醒。从而能有充足的时间做出相应的反应措施,降低交通事故的发生率,提高行车安全。具体如图8-13和图8-14所示。

第8章 智能车路协同系统

图 8-13　行人检测（见彩图）

图 8-14　车辆检测（见彩图）

8.4.2　危险路段车路协同技术应用

危险路段车路协同技术示意图如图 8-15 所示。

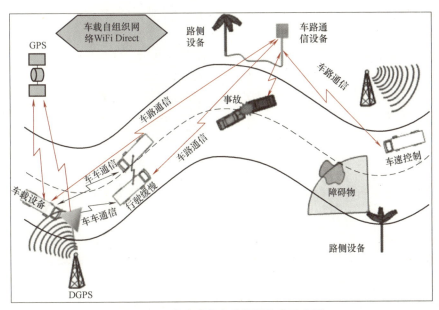

图 8-15　危险路段车路协同技术示意图

1）车辆安全辅助驾驶信息服务：路侧设置的多传感器检测前方道路转弯处或死角区域是否发生交通阻塞、突发事件或存在路面障碍物，然后通过车路通信系统向驾驶人提供实时的道路信息。

2）路面信息发布系统：向接近转弯路段的车辆发布路面信息，例如是否冰冻、积水、积雪等，提醒驾驶人注意减速，防止追尾事故。

3）最优路径导航服务：路侧设备检测到前方道路拥堵严重，通过车路、车车通信系统以及车载终端显示设备，提醒驾驶人避开拥挤道路，并为其选择以最短时间到达目的地的最佳路线。

4）前方障碍物碰撞预防系统：通过车路、车车通信，向车辆传递危险信息（如障碍物的绝对位置、速度、行驶方向等），避免发生车辆之间或车辆与其他障碍物之间的前撞、侧撞或后撞等,避免与相邻车道上变更车道的车辆发生横向侧碰等。

5)弯道自适应车速控制:向车辆传递前方弯路的相对距离、形状(曲率半径、车线等)等信息,车辆再结合自身运动状态信息,给予驾驶人最优车速,避免车辆在转弯时发生侧滑或侧翻。

★北京地区道路气象信息服务系统

"北京地区道路气象信息服务系统"(如图8-16所示)利用地理信息的可视化查询、检索功能将影响道路车辆行驶安全有关的天气预报、实时气象信息及相关资料,采用WebGIS的方式进行展示和发布,使相关人员能预知道路恶劣天气情况和受影响交通路段,增强防范意识,同时,提高管理部门的应急处理能力,完善道路交通安全,减少交通事件的发生及降低事故的损失。

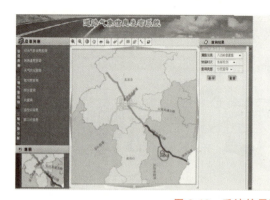

图8-16 系统的界面功能分区和查询界面

该系统建立了相关气象信息同具有空间特征的高速路段等地理实体之间的关联,确立空间信息与气象信息的对应关系。具体功能如下:

1)基于GIS技术,可将省、市、县行政区域数据作为背景层,对高速公路、国道、城市道路现场天气进行监测、预报和预警服务,重要查询可分层次显示。

2)能够对气象信息、查询信息实时显示和统计。

3)预警提示系统可在恶劣天气条件下对指定路段自动报警。

4)可完成不同出行者服务产品智能配送的预测和预警。

5)使用管理权限,可实现不同出行者不同的浏览服务需求。

8.4.3 车路协同技术的应用分析和展望

1. 5G车路协同高速公路智能网联应用

现阶段的高速公路建设,主要以保证交通安全、强化输送能力、提升服务水平为主,以车路协同为建设方向,开展高速公路的高精度定位、智能视频监控、交互式交通标志、高速公路云控平台、公众出行服务平台等内容的建设工作。根据初步建成的路侧感知设备,搭建管控、调度、服务平台,为道路使用者提供车道级导航、无停留收费、前方事故预警、抛洒物预警、特殊车辆避让、匝道口预警、气象环境推送、标志/标牌信息数字化发布等车路协同功能。

高速公路5G智能网联技术可实现物流卡车的车道级定位、控制和诱导。利用北斗定位和V2X路侧单元获取车辆的定位信息，判断物流车辆驾驶行为，通过路侧单元向车辆发送诱导控制命令以及事故多发路段实时消息等。利用5G智能网联技术治理拥堵需要经过拥堵监测、拥堵评判、拥堵消除等阶段。其中，拥堵监测主要通过"雷达+视频"融合方式，并通过MEC设备在前端处理和判断；拥堵评判主要基于交通态势进行分析评判，包括车流分析、路径对比、预测预警、分析统计等；拥堵消除主要包括车与路（V2I）协同、车与车（V2V）协同、动态诱导与提醒、拥堵处置等。

2. 5G车路协同自动驾驶应用

5G车路协同自动驾驶就是充分利用5G（高带宽、低时延、高可靠性、海量互联）、北斗（高精度定位、精细化导航、精准度授时）和V2X（人、车、路、网融合）等领域的优势去解决车辆自身的定位、避障、决策、控制、执行、路径规划、行车方式和边缘计算等问题。5G车路协同自动驾驶是依托信息通信技术，通过车内、车与车、车与路、车与人、车与服务平台的全方位连接和数据交互，提供综合信息服务，形成汽车、电子、信息通信、道路交通运输等行业深度融合的新型产业形态，有利于推动智能交通的发展，促进自动驾驶技术的创新和应用，提高交通效率，减少污染，促进信息消费，对我国实施创新驱动发展，推进供给侧结构性改革，建设制造强国、网络强国和交通强国具有重大意义。5G车路协同自动驾驶工作原理如图8-17所示。

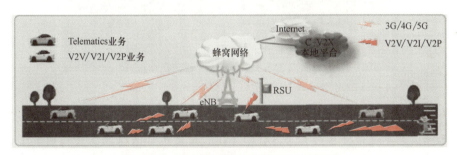

图8-17 5G车路协同自动驾驶工作原理图

3. 车路协同技术推进智慧公路新升级

车路发展需要协调同步，智慧交通的发展方向必然是人、车、路一体化的综合交通体系。智慧的车与智慧的路协同发展，才能真正实现泛在互联的智慧交通体系，而车路协同正是实现智慧交通体系的关键路径。智慧公路拥有"全面的互联互通、多源的收集与判断、智能的交通基础设施、高效的决策管理、准确的环境感知、先进的结构与材料、绿色的能源网络、完善的出行服务"等特征。车路协同是采用先进的无线通信和新一代互联网等技术，实现车与各交通要素的直接交互，综合实现碰撞预警、安全预防及通报、辅助驾驶等多种应用；同时，通过与云端的交互，车辆也能实时获取全局交通网络的状态并及时做出反应，从而形成安全、高效和环保的智慧交通有机体系。智慧公路与车路协同在"感知、控制、协同、服务"上高度匹配。应用车路协同技术，可以实现智慧公路的新升级。智慧公路的建设意义深远，与智慧公路密切相关的车路协同技术则承载了智慧公路和智能驾驶两大国家战略的交汇，对我国交通发展具有重要意义。

第9章 车联网技术应用

9.1 车载 ITS 技术应用

1. 车道保持系统

车道保持系统（如图 9-1 所示）依靠数字摄像机记录车道标记，根据偏移量自动调整，通过车载计算机（ECU）进行状态显示，主动提醒驾驶人做出修正。此类系统可以大幅度地减少会车时发生碰撞以及车辆冲出车道所产生的交通事故。

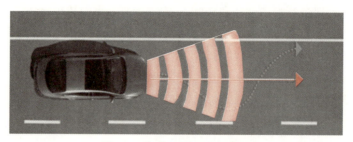

图 9-1　车道保持系统示意图

★ 欧盟对车道保持系统的应用案例

欧盟研发的车道保持系统称为 SAFELANE。该系统自动探测驾驶人的车道保持情况，一旦发现异常情况，该系统会向驾驶人发出警告或是主动干预其驾驶行为。SAFELANE 系统的主要组成部分有主动传感器（包括视频、雷达等检测方式）、车辆总线、数字道路地图、主动方向系统等。SAFELANE 系统的概念模型如图 9-2 所示，该系统将有效减少由于车辆偏离行驶路线所造成的交通事故。

1999 年的一份美国联邦公路局研究表明，车道保持系统可降低车道偏离事故，客运事故降低 10%，重型货车事故降低 30%。

2. 车辆避撞系统

本书所讨论的车辆避撞系统包括自适应巡航控制和碰撞前反应系统。

自适应巡航控制（Adaptive Cruise Control，ACC）是一种对现有巡航控制系统的改进，通过空置发动机/动力传动系统和制动器来使目标车跟随前车并保持适当距离。在驾驶模拟器上的研究发现，自适应巡航控制可以减小行驶速度和超车次数，进而可以增加安全性。

碰撞前反应系统（Pre-crash Systems）是一种在紧急情况下使用的 ITS。其特点是，当碰撞事故几乎已经不可避免时（例如事故发生的前几秒），通过某些措施尽量规避碰

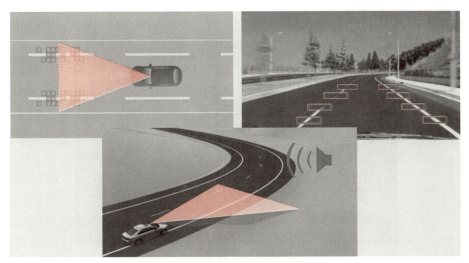

图 9-2 SAFELANE 系统概念模型

撞或者是减轻碰撞的严重程度。该类系统在碰撞前采取的措施可以包括：警告驾驶人，自动制动，准备弹出安全气囊及调整座椅位置，或者是调整安全带松紧度等。此类系统相当于事故发生前的最后一道关卡，对于减轻事故损害和挽救驾驶人及乘客生命具有重要作用。

★ 美国车辆避撞系统效果评估案例

2006 年，美国进行了车辆避撞系统评估，车辆避撞系统现场测试收集了 10 辆车，男女比例相等的三个年龄阶段（年轻人、中年人和老年人）共 66 名驾驶人的测试数据。数据表明，正面碰撞报警和自动控速集成系统可以避免 10% 的追尾碰撞事故和 10%~20% 的侧面碰撞事故。

★ 欧盟车辆避撞系统应用案例

欧盟研发了一种被称为安全速度与距离支持系统（Safe Speed and Safe Distance Support System）的车辆避撞系统 SASPENCE。该系统通过分析路面情况，前车和本车状态等信息，辅助驾驶人进行决策，可以有效减少由于驾驶人超速和与前车距离过小所造成的交通事故。SASPENCE 系统所使用的主要技术包括：数据融合与驾驶场景重建、计算机模拟车辆操作与驾驶人实际操作对比分析与校正、驾驶人警告信息与主动车辆控制技术等。该系统的工作示意图如图 9-3 所示。

★ 德国车辆避撞系统应用效果评估案例

在德国一项模拟研究调查了用纵向车辆控制来试图阻止事故的避撞系统的安全影响。该模拟系统包括安装在车前部分的微波雷达和计算机视觉技术设备。系统使用从这些传感器收集来的信息，通过允许加速和制动控制来控制车辆速度。如果驾驶人没有应用制动，系统在最后时刻通过自动控制制动来避免碰撞。该研究发现，当有 50% 的车辆装备有避撞系统的制动控制装置时，由于前车制动导致的碰撞会减少 45%~60%。

3. 胎压异常预警

轮胎压力监测系统（TPMS）如图 9-4 所示，主要用于在汽车行驶时实时地对轮胎

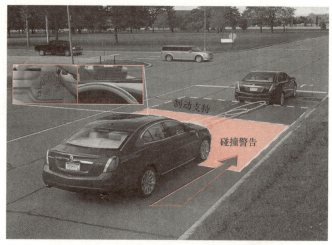

图 9-3　车辆避撞系统工作示意图（见彩图）

气压进行自动监测，对轮胎漏气和气压异常进行报警，以保障行车安全。轮胎压力监测系统主要分为两种类型：一种是直接式 TPMS（Pressure-Sensor Based TPMS，PSB TPMS），另一种是间接式 TPMS（Wheel-Speed Based TPMS，WSB TPMS）。直接测量感知气压的方法由于要保证其可靠性及耐久性，成本较高。

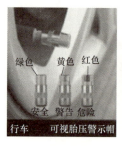   

图 9-4　轮胎压力监测系统示意图

4. 车辆驾驶盲区危险警告

在行驶和停车过程中，由于汽车车身结构的遮挡，即便是大尺寸的双曲率后视镜也无法避免驾驶人侧后方盲区的存在，使驾驶人不能及时发现障碍易发生碰撞事故，形成了安全隐患。而能够提示侧向盲区的电子安全辅助系统则可以有效地解决这一问题。

★沃尔沃盲区信息系统应用案例

沃尔沃公司的盲区信息系统（BLIS）从 2005 年起率先在 XC70、V70 和 S60 等车型上得到了应用，此后沃尔沃的全系车型都相继采用了这套系统。位于外后视镜根部的摄像头（如图 9-5 所示）会对距离宽 3m、长 9.5m 的一个扇形盲区进行 25 帧/s 的图像监控，如果有速度大于 10km/h，且与车辆本身速度差在 20~70km/h 之间的移动物体（车辆或者行人）进入该盲区，系统就会对比每帧图像，当系统认为目标进一步接近时，A 柱上的警示灯（如图 9-6 所示）就会亮起，防止出现事故。

★奔驰 Parktronic 系统应用案例

奔驰公司开发的 Parktronic 系统用于在停车过程中靠近障碍物时向驾驶人发出警

图 9-5 位于外后视镜根部的摄像头

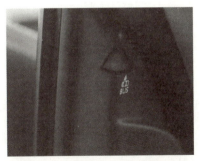

图 9-6 A 柱上的 BLIS 系统警示灯

告。这种系统也可在车前或车后有孩童存在时发出警告,以免发生误伤。这种系统在前、后保险杠上装设超声波发射及接收器,根据发出的信号回收时间,可算出距障碍物的距离,然后显示在仪表板的液晶显示屏(这个显示屏只有在车速低于 16km/h 时才开启)上。当车辆接近障碍物 1m 就开始显示,当保险杠距障碍物约 250mm 时,就会发出声响警告驾驶人。使用效果如图 9-7 所示。

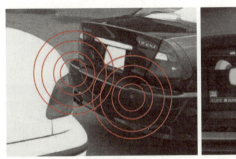

图 9-7 Parktronic 使用效果图

5. 驾驶人异常状态监视和警告

虽然大部分人都能够意识到在身体出现异常状况的时候继续驾驶是极其危险的,但是在商用运输领域,驾驶人有时还会冒着发生事故的危险在身体不适的时候继续驾驶。因此,有必要对驾驶人的状态进行检测,并对其异常状态发出警告,建议停止继续行驶并采取相应的措施。该类系统不仅可以避免由于驾驶人的不适造成事故的风险,并且还可以对驾驶人的驾驶行为产生良性的长期影响,鼓励他们采取更加积极的生活和工作方式,从而间接改善交通安全。

★驾驶环境集成采集与重构系统

2009 年—2010 年中国交通运输部公路科学研究院开展了"面向安全的驾驶环境集成采集与重构系统"的研究工作,开发了人车路一体化的驾驶环境重构集成采集系统。系统采集装置样例和系统场景信息再现如图 9-8 和图 9-9 所示。该系统通过记录和分析汽车驾驶人在实际驾驶过程中对路标、仪表盘等目标的关注时间、状态等,以及路面状况对驾驶人的注意力的影响,研究异常状态下(驾驶疲劳、注意力分散等)驾驶人的视觉行为特征及操作行为特征,建立异常状态的驾驶行为典型特征库,并对行为特征数据进行分类研究,给出相应评判异常状态的指标以及方法。

图9-8 系统采集装置样例

图9-9 系统场景信息再现

该系统的工作原理是用一个集成在头盔上的微型红外摄像机将驾驶人眼球的运动和视野的变化捕捉下来（如图9-10和图9-11所示），并且同场景视频录像叠加，集中到一个高性能的计算机工作站中，从而实现对车辆状态、道路环境（车辆周围的其他车辆情况）以及驾驶人的驾驶状态信息做同步的数据采集与现实环境的重构，建立典型场景的数据库系统。该系统可有效地为很多重要研究方向的分析提供技术支撑，如驾驶人对前方车辆危险认知的特性、发生事故和虚惊时人的因素，以及人车路相互作用机理对交通安全的影响等。

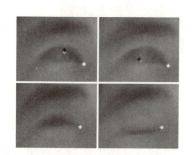

图9-10 驾驶人面部特征点追踪样本

图9-11 驾驶人视线注视点标注

6. 夜间视觉增强技术

夜间视觉增强技术能够很好地解决夜间能见度低的问题，以提高道路交通安全水平。通过非合作式自主方法来提高驾驶场景的能见度，在低于正常能见度的情况下为驾驶人提供直接视觉信息。

视野增强系统的重要技术之一是图像处理技术，车辆可以从多种不同的途径取得图像信息，包括摄像机、雷达或者基础设施等。摄像机可以被有计划地部署在车辆周围，为视野增强系统提供车辆周围全方位的环境图像信息。这些图像信息与其他数据一起，经过数据融合，可以为驾驶人提供视野增强辅助，为其做出关键决策提供重要信息。图9-12显示的是一种典型的车辆视野增强系统。

车辆上使用的红外技术有两类：近红外技术（NIR）和远红外技术（FIR）。近红外技术利用物体发出和反射的光探测物体，显示的图像（虽然单色）非常自然，许多

图 9-12　一种典型的车辆视野增强系统示意图

驾驶人都认为这非常像他们在远光灯里看到的景象（如图 9-13 所示）。远红外线技术使用热成像和显示技术，图像显示发热物体的形状，并与其周围的环境形成对比，但是几乎没有显示环境的情况（如图 9-14 所示）。在图 9-13 和图 9-14 中，该系统显示在中央控制台的仪表显示屏上，该技术也可以在抬头显示中配置。

图 9-13　近红外显示系统示例

图 9-14　远红外显示系统示例

7. 车路通信系统

车辆与道路基础设施的集成（Vehicle Infrastructure Integration，VII）是通过一系列先进的技术使车辆与周围道路辅助设施能够直接通信的一项研究及应用。其最初也是最主要的目的是改善道路安全。VII 在道路车辆和所有在界定的临近范围内的车辆之间建立直接的联系，车辆彼此之间能够进行通信，交换速度、方向，甚至驾驶人的反应和意图方面的数据。这将提高临近车辆间的安全性，同时，提高 VII 系统的总体灵敏度，例如，能够更加有效地自动实施应急措施（转向、减速、制动）等。此外，该系统设计与路边基础设施进行通信，完善整个实时交通信息网络，同时更好地进行拥堵管理和车辆信息的反馈。

★ 欧盟 WILLWARN 系统简介

欧盟的无线局域危险警告系统（WILLWARN）是一种采用 VII 技术的典型系统，其整体概览如图 9-15 所示。WILLWARN 为驾驶人提供道路行驶的关键信息，基于这些信息，驾驶人可以时刻对自身周边的危险情况保持警惕，以期望避免事故的发生。这些信息的采集、传输可以是基于基础设施的（如各种路侧设施、道路线圈设施等），也可以是基于在途行驶的各个车辆之间的通信（例如，某辆车识别出潜在的危险，或者是已经发生事故之后，它可以将这些潜在的危险或者事故信息传递给周围的其他车辆，以提高其他车辆驾驶人在危险地段的警惕性）。

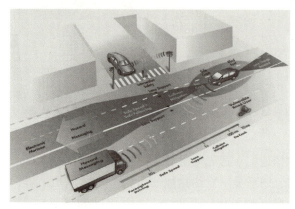

图 9-15　欧盟 WILLWARN 系统概览

8. 车车通信系统

车辆与车辆之间的相互通信（V2V）是一种新兴的技术，其技术原理如图 9-16 所示。借助 V2V 系统，道路上的车辆可以探测到 1mile（1mile=1.609km）范围之内的其他车辆的位置和运动情况。V2V 系统中的车辆装备有天线、计算机芯片和 GPS 等设备，它们之间可以进行互相通信，知道彼此的位置等信息，即使对于驾驶人来说是视觉盲区的位置也不是问题。这些车辆可以随时监视其周围的驾驶环境并对其即时做出反应，当可能发生危险时，车辆会通过警报声、视觉信号或者是座椅的震动等对驾驶人进行预警。如果驾驶人对警告没有做出反应或其他处置措施，车辆可以自行停到路边安全的地方以防止事故的发生。

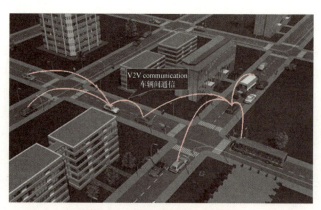

图 9-16　V2V 技术原理示意图

★车车通信应用案例

图 9-17 显示了一种使用 V2V 技术预防交通事故发生的典型案例。当前方装有 V2V 系统的车辆发生事故时，系统会自动向上游靠近的车辆发送警示信息，上游装有 V2V

系统的车辆会收到发生事故的车辆发出的警示信息,事故信息会在装有 V2V 系统的车辆间相互传递,从而达到提前预警的效果。

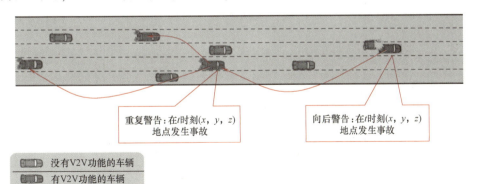

图 9-17 V2V 技术预防交通事故发生的典型应用

9. 车路协同应用领域

车路协同应用场景如图 9-18 所示。

 盲点警告　　 前撞预警　　 电子紧急制动预警

 交叉口辅助驾驶　　 禁行预警　　 违反信号或停车标志警告

 弯道超速预警　　 道路交通状况提示　　 匝道控制

 信号配时　　 车路通信　　 交通运输系统信息预测

图 9-18 车路协同应用领域

（1）**盲点警告**　当驾驶人试图换道但盲点处有车辆时,盲点系统会给予驾驶人警告。

（2）**前撞预警**　当前面车辆停车或者行驶缓慢而本车没有采取制动措施时,给予驾驶人警告。

（3）**电子紧急制动预警**　当前方车辆由于某种原因紧急制动而后方车辆因没有察觉而未采取制动措施时,会给予驾驶人警告。

(4) **交叉口辅助驾驶** 当车辆进入交叉口处于危险状态时给予驾驶人警告,如障碍物挡住驾驶人视线而无法看到对向车流。

(5) **禁行预警** 在可通行区域,试图换道但对向车道有车辆行驶时给予驾驶人警告。

(6) **违反信号或停车标志警告** 车辆处于即将闯红灯或停车线危险状态时,驾驶人会收到车载设备发来的视觉、触觉或者声音警告。

(7) **弯道超速预警** 当车辆速度比弯道预设车速高时,系统会提示驾驶人减速或者采取避险措施。

(8) **道路交通状况提示** 驾驶人会实时收到有关前方道路、天气和交通状况的最新信息,如道路事故、道路施工、路面湿滑程度、绕路行驶、交通拥堵、天气、停车限制和转向限制等。

(9) **车辆作为交通数据采集终端** 车载设备传输信息给路侧设备,此信息经路侧设备处理变为有效、需要的数据。

(10) **匝道控制** 根据主路和匝道的交通时变状况实时采集、传输数据来优化匝道控制。

(11) **信号配时** 收集并分析交叉口车辆实际行驶速度及停车起步数据,使信号的实时控制更加有效。如果将实时数据处理时间提高10%,每年延误时间可减少170万h,节省500万L汽油以及减少9600t的CO_2排放。

(12) **专用通道管理** 通过使用附近的或平行车道可平衡交通需求。例如,当前方发生事故时可选择换向行驶;改变匝道配时方案;利用信息情报板发布信息,诱导驾驶人选择不同的路径;等等。

(13) **交通系统状况预测** 实时监测交通运输系统的运行状况,为交通系统有效运行提供预测数据,包括旅行时间、停车时间、延误时间等;提供交通状况信息,包括道路控制信息、道路粗糙度、降雨预测、能见度和空气质量;提供交通需求信息,如车流量等。

9.2 先进驾驶辅助系统

先进驾驶辅助系统(Advanced Driver Assistance System,ADAS)是利用安装于车上的各式各样的传感器,在第一时间收集车内外的环境数据,进行静、动态物体的辨识、侦测与追踪等技术上的处理,从而能够让驾驶人在最短的时间内察觉可能发生的危险,以提高安全性的主动安全技术,是自主驾驶到自动驾驶的过渡阶段产品,是智能网联汽车的核心技术之一。先进驾驶辅助系统主要包括感知层、控制层以及执行层,主要由各类传感器产品、控制单元、芯片、驱动单元以及算法等组成。按照功能的不同,ADAS可分为改善视野类ADAS、预警类ADAS、自主控制类ADAS和其他类型ADAS。

9.2.1 改善视野类ADAS

改善视野类ADAS是指通过环境感知传感器、V2X通信技术等扩大驾驶人的视野范围,从而提高驾驶人在视野较差环境下行车安全的驾驶辅助系统,包括夜视辅助系统、全息影像监测系统、自适应照明系统、平视显示系统和自动泊车系统等。

1. 汽车自适应前照明系统(Adaptive Front lighting System,AFS)

通过车速传感器、转向盘角度传感器、车高传感器等感知车辆行驶状态信息,自动调节前照明系统的工作模式,可实现城市道路照明、高速公路照明、转弯道路照明及阴雨天气照明等不同照明模式的调节,保障车辆在不同条件下的照明效果,如图 9-19 所示。

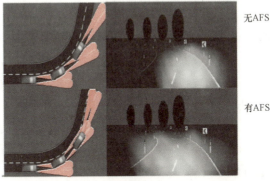

图 9-19 汽车自适应前照明系统示意图

AFS 工作原理如下:

1)系统通过开关器件获取功能开关信号,通过轮速传感器获取车速信号,通过转向盘转角传感器获取转角信号,通过车身高度传感器获取姿态信号等;经过巡检算法判断,如果前照灯需要进行转动,系统会根据角度算法计算出需要转动的角度;通过控制单元输出控制信号,控制水平和垂直安装的步进电动机转动;再通过机械传动机构实现前照灯转动,让照明光束始终与道路保持一致,驾驶人能够清楚地看到即将出现的弯道上的路况,以便及时采取预防或紧急避险措施。

2)系统通过获取前照灯开关器件信号和环境光强传感器的光照强度信号,对前照灯开关进行控制。系统会设置一个光照阈值,当光照强度小于阈值时,系统自动延时打开前照灯;当光照强度大于阈值时,系统自动延时关闭前照灯。

3)系统在前照灯初始化置位时,通过获取霍尔位置传感器的位置信号,判断前照灯实际运行的角度与控制单元输出角度之间的误差。如果误差不大,则通过角度 PD 调节算法对误差进行调节;如果误差过大,说明前照灯出现了故障,系统会产生故障报警信号提醒驾驶人前照灯出现故障。

4)系统通过液晶显示装置实时显示系统的工作状态,包括车速状态、转向盘转角状态、车灯转角状态等。控制方式如下:

① 利用转向头灯形式的,就是头灯内灯具可以左右旋转 8°~15°,从而照明弯道死角。

② 利用独立弯道照明系统的,就是在灯具里有一个固定的灯泡照向弯道,转弯时候自动点亮。

③ 利用左右雾灯进行弯道照明的,转向时候对应弯内侧雾灯亮起,照明弯道死角。

自适应照明系统的功能:能够改变前照灯的照射方向,使光线随着汽车前进方向和车身姿态的变化而转动,消除驾驶人在夜间或恶劣天气下行车的视野盲区。根据道路状况以及环境气候的不同,大致可分为基础照明模式、弯道照明模式、城市道路照明模式、高速公路照明模式、乡村公路照明模式和恶劣天气照明模式。

2. 夜视辅助（Night View Assist，NVA）系统

该系统主要采用雷达、红外传感器等，通过激光、毫米波、热成像等对光照要求不高的探测方法，实现夜间行驶环境的感知，用于识别行人、车辆等障碍物信息。该系统又可分为主动模式和被动模式。主动夜视辅助系统主要由红外发射单元、红外成像单元、控制单元（ECU）和图像显示单元等组成；被动夜视辅助系统没有红外发射单元，主要由红外成像单元、控制单元（ECU）和图像显示单元等组成。该系统的工作原理如下：

（1）**主动夜视辅助系统**　将摄像头安装到汽车前照灯，通过卤素灯泡照射，使用多套照射系统和摄像头来识别红外反射波，通过 ECU 处理后，可以把图像信息传递给驾驶人。主动夜视辅助系统对比分辨度高，且图像较清晰、可靠。由于其不依靠物体的热源，即使不发热的物体也能清晰可见，例如道路上的行人、车辆、道路标志牌等都可以被发现。

（2）**被动夜视辅助系统**　利用热成像摄像头接收人、动物等发热物体发出的不同的红外热辐射（远红外线）影射不同的图像，并对图像进行放大和处理后输出。对于无生命、无热源特征的目标，如道路的标志牌、车道线、车道护栏等物体，被动夜视辅助系统无法检测到图像。此外，由于汽车前挡风玻璃不能传输长波的远红外线，摄像头必须安装在车外，需经常清洁，且在汽车前端碰撞时易受损伤。

3. 汽车平视显示（Head Up Display，HUD）系统

该系统又称抬头显示系统，是指将与驾驶相关的重要信息投影到驾驶人前方的车辆前风窗玻璃视野之内，使驾驶人的视线无须离开前方道路，即可查看与驾驶相关的重要信息，从而有效地避免驾驶人的注意力分散，保障行驶安全。平视显示系统的定义和组成如下：

（1）**图像源**　一般采用液晶显示屏，实现 HUD 系统的各种功能，并输出视频信号。

（2）**光学系统**　将视频信号投射出去，并且可以调节大小、位置等参数。

（3）**图像合成器**　一般将前风窗玻璃作为图像合成器，把外部景物信息和内部投影信息合成到一起。投射的图像在风窗玻璃上发生反射，以达到和前方路况信息叠加、融合的效果。

汽车平视显示系统的原理与使用的光学系统结构密切相关。根据光学系统结构的不同，可以分为：风窗玻璃映像式平视显示系统、前置反射屏式平视显示系统、自由曲面平视显示系统、菲涅耳透镜平视显示系统以及与仪表盘相结合的平视显示系统。

9.2.2　预警类 ADAS

预警类 ADAS 是指可自动监测车辆可能发生的危险并提醒驾驶人，从而防止发生危险或减轻事故伤害的驾驶辅助系统，包括前向碰撞预警系统、车道偏离预警系统和盲区监测系统等。

1. 前向碰撞预警系统（Forward Collision Warning System，FCWS）

通过各种传感器，如摄像头、雷达等，实时监测车辆前方的物体，并监测目标距离本车的距离。当安全距离小于阈值时，则发出警报提示驾驶人，可有效降低交通事故的发生。

工作原理：通过分析传感器获取的前方道路信息对前方车辆进行识别和跟踪，如果有车辆被识别出来，则对前方车距进行测量；同时，利用车速估计，根据安全车距预警模型判断追尾可能，一旦存在追尾危险，便根据预警规则及时给予驾驶人提醒。

其中，安全车距是指后方车辆为了避免与前方车辆发生意外碰撞而在行驶中与前车所保持的必要间隔距离。

建立安全距离模型主要是为了获得预警过程的阈值，主要分为两类：一种是基于碰撞时间的行驶安全判断逻辑算法，另一种是基于距离的行驶安全判断逻辑算法。

（1）**马自达模型** 在正常跟车行驶情况下，系统不工作；当发现前车减速时，开始向前向碰撞预警系统发送信息；当前后车辆距离低于本车的制动距离时，系统向制动器发出指令，本车开始减速，最后与前车速度均减到 0 时，此时两车仍有一定的距离。该模型的本质是实时计算最小安全距离，从而对车速进行预警和控制。

（2）**本田模型** 采用两段式——报警距离和制动距离的报警方式，其对驾驶人的正常操作影响较小。该模型不能避免绝大多数的碰撞，只能减少碰撞的严重程度，一旦报警可能会引起驾驶人的极度恐慌，甚至会因恐惧而失去对车辆的控制。该模型准确性较低，不能实时反映行车路面情况，对驾驶人主观因素考虑不够。该模型的建立以试验数据为基础，样本点选取的合适与否对模型影响较大。

（3）**伯克利模型** 也设置了两段式——报警距离和制动距离的方式。报警距离是沿用马自达模型的安全距离值来设定的，并假定前车和本车最大减速度相等。参数定义和取值与马自达模型相同。

2. 车道偏离预警系统（Lane Departure Warning System，LDWS）

该系统通过摄像头或激光雷达等监测车道线和本车的相对位置，在车辆即将在横向方向上偏离出车道线时，给予驾驶人提醒（通过蜂鸣器、转向盘振动、LCD 显示等），促使驾驶人保持车辆在原来的行驶车道内，避免交通事故的发生。车道偏离预警系统主要由信息采集单元、电子控制单元和人机交互单元等组成。

工作原理：车道偏移预警系统可以在行车的全程自动或手动开启，以监控汽车行驶的轨迹。当系统正常工作时，信息采集单元将采集车道线位置、车速、汽车转向角等信息，电子控制单元将所有的数据转换到统一的坐标系下进行分析处理，从而获得汽车在当前车道中的位置参数，并判定汽车是否发生非正常的车道偏离。如果驾驶人打开转向灯，正常进行变道行驶，则车道偏离预警系统不会做出任何提示。

3. 盲区监测（Blind Spot Monitoring，BSM）**系统**

该系统通过雷达、摄像头等装置，在车辆行驶时对车辆两侧的盲区进行探测，如果有其他车辆进入盲区，则会在后视镜或其他指定位置对驾驶人进行提示，从而告知驾驶人何时是换道的最好时机，大幅度降低了因换道而发生的事故。

(1) 盲区监测系统的功能

1）当有车辆或行人进入驾驶人视野盲区时，盲区监测系统应给予驾驶人提醒。

2）盲区监测系统应在驾驶人进行换道操作时对其进行辅助，监测其他车道上快速接近的后方来车，当驾驶人因对驾驶环境误判而可能做出危险的驾驶行为时，盲区监测系统应发出警报。

3）理想状态下，在任何路况、天气和交通环境下，盲区监测系统都能正常工作。

(2) 盲区监测系统的组成

1）信息采集单元：利用车载传感器检测汽车盲区里是否有行人或其他行驶车辆，并把采集到的有用信息传输给电子控制单元。传感器有超声波传感器、摄像头或探测雷达等。后视镜盲区的信息采集单元一般采用毫米波雷达，A柱盲区的信息采集单元一般采用摄像头。

2）电子控制单元：对采集到的信息进行分析判断，向预警显示单元发送信息。

3）预警显示单元：接收电子控制单元的信息，如果有危险，则发出预警显示，此时不可变道。

工作原理：当汽车速度大于某一阈值时，如10km/h，盲区监测系统自动启动；如果监测范围内有车辆或行人，就会被信息采集单元监测到，计算出目标的距离、速度等信息，并将采集到的信息传递给电子控制单元；电子控制单元根据收到的信息判断进入监测范围内的车辆或行人是否对本车造成威胁，如果存在安全隐患，则通过预警显示单元提醒驾驶人，并根据危险程度、驾驶人的反应提供不同的预警方式。

9.2.3 自主控制类 ADAS

自主控制类 ADAS 是指可自动监测车辆可能发生的危险并提醒，必要时系统会主动介入，通过控制车辆的横、纵向运动防止发生危险或减轻事故伤害的驾驶辅助系统，包括：车道保持辅助系统、自动制动辅助系统、自适应巡航控制系统和自动泊车辅助系统等。

1. 车道保持辅助系统（Lane Keep Assist System，LKAS）

通过前视摄像头实时监测车辆与车道线的相对位置，持续或在必要情况下介入车辆横向运动控制，使车辆保持在原车道内行驶。此系统有两种功能可供选择：车道偏离辅助修正功能和车道保持功能。目前，该系统主要应用于结构化的道路上，如在高速公路和路面条件较好（车道线清晰）的公路上行驶时，当车速达到65km/h或以上才开始启动运行。车道保持辅助系统主要由信息采集单元、电子控制单元和执行单元等组成。在系统工作期间，驾驶人将会接收车道偏离的报警信息，并选择对转向系统和制动系统中的一项或多项动作进行控制，也可交由系统完全控制。

工作原理：可以在行车的全程或速度达到某一阈值后开启，并可以手动关闭，实时保持汽车的行驶轨迹。信息采集单元通过车载传感器采集车速、转向盘转角信息；电子控制单元对信息进行处理，判断汽车是否偏离行驶车道。当汽车行驶可能偏离车道线时，发出报警信息；当汽车距离偏离侧车道线小于一定阈值或已经有车轮偏离出车道线，施加操舵力和制动力，使汽车稳定地回到正常轨道；若驾驶人打开转向灯，正常进行变线行驶，则系统不会做出任何提示。

2. 自动制动辅助（Autonomous Emergency Braking，AEB）系统

AEB 又称为自动紧急制动系统，主要由三个模块构成，包括测距模块、控制模块和制动模块。其工作原理为：测距模块（摄像头和雷达）在汽车行驶时实时监测与前车或障碍物的距离，然后控制模块（ECU）通过分析得出距离与相对速度，将其与警报距离、安全距离等进行比较，当处于警报距离时进行警报提醒，当小于安全距离而驾驶员又没有充分制动时，制动模块将自动启动，对汽车继续减速甚至制动停车，以此来保障行驶安全。

3. 自适应巡航控制（Adaptive Cruise Control，ACC）系统

通过安装在车辆前部的车距传感器（一般为毫米波雷达），持续扫描车辆前方道路，从而得知前车的车速与相对距离，行驶中会自动监测车距，当与前车的距离越来越小时，会对应调整自身车速，与前方车辆保持安全距离，在设定的速度范围内自动调整行驶速度，以适应前方车辆或道路条件等引起的驾驶环境变化。

自适应巡航控制系统的作用如下：

（1）**自动控制车速和车距** 当驾驶人对巡航控制状态下的汽车进行制动后，ACC 系统就会终止巡航控制；当驾驶人对巡航控制状态下的汽车进行加速，停止加速后，ACC 系统会按照原来设定的车速进行巡航控制。

（2）**控制汽车的行驶状态** 通过测距传感器的反馈信号，ACC 系统可以根据目标车辆的移动速度判断道路情况，通过反馈式加速踏板感知驾驶人施加在踏板上的力，ACC 系统可以决定是否执行巡航控制，以减轻驾驶人的疲劳。

4. 自动泊车辅助（Autonomous Park Assist，APA）系统

自动泊车辅助系统主要利用车载传感器（一般为超声波雷达或摄像头）识别有效的泊车空间，并通过控制单元控制车辆（转向盘转角、节气门、制动）进行泊车。自动泊车辅助系统的组成如下：

（1）**感知单元** 感知环境信息和汽车自身运动状态信息。

（2）**中央控制器** 对感知单元传输的信息进行分析与判断。

（3）**转向执行机构** 接收中央控制器发出的指令并执行。

（4）**人机交互系统** 显示重要信息给驾驶人。

自动泊车辅助系统的工作原理：通过车载传感器扫描汽车周围环境，通过对环境区域的分析和建模，搜索有效泊车位，当确定目标车位后，系统提示驾驶人停车并自动启动自动泊车程序，根据所获取的车位大小、位置信息，由程序计算泊车路径，然后自动操纵汽车泊车入位。

9.2.4 车辆博弈换道类 ADAS

1. 换道行为分析

智能网联技术的研究目的和意义在于减少日常交通中因为人为因素引起的事故，提高车辆在行驶过程中的效率。因此，车辆之间的协作能力尤为重要。换道行为是车辆行驶过程中的基本行为，车辆在行驶过程中需要获取更好的行驶环境产生换道的意图从而进行换道。作为一种决策方式，博弈论为含有竞争倾向的问题提供了解决方法和分析手段，被广泛应用于各个领域中。近几年来，国内外研究人员建立众多在博弈论思想下的车辆换道模型。Kita 等人提出将博弈论思想及其策略选择与车辆的换道行为相结合。Talebpour 等人将混合车流下的换道行为看作是非合作博弈行为。Corte s-Berruecol 等人利用博弈论对高速公路交通流进行建模来研究车辆换道对交通流运行的影响。国内杨晓芳等人基于博弈论理想，考虑速度收益、邻道车辆、时间演化、安全间距等因素，对换道行为进行了研究，薛春铭等人针对车辆在行驶过程中的换道行为，基于博弈论构建了一种包含车辆协同机制的换道模型。在传统意义上，根据车辆换道的动机将车辆的换道行划为分为自由换道和强制换道。自由换道是驾驶人实施的非必要换道行为，具有较强的主观性和随意性，大多在决策过程中受到环境的影响而放弃。自由换道的场景如图 9-20 所示，在一条单向四车道道路中，3 车道上的车辆 V_S 的行驶速度受到前车的限制，达不到驾驶人的期望速度，从而产生换道意图；但是在换道过程中存在与 2 车道上的滞后车辆 V_F 发生碰撞的风险从而取消换道行为。因此，自由换道行为是非必要性的，下文所述内容均为自由换道。

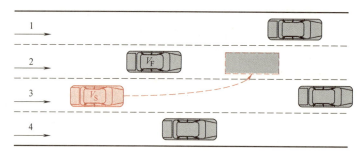

图 9-20　自由换道场景

2. 博弈的分类

每一个博弈的主要构成要素包括参与者、每个参与者所采取的策略以及参与者采取相应的策略所带来的收益函数。根据博弈双方的期望收益，可以将博弈划分为合作博弈与非合作博弈。

1）合作博弈：博弈双方组成联盟，在合作的基础上共享信息。

2）非合作博弈：各参与者的策略为自身利益出发，博弈双方不存在交流。非合作博弈下根据参与者行动顺序的可见性和参与者信息的完整性可分为完全信息动态博弈、完全信息静态博弈、不完全信息动态博弈和不完全信息静态博弈四种类型。

3. 纯策略和混合策略下的纳什均衡

当一个博弈在进行时，每个参与者都有不同的策略合集。策略合集的表达式如下：

$$S = \{S_1, S_2, \cdots, S_n\} \tag{9-1}$$

表 9-1 为一个二人非合作博弈的收益矩阵。假设每个参与者都有一组可用的策略，参与者 1 的策略合集为 $S_1 = \{r_1, r_2\}$，参与者 2 的策略合集为 $S_2 = \{t_1, t_2\}$。记两个参与者使用不同的决策时产生的收益函数为 u，例如 $u_1(r_1, t_1)$ 为参与者 1 使用 r_1 策略和参与者 2 使用 t_1 策略时对参与者 1 产生的收益函数。

表 9-1　博弈收益矩阵

		参与者 2	
		t_1	t_2
参与者 1	r_1	$u_1(r_1,t_1), u_2(r_1,t_1)$	$u_1(r_1,t_2), u_2(r_1,t_2)$
	r_2	$u_1(r_2,t_1), u_2(r_2,t_1)$	$u_1(r_2,t_2), u_2(r_2,t_2)$

如果矩阵中存在纯策略 (r_n, t_n) 使下式成立,则称纯策略 (r_n, t_n) 为博弈的纯策略纳什均衡:

$$\begin{cases} u_1(r_n,t_n) > u_1(r,t_n), \forall r \in S_1 \\ u_2(r_n,t_n) > u_2(r_n,t), \forall r \in S_2 \end{cases} \tag{9-2}$$

当一个非合作博弈不存在纯策略纳什均衡时,根据纳什均衡定义可知任何一个给定的二人博弈,一定存在混合策略纳什均衡。混合策略纳什均衡是纯策略结合概率论所得出的结果。表 9-2 给出的是一个二人非合作混合策略博弈。参与者 1 的策略合集为 $S_3 = \{s_1, s_2\}$,参与者 2 的策略合集为 $S_4 = \{c_1, c_2\}$。其中,参与者 1 对选择策略 s_1 的概率为 p,则选择 s_2 的概率为 $1-p$。同理,假设参与者 2 选择策略 c_1 的概率为 q,则选择 c_2 的概率为 $1-q$。

表 9-2　混合策略博弈收益矩阵

		参与者 2		
		c_1	c_2	
参与者 1	s_1	$u_1(s_1,c_1), u_2(s_1,c_1)$	$u_1(s_1,c_2), u_2(s_1,c_2)$	p
	s_2	$u_1(s_2,c_1), u_2(s_2,c_1)$	$u_1(s_2,c_2), u_2(s_2,c_2)$	$1-p$
		q	$1-q$	

表 9-2 中参与者 1 和参与者 2 的期望收益可分别表示为

$$\begin{cases} \varphi_1 = u_1(s_1,c_1)pq + u_1(s_2,c_1)(1-p)q + u_1(s_1,c_2)p(1-q) + u_1(s_2,c_2)(1-p)(1-q) \\ \varphi_2 = u_2(s_1,c_1)pq + u_2(s_2,c_1)(1-p)q + u_2(s_1,c_2)p(1-q) + u_2(s_2,c_2)(1-p)(1-q) \end{cases}$$

$$(9-3)$$

通过对式 (9-3) 中参与者 1 的收益函数对 p 求导,并令其导数为 0,可得

$$p = \frac{u_2(s_2,c_2) - u_2(s_2,c_1)}{u_2(s_1,c_1) - u_2(s_2,c_1) - u_2(s_1,c_2) + u_2(s_2,c_2)} \tag{9-4}$$

同理,参与者 2 的收益函数对 q 求导并令其导数为 0,可得

$$q = \frac{u_1(s_2,c_2) - u_1(s_2,c_1)}{u_1(s_1,c_1) - u_1(s_2,c_1) - u_1(s_1,c_2) + u_1(s_2,c_2)} \tag{9-5}$$

当博弈中不存在纯策略纳什均衡时,参与者 1 和参与者 2 必须分别遵循上述概率 p 和 q 进行随机选择才能得到混合策略博弈的纳什均衡。

4. 换道行为建模

考虑到智能网联技术的发展现状以及自主车辆的普及程度,分别针对智能网联汽车(CAV)与人工驾驶车辆(HV)以及 CAV 之间的换道行为进行建模。CAV 与 HV 之间

不存在网联环境下的交互作用,即无法构成换道时的博弈。根据车辆换道时的状态参数建立动态风险模型,求得车辆的风险系数,当受试车辆的风险系数满足一定阈值时,车辆可以进行换道。CAV 之间存在行为交互作用,对其采用博弈论的思想进行建模。受试车辆与目标车辆组成非合作混合策略博弈,以执行策略后的换道收益系数为该策略下的博弈收益。当博弈达到纳什均衡后,执行相应的策略。

(1) **HV-CAV 换道模型** 车辆在行驶过程中,若前方出现大型车辆或前方车辆行驶速度过慢达不到自己的期望速度时,会产生换道的意图,此种换道类型属于自由换道。如图 9-21 所示的单向双车道环境,车辆 V_S 在 1 车道行驶时识别到前方车辆 V_L 速度达不到自己的期望速度,于是以车道 2 为目标车道产生换道意图。经时间 Δt 后,到达 t_1 时刻位置,准备执行换道行为。

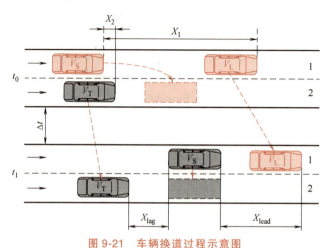

图 9-21 车辆换道过程示意图

车辆换道属于二维平面上的变化行为,基于对不同风格换道行为差异的研究以及对车辆行驶状态下纵向期望安全距离的分析,建立不同驾驶风格车辆在行驶过程中的安全区域模型。车辆行驶过程中的横向稳定性随着速度的增加而下降,基于此思想,车辆换道时的碰撞概率模型可表示为

$$p(x,y) = \exp\left[-\frac{1}{2\sigma_g^2}(x^2 + \lambda y^2 \sin^2\theta)\right] \tag{9-6}$$

式中,θ 为车辆的最大转向角;σ_g 为车辆运行过程中速度方向上的分布因子,由车辆运行参数决定;λ 为横向稳定系数,由驾驶人风格决定。

车辆换道动态风险系数如式 (9-7) 所示,当满足前车质点位置 $\xi \leq 1$ 时,允许车辆换道。

$$\begin{cases} \xi = \alpha p(x,y) Z \sqrt{1+j^2} \\ j = \dfrac{\mathrm{d}^2 v(t)}{\mathrm{d}^2 t} = \dfrac{\mathrm{d}a(t)}{\mathrm{d}t} \end{cases} \tag{9-7}$$

式中,α 为固定常数;Z 为车辆的尺寸系数;j 为车辆运行状态下的冲击度。图 9-22 所示为动态风险系数 ξ 的图像,设该车辆正在做匀速直线运动,故加速度和冲击度为 0,

速度 v 沿 x 正方向。由图像可知，在（0，0）处车辆所在位置的动态风险系数 ξ 最高，随着距离的增加，ξ 逐渐减小接近于 0。因车辆的转角一般为 30°~40°，所以车辆的横向影响范围要小于纵向影响范围。

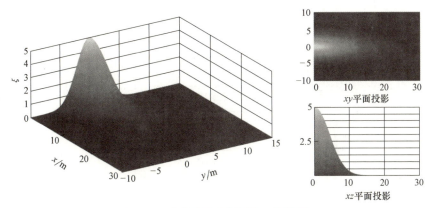

图 9-22 动态风险系数图像（见彩图）

假设图 9-21 中车辆 V_T 为 HV、V_S 为 CAV，两车之间不具备网联环境下的车辆交互作用，当 V_S 产生换道意图后建立动态风险模型。V_S 以最大加速度做匀加速直线运动，经过 Δt 后到达 t_1 时刻位置，此时目标车道上的滞后车辆 V_T 在 V_S 处的动态风险系数 $\xi=1$。V_T 与 V_S 之间的纵向距离为 X_{lag}，X_{lag} 可表示为

$$X_{\text{lag}} = \Delta t(v_T - v_S) + \frac{\Delta t^2(a_T - a_S)}{2} + X_2 \tag{9-8}$$

式中，v_T 和 v_S 分别为 V_T 和 V_S 的速度；a_T 和 a_S 分别为 V_T 和 V_S 的加速度；X_2 为决策时 V_T 和 V_S 的纵向车头间距。

结合动态风险系数公式可求得 Δt 的值，t_1 时刻 V_S 与 V_L 之间的距离

$$X_{\text{lead}} = \Delta t(v_L - v_S) + \frac{\Delta t^2(a_L - a_S)}{2} + X_1 \tag{9-9}$$

式中，X_{lead} 为 t_1 时刻 V_S 与 V_L 之间的纵向距离；v_L 和 v_S 分别为 V_L 和 V_S 的速度；a_L 和 a_S 分别为 V_L 和 V_S 的加速度；X_1 为决策时 V_L 和 V_S 的纵向车头间距。

将 X_{lead} 代入动态风险系数公式可求得 t_1 时刻 V_S 在 X_{lead} 处的动态风险系数 ξ_{lead}，若满足 $\xi_{\text{lead}} \leq 1$，则允许 V_S 换入目标车道。

（2）CAV-CAV 换道模型　在智能网联技术下，CAV 之间存在行为交互作用，自主车辆之间的换道也称为协作换道。本文基于博弈论思想进行建模，车辆换道决策流程如图 9-23 所示。当车辆产生换道意图后，首先根据收集到的数据确定目标车道，然后受试车辆获取目标车道上的车辆信息，确定博弈对象，计算博弈收益，完成换道决策，以决策后的速度增益作为收益函数从而得到该博弈的混合策略纳什均衡。

模型中受试车辆拥有 {换道，不换道} 策略集，"换道"策略的选择概率为 p；目标车道上的车辆具有 {接受，不接受} 的策略集，其中，"接受换道"策略的选择概率为 q。

收益函数是博弈中不可或缺的成分。近年来，研究者多采用车辆的安全程度作为博

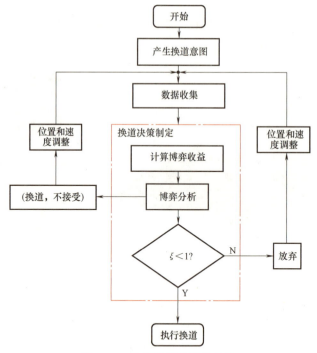

图 9-23 车辆换道决策流程图

弈的收益函数。但是车辆的安全程度存在难以量化的问题,所以本文将博弈决策后车辆的速度增益作为收益函数。

若受试车辆选择"换道"策略,目标车辆选择"接受"策略,两车达成协作换道。受试车辆以最大加速度做匀加速直线运动,目标车辆减速为受试车辆提供换道空间。当 V_S 与 V_L 的距离满足 $\xi=1$ 时,根据式(9-9)及动态风险系数公式求得匀加速运动时间 Δt。为使目标车辆收益函数最大化,尽量减小速度损失,经过 Δt 后,V_T 与 V_S 之间的距离满足 $\xi=1$,可求得目标车辆的加速度,以及 t_1 时刻的速度,进而求得执行策略后的速度增益。

博弈的收益矩阵见表 9-3,其中 s_1 和 s_2 分别代表受试车辆的"换道"和"不换道"策略,c_1 和 c_2 分别代表滞后车辆的"接受换道"和"不接受换道"策略。u 为车辆在对应策略集下的收益函数,例:$u_1(s_1, c_1)$ 代表受试车辆选择"换道"策略,滞后车辆选择"接受换道"时受试车辆的收益函数。

表 9-3 模型博弈收益矩阵

		滞后车辆	
		c_1(接受)	c_2(不接受)
受试车辆	s_1(换道)	$u_1(s_1,c_1), u_2(s_1,c_1)$	$u_1(s_1,c_2), u_2(s_1,c_2)$ p
	s_2(不换道)	$u_1(s_2,c_1), u_2(s_2,c_1)$	$u_1(s_2,c_2), u_2(s_2,c_2)$ $1-p$
		q	$1-q$

受试车辆的收益函数共有 $u_1(s_1, c_1)$、$u_1(s_1, c_2)$、$u_1(s_2, c_1)$ 和 $u_1(s_2, c_2)$

四种情况。图 9-24 所示为一博弈中受试车辆的收益函数 u 随 p 和 q 值的变化图像。四种情况下受试车的速度增益分别为 5、-6、-20、-6。

如图 9-25 所示,当受试车辆 V_S 采取"换道"策略且滞后车辆 V_L 采取"接受"策略时,V_L 加速使 V_S 具有足够的空间换入 2 车道。因为车速增加,两车的风险系数分布范围也相应变大。当该混合策略博弈的纳什均衡为受试车辆采取"换道"策略,且滞后车辆采取"不接受"策略时,为避免碰撞的发生,博弈结果作废,受试车辆调整速度和位置,寻求机会重新换道。

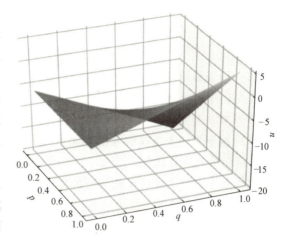

图 9-24 博弈收益图像(见彩图)

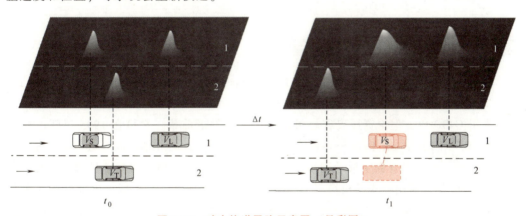

图 9-25 动态换道风险示意图(见彩图)

9.2.5 其他类型 ADAS

以上四类 ADAS 系统主要是以车外环境感知为基础,以提高行车安全性为目的的驾驶辅助系统。除了上述四类 ADAS 外,智能网联汽车还有其他类型的 ADAS,例如,用于监视驾驶人精神状态的驾驶人疲劳预警系统等。

驾驶人疲劳预警系统是指驾驶人精神状态下滑或进入浅层睡眠时,系统会依据驾驶人精神状态指数分别给出语音提示、振动提醒、电脉冲警示等,警告驾驶人已经进入疲劳状态,需要休息。其作用就是监视并提醒驾驶人自身的疲劳状态,减少驾驶人疲劳驾驶的潜在危害。

1. 驾驶人疲劳预警系统的组成

(1) 信息采集单元 主要利用传感器采集驾驶人信息和汽车行驶信息。驾驶人信息包括驾驶人的面部特征、眼部信号、头部运动性等;汽车行驶信息包括转向盘转角、行驶速度、行驶轨迹等,这些信息的采集取决于系统的设计。

(2) 电子控制单元（ECU） 接收信息采集单元传送的信号，进行运算分析，判断驾驶人疲劳状态；如果经计算分析发现驾驶人处于一定的疲劳状态，则向预警显示单元发出信号。

(3) 预警显示单元 根据 ECU 传递的信息，通过语音提示、震动提醒、电脉冲警示等方式对驾驶人进行疲劳预警。

2. 驾驶人疲劳检测方法

(1) 基于驾驶人生理信号的检测方法 通过脑电、心电、肌电、脉搏、呼吸信号等来判断驾驶人疲劳状态。

(2) 基于驾驶人生理反应特征的检测方法 通过眼睛特征、视线方向、嘴部状态、头部位置等来判断驾驶人疲劳状态。

(3) 基于汽车行驶状态的检测方法 通过转向盘、行驶速度、车道偏离等来判断驾驶人疲劳状态。

(4) 基于多特征信息融合的检测方法 依据信息融合技术，将多种方法相结合是理想的检测方法。

9.3 车载互联技术

目前，主流车载互联平台主要有通用 On Star、丰田 G-Book、奔驰 iDrive、宝马 iDrive、现代 BlueLink 等。其中，通用 Onstar（安吉星）在 2009 年底登陆中国市场，虽然晚于丰田 G-BOOK，但论资历安吉星可是 G-BOOK 的老前辈。它早在 1995 年就由通用（GM）、EDS（Electronic Data Systems）和休斯电气（Hughes Electronics Corporation）共同开发而成，当时没有数字移动网络，只能基于美国国内的模拟移动信号网络运行。随后，在 1996 年，通用正式推出搭载 OnStar 系统的三款凯迪拉克车型，由此开创了车载互联技术的先河。本节将以通用安吉星系统为例介绍车载互联系统相关技术。

1. 安吉星的发展历程

1961 年，美国国家航空航天局（NASA）开启阿波罗计划。1962 年，通用开始参与到阿波罗计划当中，为其研制惯性制导与导航系统。一直到 1969 年，通用一直承担着阿波罗计划中与导航系统相关的研发、制造与测试工作。正是在阿波罗项目之后，通用开始了车载导航与通信技术的研发工作。

1966 年，通用推出了 OnStar 的最早雏形，一套名为 Driver Aid, Information and Routing（DAIR）的系统，并在底特律的测试场用两辆新车进行了功能测试。这套系统提供三方面功能：救援（Aid）、信息服务（Information）与路径导航（Routing）。其中，实现路径导航的方式也是依赖于 V2X 技术，靠汽车与埋在地面下的磁铁进行通信。DAIR 在当时是划时代的存在，因为其采用的技术均是当时已经存在的，而并非没有投入使用的新技术。从功能上来看，DAIR 可谓是 OnStar 的雏形，它所提供的三大功能，正是目前 OnStar 的核心功能。

1995 年，OnStar 问世。通用汽车集团与当时通用旗下子公司 Electronic Data Systems（后被 HP 收购，与其旗下业务合并后改名）、Hughes Electronics（休斯电子）三家公司共同成立 OnStar。1996 年，通用在芝加哥车展上正式宣布推出 OnStar 服务，它是世界上第一个汽车行业的信息服务产品，Telematics 一词由此而来。OnStar 在推出之时，虽属于信息通信领域，但是通用对其的定位却是安全工作，与安全带、安全气囊分属一类，在当时被通用视作下一代安全驾驶的主要技术。OnStar 在 1996 年推出时，呼叫中心即提供紧急呼叫服务。

业界普遍认为，1997 年首款安装 OnStar 系统的凯迪拉克车型的问世，揭开了车联网服务的序幕。作为车联网现实应用的前瞻技术之一，OnStar 车载通信服务的发展应用对整个车联网的发展具有里程碑式的意义。

2009 年，通用汽车、上汽集团和上海通用汽车共同投资组建了上海安吉星信息服务有限公司，为上汽通用汽车在中国生产、销售的主力车型提供汽车安全信息服务。最初的安吉星以安防为主，为用户提供包括 6 大类 14 项服务。例如，通用系车主在不认路时可按一下后视镜上的蓝色"On"按键，就有客服人员发导航路径；再如，在遇到紧急情况时按一下红色按键，就能自动接通事故处理和报警救援。2011 年，安吉星推出了智能手机 App，用户在注册账号、绑定车辆后，不但能了解车况，还能实现汽车的远程启动，后续又增加了远程遥控车内空调、车窗、行李舱等功能。2015 年，安吉星推出了自然语音识别助手"小 O"，以虚拟形象作为产品代表与用户进行交流。依靠车载云端语音远程控制的技术，小 O 可以将原先需要依靠手动操作的遥控操作、天气查询等功能通过语音对话的互动方式实现。同年，安吉星在国内率先推出车载 4G-LTE 服务，让汽车真正实现了实时在线。2016 年，安吉星手机 App 提供了驾驶行为评价、我的出行、我的特惠、爱车管理与爱车评估等应用，并可通过超级管家一键式完成预订高端餐厅、预订高尔夫球场地、订酒店、叫代驾、预约保养等专属服务。2017 年，安吉星开始提供以"云"为中心的车辆应用与服务，为用户带来服务、娱乐、导航、资讯、语音交互等全新体验。同年，上汽通用汽车宣布，旗下搭载安吉星系统的新车，原可享 1 年免费使用期的安吉星基础服务延长至免费 5 年。2018 年，安吉星手机 App 新增的信息流推送服务为用户提供定制化专属内容，如车况异常提醒、车辆保养提醒等；而蓝牙虚拟钥匙分享车辆功能可在闲时接入网约车平台，将车辆分享给"用户"，帮助车主赚钱；车载语音助手还能让车主实现对智能家居设备的远程控制。同年，上汽通用前瞻性地宣布向别克、雪佛兰和凯迪拉克三大品牌所有搭载车联应用的用户，提供每年 24GB 的"OnStar 安吉星车联应用流量终身免费"服务。2019 年，上汽通用"双擎"出击，升级"第一引擎"动力总成和"第二引擎"车联网两大服务标准，将安吉星 4G 车联应用终身免费流量从每年 24GB 大幅扩容至每年 100GB，再次刷新了中国车联网服务标准。

截至 2017 年，OnStar 全球已拥有 1000 多项专利技术，成为通用汽车在美国和加拿大市场上几乎全部零售车辆的标准服务，全球用户超过 700 万人。目前第八代的车载安吉星已扩展为安全、安防、实时检测、导航、远程控制、免提电话和 WiFi 等多项服务。

通过多年在车联网领域的深耕，安吉星不断进行自我迭代，从早期的导航、救援功能，拓展到全场景车联服务，形成了由通信模块、娱乐系统以及云端服务构成的车联网体系。

2. 安吉星车联平台功能体系

OnStar 是通用汽车最成功的品牌之一，也是国内首家智能车联网服务平台，至 2008 年底，北美上市的 95% 通用汽车产品都安装了该系统。OnStar 系统通过应用全球卫星定位系统（GPS）和无线通信技术为中国的消费者提供广泛的汽车安全信息服务，包括碰撞自动求助、路边救援协助、全音控免提电话、实时按需检测、全程音控领航、被盗车辆定位、手机应用等十多项。图 9-26 所示为安吉星核心功能模块。

图 9-26 安吉星核心功能

其核心功能可归纳为六大类。

(1) **紧急救援** 主要功能包括路边救援协助、爱心援助路人和医疗救援协助。

(2) **碰撞求助** 主要功能包括碰撞自动求助、安全气囊爆开自动求助。以碰撞自动求助为例，当车辆发生较为严重的碰撞时，车辆感应系统会自动呼叫安吉星，安吉星客服顾问将立即电话连线车内。若车内人员因伤无法应答，安吉星客服人员将主动联系事发地救援机构进行救援，为受伤人员提供及时的救助。碰撞自动求助流程如图 9-27 所示。

(3) **通信** 智能语音生态，按下车内白键，通过语音指令轻松拨打电话，全程无须手持，解除驾驶中手持通信的安全隐患。打开安吉星 App 召唤智能语音助手"小O"，可查询天气以及进行远程遥控等操作，方便快捷。

(4) **整车诊断** 为驾驶人提供实时远程车况检测服务。主要包括实时按需检测、车况月度检测、实时检测提醒、车况认证平台、保养建议和预约服务商等功能。其中，实时按需检测的检测内容包括汽车八大核心系统：发动机和变速器系统、防抱制动系统、稳定性控制系统、气囊系统、排放系统、车胎压力监控、气囊系统和安吉星系统。驾驶人若需及时了解车辆状况，或车上有故障灯亮起，可通过车内蓝键呼叫安吉星，安吉星客服顾问将为驾驶人实时检测当前车况并提供解决建议。安吉星实时按需检测流程如图 9-28 所示。

(5) **导航** 主要包括全程语音领航、目的地位置协助、目的地专席向导、手机应用导航和兴趣点向导等人性化服务。以全程语音领航为例，当按蓝键并说出目的地后，

第9章 车联网技术应用

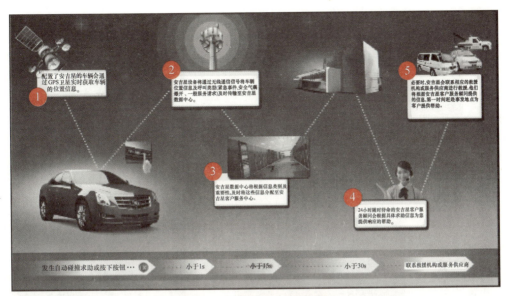

图 9-27 碰撞自动求助流程

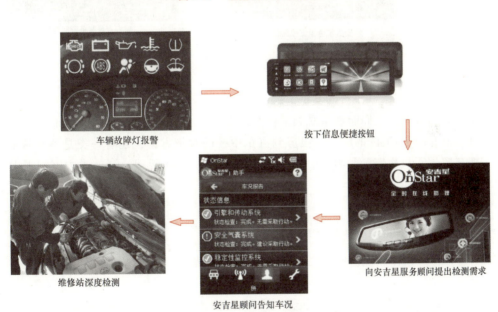

图 9-28 按需检测流程

客服顾问会将导航路线发送至车辆导航系统,驾驶人可按照全程音控领航的语音导航提示行驶,直至到达目的地。若有驾驶偏好需求(如高速优先),可提前告知客服顾问,以下发符合偏好的导航路径。全程语音领航流程如图 9-29 所示。

(6) 安全保障 安吉星可提供查询车辆停放位置,并在必要时向车辆发送车门远程开启等指令。主要功能包括被盗车辆定位、被盗车辆减速、被盗车辆启动限制及电子围栏等。

需要安吉星
导航时

按下蓝色信息
导航按钮

顺利到达
目的地

安吉星全程音控领航

向安吉星服务顾问告知
目的地

图 9-29　全程语音领航流程

3. AI 时代车载互联系统的发展

在可见的未来，人们能够享受到的汽车智能服务有两种方案：一类是类似于基于智能手机 CarPlay、CarLife 的应用，投屏到汽车中控的初级方案；还有一类是整车智能方案，拥有像"手机生态"那样的"汽车生态"，如图 9-30 所示。第一类方案只是基于

图 9-30　智能车载互联系统发展

第9章 车联网技术应用

现有汽车产业的改良，这确实会有效果，但渐进式改良效果十分有限，并且进程缓慢；第二类方案才会大幅提升交通体验，并在交通之外赋予汽车更多价值。

AI 时代，汽车将变得更加自由、开放、智能。借由 AI 技术，汽车将拥有自己的"超级大脑"，成为具有超强计算力的智能行驶体，推动自动驾驶技术更快进入日常生活，更好地服务人类。当然，也必须要有一套符合国际标准规范的车联网安全体系。

从简单的功能叠加到现在的智能网联，车载系统不断进化，智能汽车变得会说、会看、会思考、有温度。将智能化的目标推向生活的方方面面，从而推动智慧城市的实现，来帮助人类拥有更美好的生活。

参 考 文 献

[1] CHEN D, AHN S, CHITTURI M, et al. Towards vehicle automation: roadway capacity formulation for traffic mixed with regular and automated vehicles [J]. Transportation Research (Part B: Methodological), 2017, 100: 196-221.

[2] GONZÁLEZ D, P REZ J, MILAN S V, et al. A review of motion planning techniques for automated vehicles [J]. IEEE Transactions on Intelligent Transportation Systems, 2015, 17 (4): 1135-1145.

[3] LIKHACHEV M, GORDON G J, THRUN S. ARA*: anytime A* with provable bounds on sub-optimality [J]. Advances in Neural Information Processing Systems, 2004: 767-774.

[4] CHAI R, TSOURDOS A, SAVVARIS A, et al. Two-stage trajectory optimization for autonomous ground vehicles parking maneuver [J]. IEEE Transactions on Industrial Informatics, 2019, 15 (7): 3899-3909.

[5] GUANETTI J, KIM Y, BORRELLI F. Control of connected and automated vehicles: state of the art and future challenges [J]. Annual Reviews in Control, 2018 (45): 18-40.

[6] MA L, XUE J R, KAWABATA K, et al. Efficient sampling-based motion planning for on-road autonomous driving [J]. IEEE Transactions on Intelligent Transportation Systems, 2015, 16 (4): 1961-1976.

[7] 水宜水. 面向车联网安全环境的V2V信息传输与可变限速控制研究 [D]. 武汉: 武汉理工大学, 2019.

[8] 宋威龙. 城区动态环境下智能车辆行为决策研究 [D]. 北京: 北京理工大学, 2016.

[9] 杨敏, 王立超, 张健, 等. 面向智慧高速的合流区协作车辆冲突解脱协调方法 [J]. 交通运输工程学报, 2020, 20 (3): 217-224.

[10] LI T N, CHEN D J, ZHOU H, et al. Car-following behavior characteristics of adaptive cruise control vehicles based on empirical experiments [J]. Transportation Research (Part B: Methodological), 2021, 147: 67-91.

[11] 周维, 梁伟铭, 蔡俊, 等. 智能网联新能源汽车能量管理优化控制仿真软件设计与应用 [J]. 汽车技术, 2019 (5): 22-28.

[12] 陈振, 张康辉, 贾书伟. 基于系统动力学的新能源汽车"绿色悖论"效应研究 [J]. 运筹与管理, 2021, 30 (3): 232-239.

[13] SHEN H Y, HOU F. Trade policy uncertainty and corporate innovation evidence from Chinese listed firms in new energy vehicle industry [J]. Energy Economics, 2021, 97 (1): 105217.

[14] DING W, ZHANG L, CHEN J, et al. Safe trajectory generation for complex urban environments using spatio-temporal semantic corridor [J]. IEEE Robotics and Automation Letters, 2019, 4 (3): 2997-3004.

[15] YANG K, JIN W L. A control theoretic formulation of green driving strategies based on inter-vehicle communications [J]. Transportation Research (Part C: Emerging Technologies), 2014, 41: 48-60.

[16] KESTING A, TREIBER M, SCHÖNHOF M, et al. Adaptive cruise control design for active congestion avoidance [J]. Transportation Research (Part C: Emerging Technologies), 2008, 16 (6): 668-683.

[17] NTOUSAKIS I A, NIKOLOS I K, PAPAGEORGIOU M. On microscopic modelling of adaptive cruise control systems [J]. Transportation Research Procedia, 2015, 6: 111-127.

[18] 李晨鑫, 胡金玲, 赵锐, 等. 车联网定位技术现状及展望 [J]. 移动通信, 2020, 44 (11): 70-75.

[19] 冯树民, 黄秋菊, 张宇, 等. 驾驶人"感知-决策-操控"行为模型 [J]. 交通运输系统工程与信息, 2021, 21 (1): 41-47.

[20] 曲大义, 黑凯先, 郭海兵, 等. 车联网环境下车辆换道博弈行为及模型 [J]. 吉林大学学报 (工学版) 2022, 52 (1): 1-11.

[21] RÖSMANN C, HOFFMANN F, BERTRAM T. Integrated online trajectory planning and optimization in distinctive topologies [J]. Robotics and Autonomous Systems, 2017 (88): 142-153.

[22] CHEN J, ZHAN W, TOMIZUKA M. Autonomous driving motion planning with constrained iterative LQR [J]. IEEE Transactions on Intelligent Vehicles, 2019, 4 (2): 214-254.

[23] 耿新力. 城区不确定环境下无人驾驶车辆行为决策方法研究 [D]. 合肥: 中国科学技术大学, 2017.

[24] 尹智帅, 何嘉雄, 聂琳真, 等. 基于优化算法的自动驾驶车辆纵向自适应控制 [J]. 系统仿真学报, 2021, 33 (2): 409-420.

[25] 白国星, 孟宇, 刘立, 等. 无人驾驶车辆路径跟踪控制研究现状 [J]. 工程科学学报, 2021, 43 (4): 475-485.

[26] MOON J, BAE I, KIM S. Automatic parking controller with a twin artificial neural network architecture [J]. Mathematical Problems in Engineering, 2019, 4801985: 1-18.

[27] KATRAKAZAS C, QUDDUS M, CHEN W H, et al. Real-time motion planning methods for autonomous on-road driving: State-of-the-art and future research directions [J]. Transportation Research (Part C: Emerging Technologies), 2015 (60): 416-442.

[28] CAMACHO E F, BORDONS C. Model Predictive Control [M]. London: Springer, 2007.

[29] 郑义. 车联网环境下无信号交叉口车辆协同控制算法研究 [D]. 长春: 吉林大学, 2020.

[30] 耿新力. 城区不确定环境下无人驾驶车辆行为决策方法研究 [D]. 合肥: 中国科学技术大学, 2017.

[31] 刘静, 焦丽娜, 吴刚. 基于"互联网+"与"物联网"混合发展的智能网联汽车发展研究 [J]. 时代汽车, 2021 (3): 159-160.

[32] 崔晓倩, 张宪国, 陈海峰. 中美日智能网联汽车政策管理体系对比研究 [J]. 中国汽车, 2020 (12): 55-60.

[33] 羡晨阳, 金纬. 国内外智慧交通发展的经验借鉴 [J]. 物流工程与管理, 2017, 39 (1): 83-84.

[34] 赵鹏军, 朱峻仪. 智慧交通的发展现状及其所面临的挑战 [J]. 当代建筑, 2020 (12): 44-46.

[35] 陈秀娟. 从"车内网"到"车间网" [J]. 汽车观察, 2014 (12): 70-73.

[36] 侯宇, 郝成龙, 靳玉, 等. 车联网系统概述 [J]. 汽车实用技术, 2021, 46 (3): 21-23.

[37] 郑志超, 南金瑞, 南江峰. 车载网络 CAN FD 总线的应用前景和技术研究 [J]. 现代电子技术, 2021, 44 (1): 5-9.

[38] 陈杰. V2X 关键技术应用与发展分析 [J]. 科技创新与应用, 2021 (1): 175-177.

[39] 胡金玲, 赵锐, 房家奕, 等. 车联网 C-V2X 技术演进及产业实践 [J]. 信息通信技术与政策, 2020 (8): 22-31.

[40] 郭畅. 基于VANETs的实时信息获取与交通路网负载均衡研究[D]. 上海：东华大学, 2020.

[41] 秦笙. 面向车载自组织网络中紧急消息传输机制研究[D]. 重庆：重庆邮电大学, 2019.

[42] YU J, LAVALLE S M. Optimal multirobot path planning on graphs：complete algorithms and effective heuristics[J]. IEEE Transactions on Robotics, 2016, 32（5）：1163-1177.

[43] KUAWATA Y, TEO J, FIORE G, el at. Real-time motion planning with applications to autonomous urban driving[J]. IEEE Transactions on Control Systems Technology, 2009, 17（5）：1105-118.

[44] Olariu S, Eltoweissy M, Younis M. Towards autonomous vehicular clouds[J]. EAI Endorsed Transactions on Mobile Communications and Applications, 2012（11）：7-9.

[45] HUSSAIN R, SON J, EUN H, et al. Rethinking vehicular communications：merging VANET with cloud computing[C]// IEEE International Conference on Cloud Computing Technology & Science. New York：IEEE, 2013.

[46] LI B, SHAO Z. Simultaneous dynamic optimization：a trajectory planning method for nonholonomic car-like robots[J]. Advances in Engineering Software, 2015（87）：30-42.

[47] YU R, ZHANG Y, GJESSING S, et al. Toward cloud-based vehicular networks with efficient resource management[J]. IEEE Network, 2013, 27（5）：48-55.

[48] 刘家希, 董剑, 吴智博, 等. 一种车辆云计算中共享失效检测器[J]. 哈尔滨工业大学学报, 2018, 50（5）：24-29.

[49] YUN L, JIE L, CAO B, et al. Joint optimization of radio and virtual machine resources with uncertain user demands in mobile cloud computing[J]. IEEE Transactions on Multimedia, 2018, PP（9）：1-1.

[50] 梁裕丞, 曹傧. VANET云环境下基于人工神经网络的车辆任务卸载策略[J]. 重庆邮电大学学报（自然科学版）；2020, 32（3）：9.

[51] SKONDRAS E, MICHALAS A, VERGADOS D D. Mobility management on 5G vehicular cloud computing systems[J]. Vehicular Communications, 2019, 16（APR.）：15-44.

[52] XIE Y, ZHANG H, GARTNER N H, et al. Collaborative merging strategy for freeway ramp operations in a connected and autonomous vehicles environment[J]. Journal of Intelligent Transportation Systems, 2017, 21（2）：136-147.

[53] LIN G, ZENG D, SONG G. Vehicular cloud computing：a survey[C]//2013 IEEE Globecom Workshops（GC Wkshps）. New York：IEEE, 2013.

[54] 朱汉武. 基于边缘计算的移动终端云技术研发及规模应用[J]. 通信世界, 2021（3）：44-47.

[55] 谷晓会, 章国安. 移动边缘计算在车载网中的应用综述[J]. 计算机应用研究, 2020, 37（6）：1615-1621.

[56] 李锴, 张昊. 边缘云的技术发展与应用思考[J]. 移动通信, 2021, 45（1）：42-47.

[57] 李克强, 常雪阳, 李家文, 等. 智能网联汽车云控系统及其实现[J]. 汽车工程, 2020, 42（12）：1595-1605.

[58] 郝亮, 崔刚, 曲明成, 等. 云计算能耗资源调度优化关键技术研究[J]. 智能计算机与应用, 2014, 4（5）：90-93.

[59] KOSCHER K, CZESKIS A, ROESNER F, et al. Experimental security analysis of a modern automobile[C]// 31st IEEE Symposium on Security and Privacy. New York：IEEE, 2010.

[60] GROZA B, MURVAY P-S：Broadcast authentication in a low speed controller area network[C]// International Council for Evangelical Theological Education（ICETE）2021. New York：Springer, 2021.

[61] HOLLE J, PLATSCHEK A, SÁNCHEZ J, et al. OVERSEE-A secure and open In-Vehicle ITS station [C] //Prceedings of the 19th ITS World Congress. Vienna: 19th ITS World Congress. 2012.

[62] GROZA B, MURVAY S. Efficient protocols for secure broadcast in controller area networks [J]. IEEE Transactions on Industrial, 2013, 9 (4): 2034-2042.

[63] LI B, SHAO Z. A unified motion planning method for parking an autonomous vehicle in the presence of irregularly placed obstacles [J]. Knowledge-Based Systems, 2015 (86): 11-20.

[64] MURVAY P-S, GROZA B. Source identification using signal characteristics in controller area networks [J]. Signal Processing Letters, 2014, 21 (4): 395-399.

[65] WOO S, JO H J, LEE D H. A practical wireless attack on the connected car and security protocol for in-vehicle can [J]. IEEE Transactions on Intelligent Transportation Systems, 2015, 16 (2): 993-1006.

[66] YU L, DENG J, BROOKS R R, et al. Automobile ECU design to avoid data tampering [C] //10th Annual Cyber and Information Security Research Conference. New York: ACM, 2015.

[67] LARSON U E, NILSSON D K, JONSSON E. An approach to specification-based attack detection for in-vehicle networks [C] Intelligent Vehicles Symposium. New York: IEEE, 2008.

[68] 毕马威. 2020年自动驾驶汽车成熟度指数 [N]. 赛迪智库安全产业研究所, 编译. 中国计算机报, 2020-12-14 (8).

[69] 冯屹, 王兆. 自动驾驶测试场景技术发展与应用 [M]. 北京: 机械工业出版社, 2020.

[70] 陈桂华, 于胜波, 李乔, 等. 中国智能网联汽车测试示范区发展调查研究 [J]. 汽车工程学报, 2020, 10 (2): 79-87.

[71] 袁沂, 周升辉. 77G毫米波雷达ADAS应用及方案分析 [J]. 汽车文摘, 2020 (3): 15-23.

[72] 赛迪智库无线电管理研究所. 5G发展展望白皮书: 2021 [R]. 北京: 赛迪智库无线电管理研究所, 2021.

[73] RIOS-TORRES J, MALIKOPOULOS A A. Automated and cooperative vehicle merging at highway on-ramps [J]. IEEE Transactions on Intelligent Transportation Systems, 2016, 18 (4): 780-789.

[74] 葛树志. 车路协同构筑新一代智能交通 [N]. 新能源汽车报, 2020-12-14 (6).

[75] KITA H. A merging-giveway interaction model of cars in a merging section: a game theoretic analysis [J]. Transportation Research (Part A: Policy and Practice), 1999, 33 (3-4): 0-312.

[76] TALEBPOUR A, MAHMASSANI H S, HAMDAR S H. Modeling lane-changing behavior in a connected environment: A game theory approach [J]. Transportation Research (Part C: Emerging Technologies), 2015, 59, 216-232.

[77] CORTÉS-BERRUECO L E, GERSHENSON C, STEPHENS C R. Traffic games: modeling freeway traffic with game theory [J]. Plos One, 2016, 11 (11): e0165381.

[78] 杨晓芳, 张盛, 付强. 基于博弈论的完全信息下的驾驶行为研究 [J]. 公路交通科技, 2015, 32 (7): 105-111.

[79] 薛春铭, 谭国真, 丁男, 等. 基于博弈论的人类驾驶与无人驾驶协作换道模型 [J]. 计算机工程, 2017, 43 (12): 6.

[80] 朱宁. 车载互联系统主观评价方法研究 [J]. 汽车文摘, 2020 (3): 24-30.